• 2020 年起，长沙市老干部大学选送的教师，连续三届在全国老年大学优秀教师观摩课活动中被评为"全国优秀说课教师"。

◎ 2020 年起，长沙市老干部大学音乐系教师张科、舞蹈系教师陈伊琳，先后作为优秀教师代表在全国老年大学优秀教师观摩课活动现场进行说课展示。

◎ 2023 年，长沙市老干部大学综合系教师柳佳、刘艳平在全国老年文化艺术教育研讨会暨教师观摩课活动中，分别被评为"匠心说课教师""优秀说课教师"，并进行现场说课展示。

◉ 2019 年 11 月，中国老年大学协会中南片区第十三次协作会议公开研究课在长沙市老干部大学举行，中南片区各老干部（老年）大学校长、教研人员等近百名代表参加活动，文史系旅游地理教师杨文盛现场展示"一带一路"沿线的旅游文化教学片段。

◉ 2023 年 7 月，湖南省老干部（老年）大学教师培训班上，长沙市老干部大学邀请各地市州老干部（老年）大学的 70 余名教师代表现场参与"说、授、评"公开研究课活动，音乐系声乐教师张科进行现场授课，内容为"运用生活常态比拟学唱民歌——《在那遥远的地方》"。

◉ 2021 年 11 月，在长沙市老干部（老年）教育工作者培训会上，综合系系主任李青松受邀执教"说、授、评"公开研究课，授课内容为"手机照片上传到 QQ 相册"。

◉ 2021 年 10 月，长沙市老干部大学教育教学专家黄庆达受邀在中国老年大学协会第二届全国老年大学优秀教师观摩课活动上分享"老年教育教研新招——说、授、评"专题经验。

⊙ "说、授、评"公开研究课作为长沙市老干部大学特色教研品牌，每次活动筹备期间，学校教研团队都会与教师精心打磨说课、授课各环节内容及形式。

· 2020 年起，为拓宽"说、授、评"公开研究课活动覆盖面，长沙市老干部大学邀请全市各区县（市）老干部（老年）大学管理人员及教师代表参与现场活动。图为音乐系声乐教师周婷正在讲授"处理好强弱关系　学唱云南民歌——《小河淌水》"。

◉线下开展"说、授、评"公开研究课的同时，线上也进行活动直播，全市各区县（市）老干部（老年）大学组织收看。图为2022年11月，浏阳市老干部（老年）大学观看直播。

◉每次说课、授课环节后，校领导、教育教研专家、教师及学员代表等参与评课，评估教学的特色、亮点及不足，探索同类型课程科学规范的教学模式。图为2022年6月，长沙市各区县（市）老干部（老年）大学参与线下评课活动。

⊙ 线上直播说课、授课环节后，参与人员将以视频或文字形式进行评课。图为 2024 年 6 月，长沙市老干部大学管理人员进行线上评课。

⊙ 2018 年 9 月，政治系系主任彭忠秋执教中共党史课程，授课内容为"中国共产党诞生与民主革命纲领的制定"。

◉ 2011 年 3 月，音乐系系主任王德安执教公开研究课，授课内容为"声乐欣赏——小提琴协奏曲《梁祝》"。

◉ 2017 年 4 月，文史系系主任钟海明执教汉语拼音公开研究课，授课内容为"普通话声韵配合规律与湘方音规律对比分辨训练"。

· 2017 年 12 月，书画系系主任李宪魁执教隶书公开研究课，授课内容为"隶书结构"。

· 2020 年 10 月，保健系系主任刘峰执教"说、授、评"公开研究课，授课内容为"小腿酸痛及足跟痛的中医康复小技巧"。

◉ 2022 年 11 月，由于特殊原因，学校采取线上教学，并通过线上直播开展"说、授、评"公开研究课，先后由舞蹈系系主任马利萍、保健系教师李健美执教。

◉ 2024 年 11 月，综合系心理健康教师李洁执教生命教育公开课暨"说、授、评"教研活动，授课内容为"老年人如何积极面对生死话题的分享与探索"。

⦿音乐系声乐教师刘兰花、电钢琴教师彭锦执教"说、授、评"公开研究课。

⦿综合系智能手机教师江天、手机短视频制作教师刘晶晶执教"说、授、评"公开研究课。

◉保健系中药学教师罗毅、舞蹈系古典舞教师杨伊执教"说、授、评"公开研究课。

◉音乐系电钢琴教师杨润芝、文史系语言表达与表演教师曾令执教"说、授、评"公开研究课。

中国老年大学协会文件

中老学协字[2023]04 号

关于发布 2022 年全国老年大学（学校）典型案例的通知

各省、自治区、直辖市老年大学协会，全国各地老年大学（学校）：

为推进老年大学（学校）高质量发展，根据中国老龄协会《2022 年全国老年大学（学校）典型案例征集公告》要求，面向全社会公开征集全国老年大学（学校）典型案例。我会作为承督指导下，广泛宣传、积极引导全国申报，截止 2022 年 9 月 15 日，共征家初评、复评、终评等环节，推出1 月 11 日至 1 月 17 日，面向社会进不同意见。经报请中国老龄协会同意，（学校）参考借鉴。

干大学（学校）典型案例

中国老年大学协会
2023 年 2 月 2 日

市级优秀名单（18个）			
	推荐单位	典型案例题目	类别
14	天津市和平区老年大学	民办公助资源共享 助力老年教育蓬勃发展	办学模式
15	深圳市长青老龄大学	老干部教育融入引领老年教育的深圳模式研究	办学模式
16	广州市老年干部大学	先行先试 开拓创新 不断巩固老年教育主阵地	综合方面
17	金陵老年大学	教师团队型授课应用于合作办班实践探索	师资队伍
18	余姚市老年大学	共同富裕示范区"老年学共体"建设实践与思考	综合方面
19	重庆市渝中区山城老年大学	打造美好教育为引领的"山老大"模式	办学模式
20	长沙市老干部大学	覆盖全市的"说、授、评"公开研究课	办学模式
21	常州老年大学	基于老年教育培养方案的课程体系的构建	教材建设
22	南通市老年大学	区域合作 校际联动 推进老年大学教科研工作协同发展	综合方面
23	都匀市老年大学	充分发挥老年学员在乡村振兴中的生力军作用	老有所为
24	国家开放大学（广州）老年开放大学	智学助老，快乐享老	智慧助老

◉ 2023 年 2 月，长沙市老干部大学"覆盖全市的'说、授、评'公开研究课"被评为全国老年大学（学校）的典型案例，并被收录于中国老龄协会、中国老年大学协会联合出版的《全国老年大学典型案例集（2022）》中。

◉ 基于多年校本教学研究经验，长沙市老干部大学已编写出版《老年教育课堂教学论》《薛根生老年教育文集》等 2 部著作。

◉ 长沙市老干部大学先后参与中国老年大学协会《发展社区老年教育与建设学习型城市研究》《老年教育领导管理方式》《老年教育学》《地区老年教育的群星灿烂——10 所地（市）老年大学纪实》等 4 部著作的编写工作。

◉ 长沙市老干部大学常年编印面向学员的校刊《枫叶》、面向教师的《教学动态》，以及老年教育理论研究专刊《长沙市老干部大学学报》，并汇编《老年教育公开研究课述评荟萃》。

长沙市老干部大学老年教育论丛

老年教育"说、授、评"

长沙市老干部大学　编著、

长　沙

湖南师范大学出版社

前言

　　长沙市老干部大学组织编写的"长沙市老干部大学老年教育论丛"之《老年教育"说、授、评"》即将付梓。这是长沙市老干部大学经过20年的公开研究课及课堂教学评估活动实践，积极探索老年教育课堂教学规律的集体智慧的结晶。本书结合大量具体案例展现说课、授课、评课的内容、方法与技巧，探索老年教育教学设计过程中的教学思想与理念，既有理论深度，又有实践广度，对于老年教育领域的一线从业者具有重要的参考借鉴价值，对推动老年教育课堂教学规范化、优质化具有独特的理论贡献和指导意义。

　　"课"是老年教育教学工作中最为关键和基础的组织单元，长沙市老干部大学自1987年创办以来，始终注重老年教育理论研究，尤其是在课堂教学方向精耕细作，"说、授、评"公开研究课就是聚焦"课"的实施而开展的体系化、规范化的探索与实践。自2004年起，学校启动老干部大学课堂教学评估，开始举行公开研究课等教研活动。"说、授、评"公开研究课由说课、授课、评课三个环节组成，说课指教师口头表述某课的教学设想，授课指课堂教学，评课指听课人员围绕课堂教学进行评价。20年来，前后有60余位教师执教，并邀请长沙市各区县（市）老年大学管理人员和教师代表参与,活动经验得到业内同行的高度肯定和认可,在2022年获评全国老年大学(学校)市级优秀典型案例,为《老年教育"说、授、评"》的编写打下了坚实的基础。

《老年教育"说、授、评"》分为理论、实践、述评三个篇章。"理论篇"由长沙市老干部大学教育研究团队负责撰写,内容涉及"说、授、评"的概念、价值、实施、成效和教师心理等多方面,具有很强的理论指导性。"实践篇"精选部分教师的优秀说课稿、教学设计,覆盖不同类型课程,经过教育研究团队反复打磨,既符合教学规范,又契合老年教育教学特点,具有很强的实践操作性;同时收集了参与"说、授、评"活动的教师及管理人员的经验文章,全方面地展现"说、授、评"的实践过程。"述评篇"主要收录了陈志丹等教育教学专家关于每次"说、授、评"活动的综合述评文章。陈志丹老师自2009年参与并主持公开研究课活动以来,每次活动后都及时总结各参与人员的评价意见,并结合自身30余年基础教育研究经验,撰写综合述评文章,由点及面,字字珠玑,鞭辟入里,发人深省。

当前,老年教育正站在一个前所未有的历史十字路口,越来越多的老年人开始关注自身的学习和发展,这为老年教育的发展提供了广阔的空间。同时,老年教育也面临着诸多挑战,如教育资源的不足、教育形式的单一、教育内容的低质等问题。因此,老年教育必须不断进行改革与创新,探索更符合老年人特点的教育模式,提供多样化且高质量的教育资源,以进一步促进老年人的全面发展。长沙市老干部大学作为"全国先进老年大学""全国示范老年大学""全国敬老文明号""中国老年大学标准示范校",理应在老年教育的多元化发展浪潮中,立足本市实际,把握全国老年教育工作发展趋势,积极吸收借鉴先进教育理念,谋长远之势,行长久之策,为推动全国老年教育的高质量发展做出积极贡献。

目录

述评篇

理论篇

老年大学如何"说课"

薛根生

一、什么是说课

说课是 20 世纪 80 年代中期,河南省新乡市红旗区教科所为提高教师的教学研究能力和业务水平而创造的一种教研活动。当时主要由集体备课的中心发言人说课,是从初中数学学科开始的;后来很快被全国教育界同行认同,迅速发展,成为培训和提高教师教学能力的一种重要方式,推广到中小学的各个学科。

(一)说课的概念

所谓"说课",就是授课教师在独立备课的基础上,面对同行和专家,以先进的教育理论为指导,系统地就自己对教学大纲与教材的理解和把握、教学目标的设置和确定、教学方法的选用和组合、学员学习方式的指导和训练,以及教学过程的设计和安排等一系列教学元素的确立,及其理论依据进行阐述的一种教学研究活动。简言之,说课,就是教师在备课的基础上,面对同行或教研人员,讲述自己的教学设计,口头表述对具体授课的教学设想及其理论依据。说课的过程能让人明白我们要怎样做预设备课,这种活动是以互相交流、共同提高为目的,可以运用在教学研究和师资培训活动中,也可以是同行相互切磋、交流、讨论。虽然说课作为一种教研形式在中小学教学中早已被实践应用,并形成了较为完整的理论与实践体系,但在老年教育领域,说课尚属新鲜事物。近年来,中国老年大学协会组织的全国老年大学优秀教师观摩课采取说课这一形式,才将说课逐渐带进老年教育者的视野。现在,各老年大学都在积极地开展"说课"这一教研活动。

（二）说课的特点

1. 说理性

不但要求教师说出"教什么""怎样教"，更要说清楚"为什么这样教"，而且要以现代教育理论为依据，阐明"为什么要这样教"。

2. 外显性

把教师备课过程中的隐性因素，如关于教学的思维、设计物化在同行或专家面前，供同行或专家评判。

3. 灵活性

与教案相比，形象直观，变静为动；与观摩教学相比，不受时间、地点、教学进度、教学设施、参与人员等客观条件的限制，简便易行，利于交流。

（三）说课的作用

说课有利于提高教师的业务水平，特别是理论水平；促进教学与研究的有机结合；改变教师的备课状况。

二、说课的原则

（一）科学性原则

科学性原则是教学应遵循的基本原则，也是说课应遵循的原则，它是保证说课质量的前提和基础。科学性原则对说课的基本要求主要体现在以下四个方面。

1. 教材分析正确、透彻

说课中，教师不仅要从微观上弄清弄懂各知识点的内涵和外延，做到准确无误，更重要的是要从宏观上正确把握本节课教材的内容在本学科、本年段的地位、作用以及本课内容的知识结构体系，深刻理解各知识点之间的联系。

2. 学情分析客观、准确，符合实际

说课中，教师要从学员学习本课的原有基础和现有困难两个方面分层次、客观、准确地分析学情，为采取相应的教学对策提供可靠的依据。

3. 教学目标的确定符合教学大纲要求、教材内容和学员实际

教学目标包括本节课的总目标与具体的知识目标、技能目标和思想情感目标，其确定都要与教材分析和学情分析保持高度一致，并且要有切实可行的落实途径。

4. 教法设计紧扣教学目标，符合课型特点和学科特点

说课中，教师既要说清本节课的总体构想及依据，又要说清楚具体的教学设计，尤其是关于重点、难点知识的教法设计的构想及其依据，使教法设计思路清晰，具有较强的可操作性，有利于发展学员的智能，可行性强。

（二）理论联系实际的原则

说课是说者向听者展示对某节课教学设想的一种方式，是教学与研究相结合的一种活动。因此，在说课活动中，说课人不仅要说清其教学构想，还要说清其构想的理论与实际两个方面的依据，将教育教学理论与课堂教学实际有机地结合起来，做到理论与实际的高度统一。

1. 说课要有理论指导

在说课中，对教材的分析应以学科基础理论为指导，对学情的分析以教育学、心理学理论为指导，对教法的设计应以教学论和学科教学法为指导，力求所说内容言之有理、言之有据。

2. 教法设计应上升到理论高度

教师在教学实践中，往往注意到对教法本身的探索、积累与运用，而忽略了将其上升到理论高度并使之系统化、规律化，因而削弱了教学实践的功能。说课中，教师应尽量把自己的每一个教法上升到教育、教学的理论高度并接受其检验。

3. 理论与实际要有机统一

在说课中，既要避免空谈理论，脱离实际，"放之四海而皆准"，又要避免只谈做法不谈依据，还要避免为增加理论色彩而张冠李戴，理论与实际不一致、不吻合。要做到理论切合实际，实践是在理论指导下的实践，理论与实践高度统一。

（三）实效性原则

任何活动的开展，都有其鲜明的目的。说课活动也不例外。说课的目的就是要通过"说课"这一简单、易行的形式或手段在短时间内集思广益，检验和提高教师的教学能力、教研能力，从而优化课堂教学过程，提高课堂教学效率。因此，"实效性"是说课活动的核心。为保证每一次说课活动都能

达到预期目的，收到可观的实效，至少要做到以下四点。

1. 目的明确

大体上，说课可用于检查、研究、评价、示范等多种目的。一般来说，检查性说课主要用于领导检查教师的备课情况；研究性说课主要用于同行之间切磋教法；评价性说课主要用于教学评比、竞赛活动；示范性说课是为了给教师树立说课的样板，供其学习、参考。在开展说课活动前，首先要明确目的，也就是要明白将要开展的是哪一种类型的说课，以便做好相应的准备工作。

2. 针对性强

这主要是针对检查性、研究性两种说课活动而言。检查性说课一般来说主要针对以下问题：教师的工作态度、教师的专业知识、教师的教学能力、教师的教研能力；研究性说课应主要针对承上启下的课节、知识难度较大的课节、结构复杂的课节以及同科教师之间意见分歧较大的课节等。只有加强了说课的针对性，才便于说课人和评说的准备及对问题的集中研究与解决。

3. 准备充分

说课前，说课人、评说人要围绕本次说课活动的目的进行系统的准备，认真钻研大纲、教材，分析学情，做到有的放矢。说课人还要写出条理清楚、有理有据、重点突出、言简意赅的说课稿。

4. 评说准确

评说要科学准确，指导性强。说课人说完之后，参加评说的人员要积极发言，抓住教学理论上的重大问题和教学中带有倾向性、普遍性、规律性的问题进行重点评说。主持人还应该将已达成的共识和仍存在分歧的问题分别予以归纳总结，以便在教学中贯彻执行或今后继续进行研究。

（四）创新性原则

说课是深层次的教研活动，是教师将教学构思转化为教学活动之间的一种课前预演。在说课活动中，说课人一方面要立足自己的教学特长、教学风格；另一方面更要借助同行、专家参与评说和共同研究的良好机会，树立创新的意识和勇气，大胆假设，小心求证，探索出新的教学思路和方法，从而不断提高自己的业务水平，不断提高教学质量。

三、说课的类型

（一）检查性说课

这种说课是以检查教师的工作态度、专业知识、教学能力、教研能力为目的的说课，是学校领导的一种管理方式，也是全面了解教师的方法之一。

（二）研究性说课

这种类型的说课，一般以教研室或各系为单位，常常以集体备课的形式，先由一位教师事先准备并写好讲稿，说后大家评议修改，变个人智慧为集体智慧。这种说课可以一星期一次，教研室或各系的教师可以轮流说课，这是大面积提高教师业务素质和研究能力的有效途径。

（三）示范性说课

示范性说课一般选择素质好的优秀教师说，先向听课教师示范性说课，然后让说课教师将课的内容用于课堂教学，最后组织教师或教研人员对该教师的说课及课堂教学进行评析。听课教师从听说课、看上课、听评析中增长见识，开阔眼界。示范性说课可以是校级或乡（镇）级的，也可以是区级或县（市）级的，举行时间不定。示范性说课是培养教学能手的重要途径。

（四）评比性说课

要求参赛教师按指定的教材，在规定时间内自己写出说课讲稿，然后登台演讲，最后由听课评委评出比赛名次。评比性说课有时除了说课外还要求说课内容付诸课堂实践，或者把说课与交流有关"说课"的理论和经验结合起来，以便把"说课"活动推向更高的层次。这是培养学科带头人和教学行家的有效途径。

四、说课的基本内容

说课者不仅要说出"教什么"和学员"学什么"、教师"怎样教"和学员"怎样学"，更要从理论的高度说出自己为什么这样教和学员为什么这样学。

一般说来，说课的内容包括教什么、学什么（略），怎样教、怎样学（较详），为什么这样教、为什么这样学（详）。具体内容由以下六项内容构成：

（一）说教材

说教材，指该课程的地位和作用及教材内容的处理，可反映教师对教材的理解把握程度。老年大学的教材选择有极大的自由度，使用的教材或为校本教材，或为教师自编讲义，或为市面上已经公开出版的教材，需注意的是，教师在说教材过程中要分析教学内容的核心立意。

（1）教材简析。在认真阅读教材的基础上，说明教材的内涵、地位、作用。

（2）分析教材的编写思路、结构特点以及重点、难点、关键等。

（二）说学情

说学情指授课对象的知识储备、身心发展特点等情况。即说学员，分析教学对象。包括三个方面：学员的生活经验；学员的基础知识和基本能力；学员学习的一般特点与本班学员的独特学习风格。

老年学员的年龄跨度大，按我国老年大学招收学员的普遍年龄标准，下至50岁，上至80多岁可能会在同一个班级上课，加之受地域特点、经济水平、教育程度等因素影响，老年教育的学情可谓"千班千面"，需要教师结合班级实情进行具体分析。

（三）说教学目标

说教学目标指通过本课的学习，要达到怎样的教学目的。中小学教育的教学目标正在经历由新三维目标（知识与能力、过程与方法、情感态度与价值观）到学科核心素养的转变，老年教育中的教学目标可对此有所借鉴。要科学地制定教学目标，使目标体现各科教学大纲的要求，反映教材的特点，符合学员的学情；要阐述清楚制定目标的依据，做到言之有理。

（四）说重点难点

重点指本课着重学习的知识技能；难点指学员难以理解掌握的知识技能。教师可以通过大纲、学情及教学目标综合分析出重点与难点，一般情况是一课一重点、一课一难点。

（五）说教学方法

说教学方法即指教师采取哪些教学方法实现本课的教学目标、突破重难点。教学方法可结合教学过程详细分析，就是说出教学中所采取的方法和手段，以及采用这些教学方法和理论依据。教学要具有科学性、启发性、灵活性，教学手段要多样化，体现直观性原则等。最好能说说突破重点、分散难点的具体措施。

（六）说教学过程

说教学过程是说课的重点部分，因为通过这一过程的分析才能看到说课者独具匠心的教学设计，它反映着教师的教育思想、教学水平和教学个性与风格。也只有通过对教学过程设计的阐述，才能看到其教学设计是否合理、科学，是否具有艺术性。

通常，教学过程要说清楚下面四个问题：

（1）教学思路与教学环节安排。说课者要把自己对教材的理解和处理，针对学员实际，借助哪些教学手段来组织教学的基本教学思想说明白。

说教学程序要把教学过程所设计的基本环节说清楚。但具体内容只需概括介绍，只要听讲人能听清楚"教的是什么""怎样教的"就行了。不能像按教案给学员上课那样讲。

另外，特别重要的一点是，在介绍教学过程时不仅要讲教学内容的安排，还要讲清"为什么这样教"的理论依据（包括教学大纲依据、教学法依据、教育学和心理学依据等）。

（2）教与学的双边活动安排。说明怎样运用现代教学思想指导教学，怎样体现教师的主导作用和学员的主体活动和谐统一、教法与学法和谐统一、知识传授与智能开发的和谐统一、思想教育与知识技能的和谐统一。

（3）重点与难点的处理。说明在教学过程中，怎样突出重点和解决难点，解决难点运用什么方法。

（4）采用哪些教学手段辅助教学，什么时候用、什么地方用、用什么，这样做的根据是什么。

五、说课稿的编写

根据以上所介绍的说课的内容，说课稿的编写应该是比较清晰了。从结构上看，可把它归纳为"六说""二写""一展示"。

（一）结构

（1）六说。即上面所说的六个方面（教材、学情、教学目标、重难点、

教法、教学过程)

（2）二写。在说课时，在黑板上写出本课课题，反映你的粉笔字功夫。随着"说教学过程"，在黑板上逐渐完成本课时的板书内容。

（3）一展示。尽量争取展示自己为本课时设计并制作的教学辅助课件和教具。这些课件和教具能起到突出重点、降低难度、突破难点的作用。展示时还应简述自己设计、制作的思路和过程。

撰写说课稿不必拘泥于固定、呆板的模式。可以分块写清，按部分阐述；可以按照整体构思融为一体，综合论述。另外，在语言表述上，既要把问题论述清楚，又切忌过长，避免陈词滥调，泛泛而谈，力求言简意赅，文辞准确，语言针对性强。

说教学程序时，要注意多运用概括和转述的语言，不必时时直接照搬教案，要尽可能少用课堂内设计的师生的原话，以便压缩篇幅，节约时间。

（二）内容

从内容上看，需强调"深、实、精"三个字。

（1）深。任何一门学科，都构成了一个相对完整的学科知识体系，每节课的教材内容都是这个体系中的一个"小分支"。就语文学科而言，它要求教师在说课时能就这一节课的内容追本溯源，找到它在教学大纲中的位置，看看教学大纲对这节课所在单元及所在课文的要求，然后顺藤摸瓜，准确把握教学大纲对这节课的要求。至此，这节课的教学目的、重难点就可随之确定了。反之，脱离教学大纲的说课那就是无本之木、无源之水，会给人一种虚无缥缈的感觉。

（2）实。这个方法既包括教师实施教学目标的教法，又包括学员在这节课上要掌握的学法。只有教法得当，教师才能有条不紊地施教；只有学法合理，学员也才会兴趣盎然地受教。而要做到教法得当、学法合理，我们教师在备课说课时必须"实"。要从教材的实际出发，从学员的实际出发，遵循学员掌握知识过程"由浅入深，循序渐进，由感性到理性"的认识规律，依据"主体参与，分层优化，及时反馈，激励评价"的原则、理论联系实际的原则以及传授知识和发展能力相结合等教学原则来确定教法、教学手段和学法。还要有全局观，树立面向个体学员的思想，实行分层优化，采取建立合作小组，实行小组讨论等方法，促优生提高，帮差生转化。总之，"教学有法而无定法，贵在得法"，教师必须找准出发点，采取切实可行的教学方法，从而实现教学所要达到的目的。在方法选用和设计上，决不能搞花架子或形式主义。

（3）精。与前两项比起来，说教学过程应说得详细些。但说课毕竟不同于授课，因它面对的是与说课者水平相当的教师，因此说课堂教学过程时无须将教案全搬出来，而要做到一个"精"字。具体地讲：一要说出课堂教学的整体思路和环节；二要说出处理教材、教法和学员实际之间联系的方法；三要说出对每个环节、每个层次、每个步骤的设想和安排及这样设想和安排的依据；四要说出教学中突出重点、突破难点、抓好关键点的理由和方法；五要说出习题设计和板书设计的意图、目的和理论依据。只要将以上五方面用最精练的语言说出，使人听明白，即可圆满完成说课的任务。

六、说课的艺术

（一）充满激情，亲切自然

说课时要精神饱满，充满激情，要使所有听课的人都能感受到说课者的激情，使他们从表象上感到说课者对说好这节课的决心与自信心，从而引起听者的共鸣。

（二）详略得当，重点突出

说课的听众不是学员，而是教师同行。所以，说课时不宜把每个过程说得太详细，要重点说出如何引导学员观察、思考、记忆及创新思维；说出培养学员学习能力、提高教学效果的途径。

（三）紧凑连贯，简练准确

说课的语言应具有较强的针对性。语言表达要简练干脆，有声有色，灵活多变，前后整体要连贯紧凑，过渡自然。

（四）表现特长，突出特色

要说出教师本人的教法有别于常规的特殊处理或安排，从而体现出执教者的教学特长和教学成果，突出本人的教学特色。

（五）恰当使用多种媒体

除了说课者以自己的语言（音量、音调、音速）及非语言（表情、目光、姿势），形成说课的良好效果外，为了抓住听者的注意力，调动听者的兴趣，更重要的是为了突出重点、增加容量、节约时间，并给听者留下深刻的印象，应灵活采用多种媒体，包括现代教育技术和各种传统媒体，把它们巧妙地组合在说课的过程中，将会使说课呈现生动、精彩的局面。

七、说课的具体操作

（一）选好要说的课

一是注意课的代表性，针对性；二是注意突出重点，把握新的要求，力争有所突破。

（二）掌握好说课程序和步骤

说课包括四个步骤：

（1）钻研教材分析学情；

（2）确定教学目标，选择教学方法；

（3）设计教学过程，弄清教学理论依据；

（4）写出说课稿，进行演练。

（三）说课要注意的问题

说课要注意以下七个问题：

（1）说课不是备课，不能机械地按教材来说课；

（2）说课不是讲课，教师不能把听说课的老师和领导视为学员，如正常上课那样讲；

（3）说课不是备课，也不是读课，要突出"说"字，要有重点，有层次，有理有据；

（4）说课的时间不宜太长，也不宜太短，通常可以安排一节课的三分之一左右的时间；

（5）注意发挥教师自身的教学个性和创新精神，防止生搬硬套别人的内容；

（6）注意运用教学理论来分析研究问题，防止就事论事；

（7）注意避免脱离教材、学员、教师实际，空谈理论。

老年大学如何"授课"

陈志丹

老年课堂教学姓"老",也姓"教",因为它有专门的时间、空间,有教师主导和学员主体的达成机制;有教学相长的师生互动;有学员之间的交流沟通,非常契合老年学员的学习需求。

教育家陶行知说过:"教师之为教,不在于全盘授予,而在于相机诱导,必令学生运其才智,勤其练习,领悟之源广开,纯熟之功弥深,乃为善教者也。"毋庸置疑,课堂教学就是老年学员接受"相机诱导"最有效的场所。

如何能让老年大学的课堂教学有进一步的提升,让教师的授课更适应老年朋友的需求,达到让老年学员真正满意的效果,关键环节还是要聚焦在课堂教学中,探讨如何念好"实、新、活"这个三字经。

一、老年课堂教学要抓牢一个"实"字

俗话说,常规打基础,科研出特色。我们的教学是有规律的。(当教师的都要学习教学法的,我们的师范生必考科目包括考教师资格证)教学常规是教学规律的体现,是对教学过程的最基本的要求。教学常规,是指在学校教学全过程中,诸如制订教学计划、备课、上课、作业、辅导、考核、教研与评价等方面所必须具备的最正常的规范性的教学行为。我们必须一步一步扎实地教学,扎实抓好基本的常规教学,强调一个"实"字,这是提升我们教学水平的前提。

(一) 备课

各个学科的老师都应该遵循各学科的教学大纲、教材和学员的实际,制订整期十六次课的教学计划。这是学校教务处的要求。学校很早就制定了28

个学科的教学大纲，每学期末，教务处都要求老师根据自己学科的教学大纲写出下一期的教学计划上交，以了解老师下学期将教授什么内容；同时也要求老师在新学期第一周，将全期教学计划告诉学员们，让他们都知道本学期将学习哪些知识技能，有些学员还可以提前进行预习。

制订了全期的教学计划后，在每一次上课前，老师们都必须撰写教案，即教学设计。学校《教学动态》上每期都登载了不同学科老师们写得好的教学设计或教学实录，在论文集里也有登载。教案强调要有清晰的结构，即有完整的教学过程。教案按十个栏目来写，即教学目标、教学内容、重点难点、教学方法、教材教具准备、教学时间、教学过程（详）板书设计等，课后作业还要留有写教学后记（教学反思）的地方。

（二）上课

1. 课的导入

课堂教学的第一步是课的导入，导入设计好能引起学员的求知欲。

（1）复习导入

通过复习已学过的知识或上次课刚学过的知识技能来导入课题，叫复习导入。例如，中医按摩老师李健美《健康从头开始》这节课就是从复习以前学过的头部穴位、头部经络开始的。陶笛课李定志老师的《龙的传人》导入是集体吹奏上次课所学的《相思垢》，复习陶笛吹奏手法。复习导入是常用的方式，有的就是把上节课的内容复习一下，就接着讲新课了，这可以巩固上节课所学。一般上节课的内容与新课都或多或少有联系，也有点温故而知新的感觉。而真正做到温故知新，就需要将旧知整合，找出与新知关联度最大的旧知来作为复习导入的内容。在老年教育的课堂中，不管是知识型课还是技能型课，都可以采取复习导入。

（2）设疑导入

通过设疑来导入课题是设疑导入。将要学习的内容以含有问题的情景出现，让学员在情景中发现问题，老师提出解决问题的方案来导入课题。例如，隶书课李宪魁老师的《隶书结构（五）》导入方式是先让学员看两张居室的布置照片，分辨哪种布置要美观一些，然后提出问题，引申到字的排布，从居室布置看疏布密排。这种方式可以激起学习的兴趣，加深对所学知识的印象。

还有通过故事导入、谈话导入、提问导入、肢体表演导入、直接导入等方式……太极拳秦师宗老师采用谈话导入，讲述活骨气功对养生的作用引入新课。不管采取哪种方式导入新课都要做到使学员在认识上产生求知的内在动力。

2. 新授课

新授就是老师正式讲解或传授本次课的知识或技能；让学员学习或接受所教授的知识或技能，并运用或巩固所学。讲授新课，这是每次课的重点，需多占课时。老师讲新课应条理清晰，逻辑性强，观点明确，材料翔实，深入浅出，使学员得其要领，印象深刻。

老年大学的课程大部分都是技能型课程，强调要精讲多练。什么精讲呢？理论精讲；什么多练呢？技能多练。争取当堂练会，并及时抽查。强调学员的核心地位，是要学员会，才算有效、高效。因此教师要"授之以渔"，也就是教授方法方式。"精讲"就是要讲得精当，教师根据教学目的、教学要求和学员的实际来教，深挖教材，把握重点，突破难点；"多练"指的是在课堂教学中，强化教学实践环节。教师要留出足够的时间，多给学员练习的机会，让学员去实践、操作、消化、理解。

技能型课程的"练"是达成教学目标的关键环节。要特别注意三点：一是精讲精练，就是讲难点、讲联系、讲规律、讲迁移；练思维、练方法、练基本功、练能力。二是寓讲于练，就是能以练代讲的，就只练不讲。三是讲中寓练，即必须讲的也尽量在讲中贯穿、渗透着练。练的目的是使知识转化为能力，只有练了，才能获得技能。

此外，练的内容要序列化，练的方式要多样化，练的方法要科学化。

技能型课程的教学方法要注意"三重"：理论与实践相结合，更重实践；教师示范与学员训练相结合，更重学员训练；训与练相结合，更重练。

3. 巩固知识

巩固知识就是引导学员把所学的知识，牢牢保持在记忆里，根据需要迅速再现出来，以利知识技能的运用。

巩固知识的方式有多种，最常用的方式是练习。教师可以设计练习，或记忆练习，或习题练习，或重复操练等。在老年教育的课堂中，巩固知识环节尤为重要。因为老年人记忆力差，这也是自然规律，要将所学的知识牢牢保持在记忆里很不容易。这就要求我们教师要设计能帮助老年学员记忆的练习来巩固知识。

4. 运用知识

运用知识是学员掌握技能、技巧的过程。学习的关键在于运用，像学习了拉丁舞，可以在恰恰、伦巴等舞蹈中运用。学习了声乐知识，掌握了歌唱的方法，将方法运用在歌曲的歌唱中。在课堂上让学员学会了、巩固了知识和技能后，教给学员怎样运用是很重要的。要满足学员"求为"的需要，就要重视运用知识。例如，中医按摩班的陈惠聪等人专门成立了义工队，在长沙市按摩医院将所学技能用于协助刘峰老师医治病人。

（三）布置作业及指导与批改

课后需要练习，知识才会巩固得好。教师要给学员布置作业，让学员课后巩固。中医按摩课堂上老师示范，教给学员取穴，教给学员按摩的手法。学员要掌握就必须课后练习。教师要布置练习，进行检查，对掌握有困难的学员进行手把手指导。像摄影、书画、电钢琴、英语、朗诵等都少不了课后布置作业，学员完成后，教师还需把作业收上来进行批改、评点（如书法宋人忠老师诗词班）。长沙市老干部大学马雪琴老师，每节课都会将学员完成的剪纸作品在黑板上展示或通过投影展示，给学员一一进行讲评指导，效果很好。有的学科，老师是在课前检查、评点；有的是在课将上完时进行巩固指导。手机摄影班韦炬老师一课一作业，如"十里春风不如你"、菜市场上、登隆街、五彩缤纷童年乐、公交地铁上的乘客、夏日荷花别样红等，第二次上课开始，就运用多媒体在大屏幕上对学员发来的作业有选择性地结合所教的手机摄影知识进行有针对性的讲评、点拨，学员都从中得到直观、形象、生动的学习和启发。

（四）课外辅导

必要的课外辅导能让学员巩固知识，提高学员学习的积极性，间接地提高课堂教学的效率。电脑教师李青松，就随时随地应学员的要求进行课外辅导，被学员们誉称为"全天候的老师"。其教学效果当然是高效的。还有许多班老师课后在班级群回答学员各种问题，进行及时的教学指导，如杨润芝老师、青少年宫分校的吴沁燕老师在这方面都做得非常好。

二、老年课堂教学要把握一个"新"字

随着时代的发展以及老年朋友的需求，对老年教育课堂的要求越来越高，怎样适应需要，关键是更新教育观念，创新课堂教学。要用新的观念来武装头脑，用新的理论来指导实践。如果不更新观念，没有新的理论指导实践，谈教学改革只是"无源之水，无本之木"，不但不能提高教学质量，而且还会导致教师教学之路的"迷茫"。

改革老年教育课堂，应该思考给学员构建一个什么样的课堂。要给学员一个展示创造能力的课堂；一个充满和谐气息的课堂；一个促使师生共同发展的课堂。这样的课堂就是老年教育所追求的高效课堂。

（一）更新教育理念

要把握好课堂，就必须学习教学理论。教师要从老年人学习的需求入手，学习教学理论，学会怎样在课堂上满足学员"求康、求乐、求知、求为"的需要。

1. 学习老年教育心理学

教师要学习老年教育心理学，了解老年人的学习心理。老年人的学习目标与年轻人的学习目标不同。比如，同样是学习钢琴，年轻人会有两个层次的目的，即提高音乐素养或成为职业钢琴演奏者。老年人的学习目的也会有两个层次的目的，即圆梦和愉悦身心、陶冶情操。目的不同其成就心理就不同。年轻人会选择难度较高的学习任务来完成，以满足自己对素养和职业的追求。而老年人会选择难度较低的学习任务来完成，难度低容易完成，获得了成功，圆了梦也愉悦了身心。从老年人的心理需求入手，学习老年教育心理学，可以帮助教师准确设定教学目标，正确选择教学内容，恰当运用教学方法和教学手段等。

2. 由重传授向重发展转变，树立目标意识

传统的教学是以知识的授受为目标的。课堂上教师要传授知识技能，学员要接受知识技能。以往教师是重传授的，新的理念是教学要以学员发展为

目标，学员是主体，即教师以知识技能为载体促学员发展，学员以学习知识技能来收获发展的喜悦。串珠工艺班学员刘毅在她的"私人订制"中谈道，"'私人订制'，大家一听到这个词想到的是奢侈品牌，价格昂贵，不是一般人消费得起的物品。但是，今天我也用起了'私人订制'的包包，它不是价格高高在上的奢侈品，而是通过我在串珠班学习的成果。采用肖老师教我们的四珠、五珠、六珠圈的编织法，编出了一个个漂亮的手包、桶包，提出去朋友们都问我在哪买的，我自豪地回答私人订制"。学员刘毅通过学习串珠，学会了技能，并创造了新的作品，收获了喜悦。这就是由重传授向重发展转变的成果。老年教育的课堂应该是注重发展的课堂。

3. 由统一规格教育向差异性教育转变，树立个性教育意识

老年教育的课堂中，学员的基础不一，年龄不一，导致其接受能力不一。统一规格的教育显然不适合老年教育。要让每一位学员都有获得感，就必须开展差异性教育。教师要由统一规格教育向差异性教育转变，树立个性教育意识。

4. 由重教师"教"向重学员"学"转变，树立主体意识

在以教师为中心的课堂上，教师是重"教"的。教师会注重教学进度，今天的课要教的内容是否教完，成为教学目标达成的标准。在"双主"的课堂上，教师的教是围绕学员的学开展的。例如，青衣唱腔教师余再平在教《山风吹来一阵阵》时，示范后，让学员个别练，分组练，分组展示、个别展示等多种方式让学员学会。她的教始终围绕着学员的学开展。教学目标的达成是以学员发展来衡量。像肖涵老师，就连唱谱、唱歌曲都突出让学员个别、分组上台练习，然后老师进行及时指导。因此，教师要由重教师"教"向重学员"学"转变，树立主体意识。

5. 由重结果向重过程转变，树立训练意识

教学结果是重要的，像学员学会了一支歌，到哪都能唱好，这就是结果。在教学中我们要注重结果，但在老年教育的课堂里，学员在学习的过程中收获快乐也重要。如杨文盛老师的闯关抢答，还有罗毅的连线游戏、钟海明的普通话朗诵比赛，学员学习的过程是愉快的。整个过程不光学到了知识，还训练了思维，享受了成功。因此，教师要树立学习过程中的训练意识。

6. 由居高临下不和谐向平等融洽转变，树立民主、情感意识

在老年教育的课堂里，教师和学员的关系是平等的。有的教师年纪轻，好多学员年龄比其长辈还要大，讲话生硬甚至训斥肯定不和谐也不允许的。在长沙市老干部大学的课堂里，老师称学员为"朋友""哥哥""姐姐""阿姨""叔叔"的比比皆是。称呼的尊重，注入了情感，师生关系向和谐平等发展。课堂教学中更要民主，要体现出亦师亦友的关系。

（二）改革教学方法

1. 依据教学目标选择教学方法

如果教学目标是要获得某项技能，教学方法就会选择讲授接纳法、演练指导法、示范习练法等结合运用。如李健美老师的"健康从头开始"这一课的教学目标是让学员学会头部按摩的方法。她在教学时首先带学员复习头部的穴位，接着讲解头部穴位的按摩手法，边讲边示范演示，然后让学员练习。练习的方式也多样，有自己在自己身上练习，也有两两一组相互按摩练习，还有老师指导练习。她在这节课中运用了讲授接纳法、演练指导法、示范习练法、互帮互学法等。

如果教学目标是总结、系统知识，教学方法就会选择讲授接纳法、讨论法、图示法等。例如，王德安老师的网络直播课"延水谣"的教学目标是歌唱方法的综合运用。王老师在教学时，首先带领学员复习歌唱的气息、歌唱的共鸣、歌唱的咬字吐字。然后，讲解怎样在歌唱时把气息、共鸣和咬字吐字的方法综合运用。他边讲边和学员讨论怎样效果更好。王老师在这节课中用到了讲授接纳法、讨论法、演练指导法等多种方法。

2. 依据教学内容特点选择教学方法

不同学科的知识内容与学习要求不同，不同阶段、不同单元、不同课时的内容与要求也不一致，这些都要求教学方法的选择具有多样性和灵活性的特点。哪怕是在同一课时中，教学内容相同，我们也可以采用多种方法进行教学。例如：李定志老师的《陶笛合奏"龙的传人"》一课，教学内容是陶笛合奏。为了降低难度，李老师选择了大家耳熟能详的曲目《龙的传人》，并根据学员带来的陶笛类型分组。然后他选择了分层教学的教学方法，分层教授 AC1 组、AC2 组和 SC 组，从老师的示范吹奏到学员的分组吹奏训练，

层层递进，最后再全体合奏。李老师选择了与教学内容特点相符合的教学方法，让每位学员都学会了吹奏自己的声部，在短短的两个课时内，完成了合奏，达到了高效。

3. 根据学员实际选择教学方法

学员的实际情况直接制约着教师对教学方法的选择，这就要求教师能够科学而准确地研究分析学员的特点，有针对性地选择和运用相应的教学方法。由于老年学员的基础不一，接受能力不一，在教学中要让每一位学员都有收获，在教学中更应该根据学员的实际（也就是前面讲的学员的差异性）来选择方法。在长沙市老干部大学的课堂里，许多老师都采用复式教学的方法给基础不一的学员上课。像形体班、模特班、太极班等班级的教师采用分层训练的方法教学，来收获课堂的高效益。马丽萍老师的模特班上，有的学员有走秀的基础，有的学员是刚入门。马丽萍老师在教基础动作时，采取分层训练。对于有基础的学员，示范完成后由学习小组长带领练习。对于刚入门的学员，示范后老师分解动作逐步训练。对不同基础的学员提出不同的要求，采取不同的方式教学。一个班学员程度、年龄各方面参差不齐，这是老年大学的特点，学校提倡老师采取这样的方式方法进行教学。

4. 依据教师的自身素质选择教学方法

教师在选择教学方法时，还应当根据自己的实际优势扬长避短，选择与自己最相适应的教学方法。如王乐安老师语言能力很强，他的诗词鉴赏课多以讲授接纳法教学。山水画李先进老师作画速度快，他的山水画课堂，示范习练法是他常用的方法。张咏梅等年轻老师善于使用多媒体展示讲解旅游地理知识和图片，每次课在多媒体屏幕上的直观展示法让学员大开眼界。

（三）加强课堂教学方式的变革

开展师生教学互动，能促使学员主动探究。这个教学过程应该是"师生交往，共同发展的互动过程"。而所谓教学互动，就是把教学过程看作一个动态发展着的教与学相统一的交互影响的、沟通的过程。老教务处主任李新民在教老年心理健康课时运用得特别好；隔代教育班的刘艳平老师每次课都是采取这种形式，学员以组为单位围圈而坐，课程中设置非常多的体验式活动与互动环节，收到特别好的教学效果。

（四）改善教学手段

教学手段要多样化，努力做到传统的教学手段与现代的教学手段相结合。手工布艺老师柳佳每节课都会将布艺制作的过程制成视频，在课堂上手把手地示范，并按步骤看视频学习，很好地将传统的教学手段和现代教学手段结合，达到了事半功倍的效果。传统教学手段和现代教学手段的结合，要突出一个"恰到好处"。恰到好处的教学手段能使教学目标的达成度高，教学效果会很好。两类教学手段的结合就是一种改善，或者说是优化。

（五）改善师生关系

加强师生交往，建立民主、平等、和谐的师生关系。

教师必须转变自己的角色行为，从知识的传授者转变为学员学习的组织者、引导者和合作者。在师生交往过程中应该：

（1）理解学员。走进学员的心海，洞悉学员的喜怒哀乐，了解学员的兴趣爱好，适应学员活跃的思维和变化的情绪，站在学员的角度看待学员的需求和期待。在学员的学习和生活出现困难时及时送上精神和物质的援助。

（2）尊重学员。尊重学员的人格尊严，对学员满腔热忱地给予鼓励和肯定，对学员充满信心，让学员拥有学习的主动权，给他们自主选择学习内容、学习方法、自我安排学习时机的机会。使教师和学员互教互学，形成真正的"学习共同体"。

（3）宽容学员。善于倾听学员的不同意见，课堂上允许学员出错并鼓励、帮助学员改正错误。对学习有困难的学员不歧视、不厌弃，诲人不倦、耐心帮助、期待进步。

三、老年课堂教学要讲求一个"活"字

老年课堂教学是落实"老有所教、老有所乐"重要方针的途径之一，是为老年人提供精神支撑和知识支持的一种教学。

在课堂中，我们要讲求一个"活"字，即生动活泼。生动活泼的教学气氛、频繁多问的人际交往、教师出色的课堂表现等，都在向学员潜移默化地渗透着理性熏陶，给他们留下持久性的深刻印象。正如人们所说的"只有潜移默化中受到的教育，才能起到滴水穿石的作用"，成功的教育是学员没有

感到在受教育，却受到了终生难忘的教育。

美国教育家吉尔伯特·海特曾说过："如果我们不能获得一声发自内心的笑，那么这一天的教育教学就白费了。"这里所说的"一声发自内心的笑"，揭示了课堂教学所具有的愉悦功能。教学中教师妙语连珠、体态情趣、模态拟声、故错解颐等都能有效解除疲劳，消除由紧张思维运动带来的心理疲劳，调节由简单重复的学习活动带来的生理疲劳，淡化生活中的焦虑情绪，使教学在一张一弛、劳逸结合中获得寓教于乐的功效。

愉快学习是一切教学的基本要求，而对老年教学而言，尤为重要。能否在教学中体现愉悦功能，关乎老年教学的成败。老年教育教学的内涵以休闲康乐为主，抛弃了教育形态中的功利，老年人的潜能开发也重在没有压力的状态下进行学习。

课堂教学中通过演示、观摩、操作、讨论等各种形式，使得老年学员在增长知识技能的学习中愉悦心情，增添快乐。音乐教师王德安，在音乐教学中既身体力行也要求学员"脸上有戏，眼中有神，身体有型，心中有情"。他认为虽然老年人的嗓音条件不能与年轻人相比，但其生活阅历丰富，对情感的感知有着明显的优势，这是把歌唱好的重要条件。王老师非常重视教学中的情感作用。在教唱《中国的月亮》时，提示这首歌的对象是月亮而非太阳，因此在演唱时声音要轻柔，意境要朦胧，旨在表现对家乡的热爱和眷恋；在教唱《妈妈的眼睛》时，他则诙谐地对学员说，你们要用已掌握的方法唱自己的娘，当然包括唱丈母娘和婆婆。大家会心一笑，将情感融入了音乐，开始了动情的练唱；在强调歌唱的咬字吐字时，要大家克服乡音时，他幽默一把，说，你们至少要离开洞庭湖，飞越长江，跨越黄河，离长沙尽量远一点，离北京越近越好。这就很形象地强调了歌唱时普通话的准确性。

教师主要通过语言传授知识、技能，陶冶道德情操。为达目的，要求教师的课堂教学语言必须具备较高的艺术水准，应该饱含激情。其实在某种意义上而言，教师讲课和相声演员的演出一样，必须高度进入角色，才能使听众声声入耳，欲罢不能。这就要求教师要深入钻研所讲内容，充分运用语言技巧，达到"情见于辞，情发于声，情融于理"从而以"灼人"之力，起感人之效。课堂教学语言应该形象生动，通俗易懂。

教师应对课堂教学语言精心设计，选择确切精辟又通俗常用的字、词、句，力避偏僻深奥，歧义费解。作为教学语言，一定要遵守语法规则，不说半截话，不吐含糊词，不拖泥带水，冗杂含混，避免陷入"荒草多了苗就看不清"的被动局面。举什么例子恰当，用何种比喻贴切等都应该在备课时深思熟虑，切不可盲目自信课堂灵感，漫不经心地顺手拈来。

课堂教学应该风趣幽默，富有韵味。风趣幽默的语言，对于教学来说，也是举足轻重。有人将其比作课堂教学的调料，适量投放，就能使课堂兴味十足，其香四溢。

教师用一些幽默风趣的语言可以诱发学员的学习兴趣，从而加深对所学知识的理解。一位写作班的教师在解释成语"欲盖弥彰"时，巧妙地运用了另一则富有趣味的成语典故"此地无银三百两，隔壁王二不曾偷"，既准确地让学员弄懂了"欲盖弥彰"的词义，又增加了新的知识，还获得了课堂活跃、愉悦学习的实效。有学员评价听杨文盛老师的旅游地理课的总体感觉是犹如行云流水，像是一气呵成。在这里既可以听到幽默风趣的类比、成语故事的巧用；也可以领略逸闻轶事的启迪、谜语故事的引思；还能够体验嘹亮歌曲的联想、速记方法的助力。这一切都有利于严密推理、环环相扣效果的达成。加上她那吐字清晰，流畅悦耳的语言表达，使听课学员感觉入情入境，妙趣连连。

老年大学所开设的各专业课程，都蕴含着一定的思想情感和美育价值，对学员都有陶冶情操，修养思想，愉悦身心，增进健康的作用。因此在传授知识时，应将它渗透到课堂上，使知识、技能和美好的情感、思想、境界交融统一，使学员学得有滋味、乐在其中。一位老年学员说得好："老年大学给了我人生最重要的东西，那就是一份好心情。我们每个人一辈子也许能够获取很多的物质财富，但却不一定能够拥有这样的一份好心情。我们要活得长久，更想要活得开心。"所以在我们的教学中，教师的幽默风趣寓庄于谐，能够愉悦心情，开启心智，有利于学员"好心情"的自然达成。

教学幽默对受教育者心智的影响是理论与实践证明了的。现代心理学告诉我们，常人把注意力集中到一件事情上，而不被其他思想打扰的最长时间很短，低年级小学员一刻钟左右，老年人不超过二十分钟。因此在课堂教学中，间或出现一些幽默，既可以调节学员情绪驱散疲倦，点亮注意力之灯，又可以使教学内容趣味化，便于学员记忆巩固，有时一个风趣的比方或反诘引发一阵笑声之后，留下的将是难以磨灭的印象。一位写作班教师在提示学员作文用词用语必须明白其义时举了这样一个例子：说是旧时乡下一少年向一位先生求教"武昌"一词的意思，这位先生本来也不知其意，但碍于面子不愿明说，于是装腔作势故弄玄虚，摇头晃脑地解释道："'武者'，'武也'，'昌者'，'昌也'，'武昌者'，'武昌也'"逗得大家哄堂大笑的同时，阐明了对知识的不懂装懂，非但于事无补，还将贻笑大方的道理。

一位老干部大学教师正在讲授夏季空调的使用，忽然听到一位学员鼾声如雷，接着伴之而来的是一片笑声和埋怨声，课堂面临失控。这时教师马上中断讲解，学员也不再作声。也许是因为突然而至的异常寂静，那位打鼾的学员居然醒了，此时教师面对着打鼾者笑着说："今天您语出惊人，声惊四座，意在警示：谨言慎行。"大家会意一笑，教师接着前面的内容开始讲解在空调下昏睡，容易受寒着凉，造成人体免疫功能紊乱，增加感冒等疾病的风险。这样既避免了打鼾者的尴尬，又无缝衔接了教学内容，体现了教师的教学机智。

老年课堂教学中能体现生动形象的教学就是充分运用形象化的材料和手段进行教学。因为形象化的东西容易唤起学员的兴趣，开发右脑的潜能，促进学员形象思维能力的发展。它要求教师运用教学方法时，能够深入浅出地将教学内容化为具体可感、生动形象的教学语言、图表模型、幻灯图片、录音录像等，使教学内容能为学员理解和掌握。学校周碧喻老师运用现代科技手段——多媒体教学，图文并茂地展示课件，辅之以形象、有条理的讲解，经演示，舌形、舌态、舌苔的类型、特征一目了然，学员们在周老师的示范下，非常投入地边听边看边练习，基本上都掌握了看舌的技能。接着周老师又理论联系实践，给学员们留出了一些时间，让学员对照课前带来的学具即36幅舌象图回顾所学的知识，用自己带来的小镜子继续练习看舌面；同学还相互望舌诊断，兴趣盎然，效果很好。

教学过程本身就是一件快乐的事情，让学员从学习本身享受到愉快的情绪体验。凡是被受试者认为不愉快的事，总不如被他们认为愉快的事记得牢。这就要求教师的课堂教学，不应只重视教的内容而忽视教的形式，应力求使二者实现完美的统一。

在老年大学的课堂教学中，教师应以学员感到快乐的形式来进行，让生动活泼的课堂教学激发学员更大的学习热情。

老年大学如何"评课"

黄庆达

老年大学的教学质量是学校教学能力和教学水平的根本标志，不断提高教学质量是学校工作的永恒话题。建立课堂教学质量评价体系，就是为优化教学、提高教学质量服务的。因此，我们在制定科学合理的老年教育课堂教学质量评价体系时，应以科学的评价原则为指导，以"以学论教"的教学理论为依据，全面反映现代教学的要求，来确定课堂教学评价指标。现代教学在强调知识掌握的同时，还强调培养能力和完善人格的和谐发展，更强调要有益于老年人的身体和心理健康。

一、构建课堂教学评价体系

"体系"是若干有关事物或某些意识互相联系而构成的一个整体。那么，"课堂教学的评价体系"则是在课堂教学中，将教师因素、学员因素和教学资源所涉及的教学内容、教学方法、教学手段、学习状态和学习效果等评价点构成的一个整体。这几项之间是互相联系、互相作用的，但是各项又具有相对的独立性。对这几项的精确安排、组织和相互关系的评价就构成了课堂教学的评价体系。

老年教育的课堂教学有着课堂教学的普遍特征，也有自身的特点。我们在构建老年教育课堂教学评价体系时，既要从教育的同一性出发，又要考虑其特殊性，在同一性中体现特殊性。

教学是一个过程，是一个有结构的过程。按过程我们要评价教学准备、教学实施和教学效果。在构建老年教育课堂教学评价体系时，要考虑课堂教学的三要素，也要考虑教学过程。我们将过程作为明线，将教师、学员、教学资源作为暗线来构成课堂教学评价体系（见图1）。

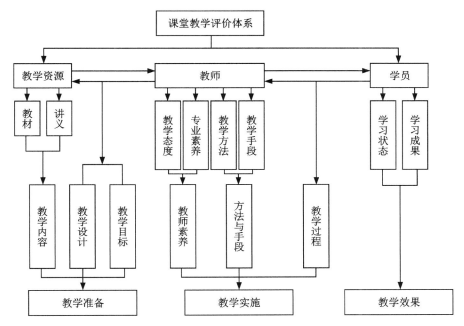

图1　课堂教学评价体系

（一）教学准备

教学准备包括了教学目标的制定、教学内容的选定和教学设计。

（1）教学目标。教学目标要体现老年人的诉求。老年人有"六求"，即求健、求乐、求美、求友、求知、求为。教学目标要明确、具体，并且要具有一定弹性。

（2）教学内容和设计。要选择切合老年人实际的适当的教学内容，科学地组织教学内容。要认真备课，有完整的教案。

（二）教学实施

教学实施包括了教师素养、教学方法与手段和教学过程。

（1）教师素养。教师有较强的组织协调能力、应变能力和即时评价能力，有良好独特的教学风格。教师关注老年学员的发展进步，尊重与信任学员，对老年学员表现出应有的热情与宽容。教师表述清楚，语言生动、准确，思路清晰，教态亲切有感染力，板书规范。

（2）教学方法与手段。教学方法多样，教学方法科学灵活，适合老年人。教学手段先进，充分运用现代教学手段，恰当、形象、直观、生动。

（3）教学过程。教学容量适中，教学过程顺畅、完整，教学过程是民主、和谐、开放、融洽的。教学过程中学员是主动、合作的。教学过程中学员思维活跃，有良好的师生互动。

（三）教学效果

教学效果包括了学习状态和学习效果。

（1）学习状态。学员积极参与学习，学员与教师、学员与学员有良好的交流，学员思维活跃，有持续较高的学习兴趣。

（2）学习效果。学员在自己原有的学习基础上获得进步。学员有获得知识的满足，学员在课堂上有与他人交往的愉悦。

（四）评价量表

课堂教学的评价可采用表1、表2所示评价量表。

表1　课堂教学评价量表（用于教师自评与专家评）

教师		学科		班级		学员人数	
课题						时间	
A 指标	B 指标	C 评价指标			评价	权重	计分
教学准备（30）	教学目标	1. 教学目标要体现老年人的诉求"六求"即：求健、求乐、求美、求友、求知、求为的特点 2. 教学目标要明确、具体 3. 教学目标要具有一定弹性				10	
	教学内容和设计	1. 要选择切合老年人实际的适当的教学内容 2. 要科学地组织教学内容 3. 要认真备课，有完整的教案				20	

（续表）

教学实施（50）	教师素养	1. 教师有较强的组织协调能力、应变能力和即时评价能力，有良好独特的教学风格 2. 教师关注老年学员的发展进步，尊重与信任学员，对老年学员表现出应有的热情与宽容 3. 教师表述清楚，语言生动、准确，思路清晰，教态亲切有感染力，板书规范	15	
	教学方法与手段	1. 教学方法多样，教学方法科学灵活，适合老年人 2. 教学手段先进，充分运用现代教学手段，恰当、形象、直观、生动	15	
	教学过程	1. 教学容量适中，教学过程是民主、和谐、开放、融洽的 2. 教学过程中学员是主动、合作的 3. 教学过程中学员思维活跃，有良好的师生互动	20	
教学效果（20）	学习状态	1. 学员积极参与学习 2. 学员与教师、学员与学员有良好的交流 3. 学员思维活跃，学员有持续较高的学习兴趣	10	
	学习效果	1. 学员在自己原有的学习基础上有进步 2. 学员有获得知识的满足，学员在课堂上有与他人交往的愉悦	10	
评语			总分	

评价人：

表 2　课堂教学评价量表

评价内容	很满意	满意	一般	不满意	很不满意
教学目标明确、具体					
教师教学认真，讲授内容适合老年人					
教师教学组织能力强，讲课思路清晰，阐述准确					
教师表述清楚，语言生动，教态亲切有感染力，					
教学方法科学灵活，适合老年人					
本节课，学员在自己原有的学习基础上有进步					
课堂上学员收获了知识，获得了愉悦					

（五）评价示例

1. 课例

本文以长沙市老干部大学花鸟画教师王建民执教《画梅花》为课例。

上课伊始，王老师温文尔雅地走上讲台，操一口纯正的长沙话，笑容可掬地说开来。他先按照惯例评价学员们挂在墙上的作业，夸他们胆大心细，作品用笔润色拿捏得较好，鼓励朋友们（课堂上都是这么称呼）还要更加把握好干、枝、条的关系。他说干、枝、条犹如父、子、孙的关系，要让它们一家人既和谐又不错位。寥寥数语将学员的"画味"调动了起来，也为下面教授新课突破难点埋下了伏笔。

接着王老师交代本次课的教学内容：怎样构图。他先强调构图的重要性，然后复习前段所学的花、枝、干、条的画法。王老师教学风格独特，他每讲授一种技法，都编上几句顺口溜来帮助学员抓关键词、记住要领。这样，学员在王老师带领下默念顺口溜，在不经意中就将点花，勾勒枝、干、条的技巧记在心中了。在复习过程中，王老师强调要练好基本功，要舍得下功夫，把握好画作的用笔用墨技法。他边讲边示范，并让学员跟着一起练，要求大家既要眼看、心想，还要手到。

第二节课，王老师着重讲授画梅花的整体构图。他先在黑板上板书四句顺口溜："主干定位主枝穿，细枝随势一气添。虚实疏密和留空，梅花朵朵绽其间。"在边讲解示范中，王老师强调干、枝、条笔要顺势而生，随意而发，构图要留有余地。王老师还特别讲究作画时的心态。他说老年朋友学画，要根据自己心理和身体状况及个人的兴趣爱好安排学习，要刻苦认真，不要有压力负担，既要投入，又要轻松。学画不只是练笔和墨，更重要的是练身和心，既可陶冶心灵，强身健体，又可提高自身文化素养和审美能力，所以要循序渐进，不急于求成，轻轻松松地画，就会有收获。一番话说得大家暖乎乎的。学员听其言，观其范，基本了解了构图布局的规律及点、勾等用笔技巧，个个都画得像模像样。课将结束，我们看到每位学员桌上，一幅幅梅花傲雪图跃然纸上。

2. 评价

教学准备：教师以花种定教学内容，教学目标明确具体。教师在新授之前讲评学员画作，满足学员"求知""求为"的需求，让学员看到了自己的进步，树立了信心。教师让学员可根据自己的喜好来选择学习内容，并根据不同花的特点进行教学。王老师教课从理论到实践，变知识为技能，重在实践，强调训练的教学设计是有效和高效的。教学准备是充分的。

教学实施：教师的教学由分解到综合、从点到面、先分后合的教学思路是正确的。根据梅花的特点，王老师先讲点、勾的方法；然后讲花、干、枝、条的画法；再讲整体构图；最后画一幅完整的画。这既符合教学内容本身的结构规律，又符合老年人的认知特点，整个过程顺畅、完整。

王老师很重实践，强调习得。他的训练方式分为两种：一种是教学全程中随讲随示范，学员随之动手练习；另一种是先分解，后综合构图理论知识，全部讲完后完整地画一幅画，也是在老师的指导示范下让学员跟着练。这两种方式是根据学习内容的需求来安排进行的,体现了它的有效性和高效性。王老师把梅花的画法简单归纳为五个步骤:画干—插枝—伸条—点花—精细琢磨和加工。这很好把握。如韵语归纳,王老师把教授梅花的花、干、枝、条等每一种技法,都预先编成几句韵语(顺口溜),将其难点、要点、关键词押上去。学员们读起来朗朗上口,在背诵中就将画技记在心上了。这为老年朋友年纪大、记忆差带来了方便。王老师恰当运用了投影仪。在讲解、示范梅花画法的过程中,包括润笔、勾色、点花直至细致琢磨收拾,王老师都通过投影仪放大到大屏幕上。这样,就连坐在教室最后一排的学员都能看得很清楚。王老师在教学中运用的化繁为简、韵语归纳、多媒体辅助教学等方法是适合老年人的学习特点的。教学方法多样,教学方法科学灵活,教学过程是民主、和谐、开放、融洽的,教学过程中学员是主动、合作的。

王老师的专业素养好,综合素质高。他语言精练流畅,生动幽默,讲解要点清晰,有条不紊,让人听起来不乏味。

教学效果:王老师讲课善于理论联系实际,讲课时常常旁征博引、引经据典,信手拈来。他编的韵语内容精当,押韵自然,易记助学。教学语言也词语精辟、丰富多彩。从他在课上的作画示范来看,他的画技较高,非一日之功。在他的课堂上,学员和听课老师都有一种作画的冲动,学员的学习状态好。

王老师在课堂上对学员进行的非功利、求淡定的心理指导是符合老年大学本课程的性质和宗旨的。俗话说得好:写意画,写其境,学其德。王老师在教学时能时时渗透做人做事的准则,有时甚至一语双关。如作画时要淡定,拿得起,放得下;动笔时不做作,不勉强,顺理成章。还强调要留有余地……这字字句句都说到了学员的心坎上,大家都铭记心间。学员在课堂上都能完成相应的画作,都有不同程度的收获,教学效果好。

(六)课堂教学评价的步骤和方法

1. 课堂教学评价的步骤

课堂教学评价的步骤,一般有两种情况:一种是集中性、检测性或为某种职称、职务、评选而进行的课堂教学评价;另一种是随机听课和评价。

(1)集中性、检测性课堂教学评价

一般分为以下三步：

第一步：准备阶段。就为什么要评价、谁来评价和评价什么等做好充分准备。这种准备包括组织准备、人员准备、方案准备，以及评价者和被评价者的心理准备。

第二步：实施阶段。这是评价活动的中心环节。评价者运用各种评价方法，收集各种评价信息，进行分析综合，并在整理评价信息的基础上作出评价判断，写出评价报告；同时对评价者和被评价者的心理进行调控，保证评价工作顺利进行。

第三步：评价结果的处理与反馈阶段：评价结果的检验，分析诊断问题；审核评价报告，参与评价者签名；反馈评价结果。

长沙市老干部大学文史系课堂教学评课就是按此步骤进行的，并结合他们的实际略有变动，其做法是：①与被评价者约定听课的时间、地点、授课的内容、方式；请被评价者印发本节课的教学计划，包括教学目的、教学内容、进度、教学的重点、难点和预测课堂上突发问题。②邀请下列人员参与听课评课：同行教师、学员代表、学校行政和教研室教研员（教育专家）。③召开评课会。由被评价者介绍授课前的准备工作和授课后的感受，进行自我评价；随后听课者根据收集的评价信息发表意见；最后由系主任总结，即作出判断评价，提出改进教学的建议。

（2）随机听课和评价

顾名思义就是指课前对讲课人不下通知、不打招呼的听课方式。这种形式没有刻意"包装"，更能客观、公正地反映教师的教学态度和教学水平，更能达到相互学习、相互交流的目的。其评价的步骤，一般用列表法设置教学目标、教学内容、教学实施、教师能力、教学效果等项目，并按上述项目列出评价要素，要求评价者按表格规定的内容客观公正地填写。这种随机听课的评价方法，其目的是解决问题，而不是为了给教师难堪。作为学校领导在引导教师对随机听课有一个正确认识的同时，不要将其作为评价教师的主要依据。在听课过程中，也许会发现某老师因为某种原因整堂课教学不是很顺畅，甚至上砸了，老年学员意见很大。在交流总结时也不是全盘否定，而是努力寻找优点，辩证评价，诚恳提出建议，并且约定一段时间后"二次听课"。这样的做法，有效地消除教师的对立情绪，能达到评价促进教学优化的目的。

2. 课堂教学评价的方法

（1）课堂听课法

事先准备，对评价者、被评价者就时间、地点、方式、观察重点等进行事先约定。评价者在听课之前了解听课的教学内容、教学进度和教学目标、教学设计和课堂观察。课堂观察可进行教学全过程的观察和重点观察；评价者随时做好课堂记录；评价者在不影响教学进程的情况下进行课堂快速调查。

（2）制表评价法

运用评价量表进行评价。教师可对照量表自评，听课的教师和专家对照量表进行评价。学员用学员量表给出评价。

（3）标准化的测验

对学员学业成绩的测量是一种传统的评价方法。其做法是明确检测的目标；确定检测的内容；检测卷的设计；统计检测成绩，并对检测卷的成绩及存在的问题进行技术分析与鉴定。但在老年教育的课堂中，很难用整齐划一的标准来评价效果。因此在老年教育课堂教学评价中一般用学员量表或座谈问卷来了解效果。此外，还有学员座谈会、问卷调查等一些评价方法。

3. 课堂教学评价结果的运用

教师运用评价结果，了解学员达到目标的程度，从而发现自身在教学中所存在的问题，以便对教学方法和策略做出调整与改进；教师运用教学评价结果，真正把课堂还给学员，让学员积极主动地参与学习，让学习的课堂焕发出生命的活力，优化教学，收获高效的教学质量。学员运用评价结果，进一步明确学习目标，端正学习态度，寻找差距，适应环境，积极与教师配合，改进学习方法，提高学习质量。教育行政部门运用评价结果，规范教师队伍，包括对教师的选聘、培养、提高，从而造就一支受老年学员欢迎的高水平的教师队伍。

老年大学的教师如何撰写教案

黄庆达

在老年大学的教师队伍中，有科班出身的教师，他们懂教学规律，知道教学设计对"授课"环节的重要性；还有部分教师，他们是专业的能工巧匠，有丰富的实践经验，他们是从正规专业院校毕业，没有学过教育教学理论方法的年轻老师，都对课前为何要进行教学设计、如何撰写教案等的认识比较模糊，且不能科学有效地做好教学设计、撰写教案。

一、什么是教案

教案是教师为顺利而有效地开展教学活动，根据教学大纲和教科书要求及学员的实际情况，以课时或课题为单位，对教学内容、教学步骤、教学方法等进行的具体设计和安排的一种实用性教学文书。教案包括教材简析和学员分析、教学目的、重难点、教学准备、教学过程及练习设计等。

教案的依据是教学大纲、教科书和学员实际情况。在老年大学中没有统一的课程标准和教学大纲，没有统一的教材，我们教案的依据是什么呢？就是学校制定的教学大纲、老师制订的教学计划和自选的教材，还有学员的实际情况。

二、为什么要撰写教案

1. 写好教案是保证教学取得成功、提高教学质量的基本条件

教学过程是由教师的教和学员的学所组成的双边活动过程。教学取得成功，提高教学质量包括两个方面：一方面是教学大纲规定的、学员必须掌握的基础知识和技能、技巧，要深刻透彻地理解，并能牢固记忆和熟练掌握；

另一方面要求学员在掌握规定的基础知识、技能、技巧的基础上，发挥学习的积极性和创造性，把所掌握的基础知识类推到有关问题中，去理解、分析、解决新的问题。要实现这样的目的，就要在授课前充分了解学员的认识规律和身心发展的规律，根据教学过程的具体特点，设计出合乎客观规律性的教学方案，遵循教学规律有的放矢地进行教学。如果不认真书写教案，教学过程中必然目标模糊、心中无数、要求不当、随心所欲，不可能取得好的教学效果。

2. 认真编写教案有利于教学水平的提高

认真编写教案是提高教学水平的重要过程。教师编写教案是一个研究教学大纲、教材、教学内容、学员及教法等因素的综合过程。在这个过程中，教师不仅要研究所教学科的知识体系、学员学习的状况（接受水平、心理特点和思维规律），而且要按照大纲的精神，分析教材的编写意图和教材特点，分析其知识结构、体系以及内容的深度和广度，特别是要以整体为背景，分析各部分教材的特点，明确教材的要求、教材的重点难点，分析知识的价值功能，酝酿设计教学过程，确定教学方法。教学水平的提高，在很大程度上取决于对教材的钻研。只要下功夫，刻苦钻研，持之以恒，铢积寸累，在教案编写过程中，教学水平就会不断提高。

3. 认真编写教案有助于教研活动的开展

编写教案是开展教学研究、提高教学研究能力的过程。教学过程从某种意义上讲是通过合理的方式把以教材为主体的知识传授给学员并达到培养能力、发展智力的目的。如何做到合理地传授是编写教案的关键，这就需要教师在编写教案时，不断地认真探究学科本身的知识系统和结构，深入研究学员的心理特征、学业水平及其认知规律，优选与教材内容和学员特点相适应的教学方法进行施教。因此，认真编写好教案，对于教师的教学研究，提高教学水平无疑是很有价值的。

三、怎样书写教案

教学是依据学校的教学大纲，依据选用的教材，对课程进行设计，然后通过一次次课来执行完成。对于每次课我们都有安排，我们会把安排简要地放在心里，而把这种条理化的安排和设计写下来，就形成了教案。有人会问，我们记在心里就行了，为什么要写下来？好记性不如烂笔头。为了不在上课时丢三落四，要写下来；为了使课上得有效率，要认真设计和安排。这就是我们提倡课课有教案的原因。

教案是以时间为单位的。可以是一个课时或多个课时为单位；也可以是以课题为单位。比如，张厚安老师的教案就是以舞蹈《巡礼手之语》这一课题为单位来设计的，这一课题需要 4 个课时完成。李丽琼老师的教案是以形体舞《我爱你中国》这一课题为单位来设计的，这个课题需要 4 个课时完成。大多数老师都是以一次课题为单位来设计的。

教案是一种什么样的教学文书呢？它是一种设计和安排的文书。比如：以"课题的导入""课题的新授""课堂练习""课堂小结""作业布置"的线索进行设计和安排。

（一）教案的内容

教案要书写哪些内容呢？根据前面教案的定义可知，教案要写教学内容（课题）、教学目标、教学重点和难点、教学方法、教学过程。其中教学过程是重点。

1. 选用教学内容（课题）

教学内容指教学过程中同师生发生交互作用、服务于教学目的达成的动态生成的素材及信息。通俗地说，教学内容是学与教相互作用过程中有意传递的主要信息。

教材内容要服务于教学目的。如：张科老师"歌唱中小腹的运用"这课的教学目的是让学员学会在歌唱中运用小腹，他选用的教学内容就是歌曲《送别》，通过歌唱《送别》体会小腹的运用；朱逸凡老师为了让学员学习民族唱法位置和了解气声唱法位置与传统民族唱法的异同，从而甜美地歌唱，他选用的教学内容为歌曲《红枣树》；李铭洁老师为了让学员掌握戏剧舞蹈的动作要求和特点（兰花指、抛袖、提襟、按掌、亮相、勾脚、拉山膀），选用的教学内容为戏曲舞蹈《梨花颂》。

教学内容的选择要依据学情。在李洁老师的教案中就有教学分析这一栏目。这一栏目中既分析教材，又分析学情。她在"了解自己——老年人的身心变化"这一课的教学分析中写道:"健康长寿是所有人的心愿,是人类几千年梦寐以求的事情。但衰老不可避免,人的衰老分为生理衰老和心理衰老,都是积累的过程。进入老年后,个体有一个明显的衰老过程。从人生发展的阶段来说,进入老年期的人大多属于离退休老人。由于角色的转变或生理环境的变化,使其在躯体和心理上都面对不同的新情况,容易出现心理困惑,难以做好及时有效的心理调整。因此,老年人如何做好心理卫生和心理保健显得至关重要。"像刘卓飞老师"认识手机"的教案中也有对学员的分析。

2. 教学目标

教学目标,是指教学活动实施的方向和预期达成的结果,是一切教学活动的出发点和最终归宿。教学目标分为三个层次:一是课程目标;二是课堂教学目标;三是教育成才目标,这也是教学的最终目标。我们的教案里的教学目的就是以课堂教学目标为主的。

在教学中我们要达成的目标是三个维度的:知识与技能;过程与方法;情感态度与价值观。

知识与技能目标:主要包括学科基本知识;基本能力——获取、收集、处理、运用信息的能力,创新精神和实践能力,终身学习的愿望和能力。

过程与方法目标:主要包括人类生存所不可或缺的过程与方法。过程——指应答性学习环境和交往、体验;方法包括基本的学习方式(自主学习、合作学习、探究学习)和具体的学习方式(发现式学习、小组式学习、交往式学习等)。

情感态度与价值观目标:情感不仅指学习兴趣、学习责任,更重要的是乐观的生活态度、求实的科学态度、宽容的人生态度。价值观不仅强调个人的价值,更强调个人价值和社会价值的统一;不仅强调科学的价值,更强调科学的价值和人文价值的统一;不仅强调人类价值,更强调人类价值和自然价值的统一,从而使学员内心确立起对真善美的价值追求以及人与自然和谐和可持续发展的理念。

三维目标是一个教学目标的三个方面,而不是三个独立的教学目标,它们是统一的不可分割的整体。在我们老年教育中一般不会把三个维度分得那么清楚,但心中要有这三个维度的目标。如教隔代教育的刘艳萍老师,在教学中采用分组体验，让学员通过小组学习体验祖孙沟通的过程，学会沟通的方法，达成教学过程与方法的目标；旅游地理张咏梅老师"陵寝旅游资源"这一课的情感态度价值观目标就是通过学习中国古代陵寝旅游资源的起源及其流变，了解清明祭扫习俗的象征意义——"感恩纪念"和"催护新生"。

3. 教学重点和难点

教学重点就是本课学员必须掌握的基础知识与基本技能，是基本概念、基本规律及由内容所反映的思想方法，也可以称之为学科教学的核心知识。

教学难点是指学员不易理解的知识，或不易掌握的技能技巧。难点不一定是重点，也有些内容既是难点又是重点。难点有时又要根据学员的实际水平来定，同样一个问题在不同班级的不同学员中，就不一定都是难点。在一般情况下，使大多数学员感到困难的内容，教师要着力想出各种有效办法加以突破，否则这部分内容不但学员听不懂、学不会，还会对他们理解以后的新知识和掌握新技能造成困难。通常意义上所说的教学难点，即新内容，与学员已有的认知水平之间存在较大的落差。比如，刘兰花老师教唱《映山红》。唱好《映山红》是重点，倚音的学习是难点。要唱好《映山红》，就必须把几个地方的倚音唱好。这时重点和难点就是一致的。当然如果学员中有的人倚音本就会，对于这些学员倚音就不是难点。如果刘老师只是把唱会《映山红》作为重点，虽然难点还在倚音上，这时重点和难点就不会重合了。

因此，要明确教学目的、了解学情、吃透教材，才能准确地确定教学的重难点。

4. 教学方法

教学方法是教师和学员为了实现共同的教学目标，完成共同的教学任务，在教学过程中运用的方式与手段的总称。

在大家写的详案中有不少的老师把自己运用的教学方法详细地写了出来。梁枝懿老师在《藏象学说教案》中不但列出了重难点，还写出了解决的方法；钟海明老师在《汉语拼音普通话班微信课教案》中，写出了教学采用的方法，即对比辨析法、归纳识记法、讲析教授法；陈焱老师的英语口语教学采用的方法是多媒体辅助教学法、讲授接纳教学法和示范练习法。

5. 教学过程

教学过程是指师生在共同实现教学任务中的活动状态变换及其时间流程。由相互依存的教和学两方面构成。

在教案中，教学过程的设计和安排是主要内容。教学过程是以教学大纲、教学内容、学情、教材的重难点为依据设计的，重点的落实、难点的突破，教学方法的运用都会在过程中体现。说白了，就是把这节课怎么上写出来，先做什么，再做什么，后做什么，最后做什么。包括引入、新授、训练、练习、运用等，还要有课后作业安排、板书设计等。特别是师生互动要有预设，过程设计得越仔细，课就会上得越好。比如，罗云涛老师的"冠心病急救知识"这一课的教案，在课题导入环节，老师问学员："你见到过冠心病急性发作吗?"就有学员回答问题的预设。教学过程的书写要以时间为序，按照"引入、新授、训练、练习、运用、小结"顺序书写。

（二）教案的书写

目前教案的书写有两种方式，一种是文本，一种是表格。

1. 文本式的教案

以罗云涛的教案为例，在文本式教案里，要书写的内容须条目清楚。

2. 表格式的教案

长沙市老干部大学提供的教案本，就是一种表格式的教案。从老师们提供的详案可以看出，大多数老师是用的这个表格。例如张咏梅老师的教案，就是采用学校备课本的表格完成的。杨伊老师的教案也是表格式，在基础教育中，体育老师的教案就要求这样写。运动中，学员的组织形式和教学要求在表格中体现。我们舞蹈系的老师要详细地设计，就要采取这种方法书写教案。刘艳萍老师的教案表格中列出了教学内容、教师活动、学员活动三个栏目，清楚地设计和安排了整个教学过程。

（三）教案的类型

1. 详案和简案

教学详案要写教学内容、教学目标、教学重点和难点、教学方法、教学过程。教学简案也要写教学内容、教学目标、教学重点和难点、教学方法、教学过程。

　　详案和简案的区别就在于教学过程。在详案中教学过程很详细，包括了老师的讲授和预设的学员反应；简案的教学过程很简单，基本上只是简单的教学步骤。

　　2. 讲义和提纲

　　只有详细的教学过程的是讲义，如张咏梅老师的教案，去掉前面的内容，只留下教学过程，就是一篇讲义。只有简单的教学步骤的为讲课提纲：党史课和时政课发给学员的就是老师的讲课提纲。

老年大学公开研究课的价值取向初探

薛根生　龙志斌

长沙市老干部大学成立于 1987 年。多年来，我们一直认为，尽管老年大学在办学目标、教学内容、活动形式等各方面都与基础教育、高等教育有着诸多不同，但是老年大学仍然是学校教育；作为老年教育的主要形式，老年大学是老年人最向往、最热爱的学习场所，课堂教学仍然是老年大学的中心和重点；课堂教学的高质量、老年学员的高满意度，仍然是老年大学管理工作者日夜萦怀、孜孜以求的理想目标。因此，从 2004 年起，长沙市老干部大学就开始举行公开研究课教学研究活动。并且自 2011 年始，学校把这一活动提升为"一个学期两次、一年四次"的一项制度，坚持至今，一次不辍。17 年来，前后有 50 多位教师上了公开研究课。每次上课，教研室的老师与授课教师一起，选择教学内容，确定研究方向；授课教师钻研教材，认真备课，多次修改，打印教案；上课时，同学科、同系的教师必听；学校领导、教研室全体教师和兼职教研员、学委会的干部必听，其他学科的教师和学员欢迎来听。每次听完课以后，都必定召开评课会议；所有的听课人员都参加（听课班的学员派代表）。为了发挥长沙市老干部大学的辐射引领作用，还经常邀请全市四县五区老干部大学的同行前来一起观摩研究。为了培养年轻教师，给他们压担子，让他们拔节成长，多次选派"80 后""90 后"的老师上公开研究课。在评课会上，大家针对本节课的教学实际，对成功的经验和待改进的缺欠各抒己见，同时也依据一节好课的教学目标、内容、方法、手段，乃至教学思想集思广益，获得共识，一起进步。每听完一位老师的公开课，都有两个"规定动作"：一是必有一位教研室的老师做全面综合点评，点评重在成功经验的总结、教学规律的提炼和高效课堂的打造；二是由教研室的老师写出对这堂课的述评文章，重在全面介绍活动概况和充分肯定授课教师的劳动，发表在学校报刊上。这样，每次公开研究课对授课老师和听课老师来说，都是一次很好的学习和提高，还浓厚了学校的教研氛围，为整体提高学校课堂教学的质量，提供了一级又一级台阶。同时，学校借此契机，加强和提升了关于课堂教学的研究，不但主动请缨在全国老年大学协会学术委员会主编的全国首部《老年教育学》中增加、撰写了"课堂教学研究"一章，而且在此基础上拓展延伸，编写出了全国第一本《老年教育课堂教学论》专著，已于 2018 年 12 月正式出版。

公开研究课作为一项由开放范围较大、主体意愿强烈、研究导向明确、比对分析清晰、活动意义丰富等多个维度的核心要素构成，由积极参与、细心观摩、平等对话交流、认真反思总结等任务驱动要素和教师集体参与、专家内行指导等关系要素结合，能够实现教师集体智慧的整合和专家高屋建瓴的引领，从而有利于构建良好的学校文化，有效促进教师专业发展，推动课堂教学质量提升和增强教学研究氛围的教研活动，具有十分重要的价值。具体来说，有以下三点：

一、利用公开研究课对老年教育课堂教学实践中的特点、策略、技巧进行全面、深入、细致的探讨研究，从而提高老年教育课堂教学的质量

顾名思义，"公开研究课"首先是研究课。研究什么呢？首先当然是"研究怎么给老年人上好课"。而这对我国的老年大学来说是非常必要和十分及时的。我国老年教育进行比较正规的学校教育至今还不到 40 年。这期间，虽然学校数量得到迅猛发展，但是对于学校教育重中之重的课堂教学一直尚未开展广泛全面、深入细致、科学合理的研究。加上任课的教师大部分来自离退休的高等教育（大城市）、基础教育（中小城市）教师，还有一部分非科班出身的"能者为师"；加之老年教育至今没有统一的教学大纲、教材、教参，因此课堂教学基本上仍然处于"八仙过海，各显神通"的状况。而且老年大学教学的监管和评价机制也基本暂付阙如，因此教学中许多问题仍处于未曾发现，或初露端倪，或知而未决之中。而公开研究课教研活动则可以或以示范的方式，或以问题的探讨，或以专家的指引为途径，推出样板，宣讲理论，传授经验，总结教训，使老年教育的课堂教学渐渐步入科学的轨道，日益符合老年人的需求，提高老年人的满意度。具体来说，公开研究课可以让老师们全面认识、研究、了解老年教育课堂教学的特点，深入探讨、研究、把握老年教育课堂教学的策略，细致琢磨、研究、创新老年教育课堂教学的技巧。因此，公开研究课可以提高老年教育课堂教学的质量。

二、利用公开研究课对教师的教育观念、教学技能和情感态度进行全面熏陶，从而加速教师的专业成长

公开研究课大多是优秀课、示范课、导向课，总而言之是高质量的课。高质量的课是高水平的老师上出来的。它体现了高水平老师正确的教育理念，展示了高水平老师优异的教学技能，显露了高水平老师成熟的情感心理。这一点是读书、听讲座等不可替代的。尤其是，公开研究课是面向全体教师的，各种不同年龄、程度、水平的教师，同科教师和不同科教师，授课教师和听课教师，乃至教学管理工作者，都是参与者，公开研究课对他们都会产生一定的影响：它是成熟教师成长为良师、名师的晋级台阶，是骨干教师挑战自我、展示自己的最好平台，也是年轻教师提升自身素质的最好学习机会。

其价值取向主要体现在以下三个方面：能转变教师的教育观念；能提高教师的专业技能；能影响教师的情感态度。

课堂上，特别是公开研究课的备课、磨课、上课的过程中，我们都能够灵敏地感受到授课教师的精神状态、情感风貌和心理素质。这些，也无疑会对听课教师产生具体、生动、深刻的影响。

（一）唤起教师的成长意识

大家在听课中，耳边会常常响起撰写《师说》的唐代大儒韩愈的"彼，人也；予，人也。彼能是，而我乃不能是"的名言，这就唤起了教师的成长意识；而这，将是教师专业成长的不竭动力。

（二）锻炼教师的心理素质

授课教师在接受上公开研究课任务时的内心纠结，准备过程中的各种困难曲折，授课时的诸多顾虑担忧，成功或失败带来的不确定的精神震颤；听

课教师的学习愿望和端正态度，评课会议的发言准备和细心听取，同行竞争互学的切磋琢磨……都是对自己心理素质的一次洗礼和历练，洗礼和历练就是成长。

（三）提升教学研究的兴趣

从公开研究课的教研活动中，大家看得见摸得着感得到：所有人——包括授课教师与听课教师的专业成长和课堂教学质量的提升，与此同时，几乎会被教学改革、教学研究乃至教育科研所吸引、倾倒，从而引发兴趣，产生热爱，大幅提升了教学研究的兴趣。

这样，有了目标追求、有了兴趣热爱、有了心理底气，加上榜样在前，同伴左右，还有专家内行的引领提携，教师团队的优化应该是可望而可即的了。这就加速了教师的专业成长。

三、利用公开研究课对老年教育课堂教学的理论进行验证、提炼、积累，从而完善老年教育课堂教学的理论体系

公开研究课是"研究课"。除了研究课堂教学的实践和教师之外，当然还要研究课堂教学的理论。理论指导实践，理论又来自实践。公开研究课让我们带着研究的眼光，联系课堂教学的实践，并结合学术的理解，去提炼并形成构建课堂教学理论的学术视角和提升思路，以课堂教学实践、实验获得的经验、教训、体会、感悟，去补充和发展课堂教学理论的学术内涵，甚至改变、创新关于课堂教学理论的一些基本观点、重要提法，颠覆一些过往的观念、概念。比如，关于老年教育课堂教学的基本原则，在我们长沙市老干部大学校长龙志斌主编的《老年教育课堂教学论》中，其提出的基本观点就让人大为惊喜且又不得不为之首肯。

书中提到了五大原则：第一，生命活跃原则，包括实用性原则、趣味性原则、学乐为相结合的原则；第二，秩序稳定原则，包括统筹安排原则、科学系统原则；第三，优质讲授原则，包括少而精原则、直观性原则；第四，师生互动原则，包括平等尊重原则、重视启发原则；第五，灵活施教原则，包括适度性原则、因材施教原则。

很明显，作者根据老年教育课堂教学的实践，破天荒地提出了 11 个原

则，把它们归到了5个大原则之下，全面完整而科学合理，内涵丰富而条理清晰；特别值得一提的是，在这5大原则11小原则当中，作者置公认的、基本的、上位性的教学原则如"科学系统原则、因材施教原则、师生互动原则"于不顾，打头第一条就提出了一个有史以来、各种教育理论书籍从未写进书里的"生命活跃原则"。其实，这个原则的提出，正是命中了老年教育的根本特点：老年人就是为了生命的活跃——健康、快乐、长寿、有为而来老年大学学习的；这个原则摆在首位，是必须的、正确的、毫无疑义的。

因此，在某种程度上，我们可以说，正是十多年来关于公开研究课教研活动的坚持推行和关于课堂教学理论的不懈探讨，推动了《老年教育课堂教学论》的诞生。

此外，公开研究课的运行中还涉及了老年教育教材的编写、使用，教学管理制度的制定、执行，老年教育教师队伍的建设、优化等许多方面，对这些方面所提的问题和探讨及给出的一些建议，对整个老年教育的发展都具有不可忽视的参考价值和促进意义。

综上所述，可以毫不夸张地说，在老年大学，开展公开研究课的教研活动具有丰富的理论价值和不菲的实践意义。我们的结论是：公开研究课教研活动价值非凡，值得推行；但是要想实施得圆满和取得理想的效果，还是有所讲究的。

十余年来，我们收获了公开研究课教研活动带给我们的不少实绩，有一些体会，但是关于公开研究课的开展和研究，我们还在路上；我们将再接再厉，继续前行，尤其希望得到同行们的批评指导。

老年大学公开研究课的实施技术初探

薛根生　贺佳妮

公开研究课的实施技术是指在公开研究课教研活动的过程中各相关因素的质量、运用、配合的计划、组织、安排、准备等实践操作的技能和艺术，包括目的宗旨、方向指导、教学行为、评课活动、支持服务、评价机制等诸多方面。长沙市老干部大学在 10 余年的公开研究课教研活动的实践中有一些体会，如充分准备是公开研究课效益最大化的前提，精心操控活动过程是圆满达成目标的关键，开好评课会议是提高效益的不二法门。

我们的具体做法是：

一、关注指导

关注并精心指导是获得高效的首要条件。主要是三点：

（一）开课指导

公开研究课上什么课？谁来上？这应该是有目的、有计划的，即必须确定研究方向，聚焦现实问题。从我们的体会来看，目前老年教育课堂教学的问题主要有三种：（1）教师中普遍存在的问题，如技能型课程的训练的重要性、怎样实现高效训练和面向全体的训练等；（2）新开课程的问题，如部分新开课程教学程序需要专门设计，要在原有的教学模式上进行改革；（3）年轻教师的问题，如体谅和理解老年人的生理心理特点，知晓老年人的认知特征，让老年学员轻松、快乐又有收获地学习的问题。针对这些问题选定和设计的公开研究课，教研员加以指导，其教学效益应该是有的放矢、确保无误的。

（二）上课指导

作为公开研究课，为了符合该次公开研究课的目标要求，教研员作为组织者应主动积极对授课教师进行指导，必要时可以组织部分同科教师，特别是系主任一起研究。有条件的还可以进行试教，就某一个或多个问题的解决、一种模式的探索、一种方法的试验，给出更准确的答案、优秀的示范，让听课的同行们获得更好的启发。

（三）指导因人而异

科班教师重在课堂组织和教学实施的方法艺术的探索指导；"能者为师"的教师首先帮助他们了解和实践课堂教学的必备环节与基本套路；年轻教师要把鼓励他们勇于上课和树立经过努力能够上好课的信心摆在首位；骨干教师可以在他们自己设计的基础上强调新的突破，而名师则提倡显示个人风格和给出教学范式，让所有的听课人员默默欣赏和啧啧赞叹。

二、讲究过程

实施过程是公开研究课教研活动的中心环节，讲究过程是取得理想效益的根基。我们的基本做法是：

（一）设置基本流程

每次公开研究课教研活动都必须认真走好"选课（含选人）—备课—上课—评课—发布述评"五部曲，缺一不可。

（二）把握重点步骤

（1）选课。①选好研究问题，明确主攻方向；②选好授课人；③选好教学内容。

（2）上课。①备好课：认真钻研，不惮修改；规范打印，听课人员人手一份。②上好课：除授课教师熟悉教案流利施教之外，如果有多媒体辅助教学，一定要准备和调试好设备课件；经验表明，多媒体运用的障碍事故最容易影响授课教师的情绪。③听好课：通知到人；安排座位；发放听课本；必有学员代表参加。

（3）评课。①教师自我反思；②听课人员各抒己见；③主评专家全面提升。

（三）抓住效益放大

（1）教、听、评人员和谐组合、各司其职；必有校长、副校长参加听课并主持评课会议；评课会议一般不允许请假。

（2）授课、听课成员的"优惠"待遇：授课教师增加讲课金；听课教师发给交通费，提供中（晚）餐。

（3）同科教师完成"作业"：看通知，了解课题；读教案，知晓内容；记笔记，对照反思；必评课，感悟交流（下评语或发言等）；交"作业"（听课记录），不可缺交。

三、重视评价

"三分上课七分评"，评课活动是公开研究课教研活动的重头戏、压台戏，是提升公开研究课教研活动效益的命脉之一。为此，我们认真做到了以下三点：

（1）修订评价标准。强调了学员评课，新增了学员评课用的"课堂教学评价量表"。

（2）严控评课过程。坚持听课结束后趁热打铁召开评课会议和强调聚焦研究问题之外，还要求：①必有授课教师自评。②强调听课学员参评。③鼓励听课教师多评。

（3）优化专家总评。每次评课最后必有一个"规定动作"——专家总评。因为它对执教者、听课者、学员乃至学校领导和教学管理人员都将产生一定的关于教学成败优劣、活动效果大小和改革提升方向的不可回避的回答和明确无误的指导。专家总评发言要在追求切实性、公平性和指导性、鼓励性时，促使执教者和听课者在公开研究课结束之后，乐于继续探索，知晓怎样前进。这个"总评"是有讲究的，是有重点的。重点就是在赞赏优点、讨论不足和提出问题的基础上，就"应该这样教"作出指导。具体来说，就是紧扣三个方面：①呼应聚焦问题，直击解决策略；②紧扣老年教育，强调特点特征；③结合本次课例，提出"应该"事项。若能达此，则不失为公开研究课教研活动的锦上添花和圆满收官，就能达成公开研究课教研活动的比较理想的效果。

总之，关于公开研究课教研活动的实施，我们实践探索了一些办法，也获得了明显效益。但是由于老干部大学当前办学机制的局限和教师的分散性、非职业性，给公开研究课教研活动带来了一些问题。比如，听课老师是公开研究课教研活动的主要受众和受益者，如果他们都以积极进取、认真学习、提高自身的态度，认真钻研研究课的内容，考虑与研究课内容相吻合的教学设计，或说说自己如果上该内容的课例分析怎样做，或撰写与该次研究课主题相关的反思、心得等，学校也能给听课者以足够的准备时间，为下一步听课、评课做好扎实的准备……那听课和评课会议的质量就会更高一些。如此，听课教师在评课会上或默默无语，或说些套话、空话、恭维话，或重复别人发言的几句名词术语，缺乏实际内容，毫无个人感悟等现象就会基本避免。此外，可能还有一些我们实施细节不够完善等问题，都有待我们继续探索、改进。

老年大学公开研究课的达成效益初探

薛根生　施　亮

公开研究课是一种非同"日常课"的特殊的课堂教学形式，通过备、讲、听、思、评，既能提炼教学中的许多经验，又能发现教学中的一些不足，还有专家里手的专业引领，具有示范、交流、研究、培训等多种功能，其对促进教师队伍整体素质的提高、学校科研浓厚氛围的形成和课堂教学质量的提高是毫无疑义的，而且其效益是动态的、综合的、长远的。人们常说它是课堂教学质量提升的助推器、教师专业发展向前的催化剂和教学研究氛围增强的加速箱，这是不为虚夸的。诚然，我们的公开研究课教研活动的实然效益离应然效益还有一定差距，但是由于我们在实施技术方面殚精竭虑、认真细致，还是达成了显而易见、令人可喜的成绩。

一、提高了课堂教学的整体质量

长沙市老干部大学推行公开研究课教研活动的 10 余年来，全校六个系都上过公开研究课，而且都不止一次。我们规定，同系的老师必须参加听公开课。因此可以说，学校的教师基本上都参加过公开研究课教研活动。这就保证了就目前来说，以课堂教学实践为主的唯一的中型的教师培训形式，能够普及、辐射到全体教师，让学校的每一位教师都有机会参加公开研究课教研活动，基本做到了人人参与，不留空白。同时上课教师既有骨干教师、名老教师，又有年轻教师、新任教师，让各个不同层次、各种不同类型的教师都登上公开研究课的讲台，这样，公开研究课授课的学科、课型、教师涵盖全面，听课教师无人遗漏，教研活动的群众性、面向全体性是很强的，这就保证了公开研究课教研活动效益的影响面和广度——全校教师，人人受益。

在公开研究课教研活动中，执教者、听课者、组织者构成了一个学习共同体，给广大听课教师提供了一个专业学习、专业切磋、专业成长的课堂。它让教师们关于课堂教学的全景俯瞰和细节微查是亲见亲历和耳濡目染的，这也就保证了公开研究课教研活动的效益的深度：生动深刻，终生难忘。

尽管公开研究课教研活动的效益不完全是立竿见影、瞬即生效的，而是一种内化渐进、润物无声的过程，但是现在在长沙市老干部大学的课堂教学中，已渐次、常常、不一而足地出现了课堂教学的好景象，我们的教研员不时传出能欣赏到一节节优课的惊喜。虽不能说现在长沙市老干部大学的课堂教学堂堂精彩、节节优秀，但是那种教师讲授的一言堂、满堂灌；或训练放任自流，交流无效闲聊；或教师自身的素质展示很好，而学员知能落实不够；或备课时只备教材，不顾学情，飘在空中，让学员不知所措，有的提问的目标指向不够明确，致使学员回答漫无边际；或未能真正面向全体，总是关注少数几个学员等现象，已渐渐远去……课前课后、电梯、校园，夸赞老师课上得好的话语时有所闻；编辑学校《枫叶》校刊的教研员反映，投稿表扬老师上课精彩的稿件越来越多了。

诚如龙志斌校长说的，"老年教育的课堂教学，在知识的获取和技能的习得之外，更重视教师与老年学员的情感交流，更重视老年学员的满意度"了。

二、培训了老年教育的广大教师

学校课堂教学质量的提高离不开教师整体素质的提高。如果说可以通过多种途径，如理论学习、辅导讲座、提供资料、"走出去，请进来"等来促进教师专业成长，那么，组织公开研究课则是综合以上途径的最佳方式，最能促进教师专业发展：因为它能满足教师成长的需要，帮助教师扩大知识面；帮助教师学习教学技能艺术——撰写教案、抓住重点难点、巧妙"讲""训""练""评"和运用现代教育技术等；丰富教师的教研实践，分享智慧，积淀经验。

对于承担公开研究课的老师来说，上公开研究课有压力，但是压力就是动力，更能敦促自己研究、学习、钻研从而提高自己。作为公开研究课外在呈现的两节课的教学过程的设计，是最让授课教师殚精竭虑、反复琢磨的。而这精心琢磨的过程，正是教师集中精力学习教育理论、全面反思自己日常教学行为的好机会，从而使自己的课堂教学获得一次跃进巨变。大家都公认：当教师不辞辛劳地打造公开研究课的时候，公开研究课也毫无疑问地打造了教师。骨干教师、名老教师也不例外。因为他们都在想，我要展示我的最高水平，要对同行起示范引领作用，我必须追求教学的一种极致。所以表面看来这些给教师增加了负担，但是也让他们利用一切可利用的时间、精力及所储备的教学资源和才智资源，迅速地提高了自己的专业能力。

对于听课教师来说，绝大多数教师都能抱着虚心学习的态度认真听课，积极参与评课活动，这增进了同行之间、学科之间和不同年龄教师之间的沟通交流，大家对老年教育课堂教学的教学理念和特点有了更深的感悟，也对高效课堂的打造有了进一步的认识和增强了信心。

十余年来，长沙市老干部大学广大教师在拔节成长，名优教师在不断涌现。一些多次执教公开研究课的教师都已经是遐迩闻名，拥有众多"粉丝"的名师了。

三、形成了科研强校的浓厚氛围

在公开研究课教研活动的影响下，广大教师洋溢着朝气蓬勃、积极向上、锐意进取的良好精神风貌；学校呈现出了一种教研有益、听课帮教、反思获知、互帮互学，共同提高的可喜势头：整个学校的科研强校、向教学改革、教学研究要质量的氛围更加浓厚了。

首先，有教师主动要求上公开研究课了；其次，改革精神、创新意识、优质教学、高效课堂等观念逐渐深入人心，形成共识，学校的教学研究氛围日趋浓厚；最后，写教案、写反思、写教育叙事、写论文并且积极向学校的校刊、教学动态、学报和全国报刊投稿，参加学校和全国的论文评选的人多起来了。

公开研究课教研活动扩大了听评课活动的影响，带动更多的教师投入教育研究当中来。

十余年来，我们在开展公开研究课教研活动上取得了一定成绩和一些体会，但是还存在不少问题和不足，如在认识上关注"上课"多于"听课"，实施上强调"教学"多于"教研"，评价上偏重"技术"而非"学术"；再如，备课时的指导还可以加强，上课的形式还需要改善，听课的安排还应该科学，评课的组织还可以优化；还有在细节上为了追求公开研究课的完美化而常常忽视了学情和课堂生成，对课堂上出现的非预期性因素的展现视而不见、充耳不闻……这些说明，推行公开研究课教研活动我们还在路上，离理想境界还有距离。我们要为"推动教师教学水平进一步提高，激励教育研究工作进一步律动，促进学校办学质量进一步攀升"而再接再厉，继续前行。

老年教育教研新招
——"说、授、评"活动

黄庆达

长沙市老干部大学从 2004 年起，就开始举行公开研究课教学研究活动。自 2009 年始，这一活动被提升为"一个学期两次、一年四次"的公开研究课制度。19 年来，前后有 60 多位教师上了公开研究课。

2020 年，中国老年大学协会在青岛举行了老年教育首次说课展示活动，学校有 3 位老师的说课视频参加了这次评奖展示活动。三位老师都被评为优秀说课教师，其中张科老师在现场进行展示，获得了与会者的一致好评。2021 年，中国老年大学协会老年教育第二届说课展示活动在宜昌举行，学校有 6 位老师的说课视频参加了这次评奖展示活动，其中 4 位老师被评为优秀说课教师，陈伊琳老师在现场进行展示，同样获得一片赞誉。从 2020 年 10 月开始，我们学校坚持了 16 年的教研公开研究课活动也顺应创新为"说、授、评"活动，在原来授课、评课的基础上增加了"说课"这个环节。下面从三个方面谈谈老年教育教研新招——"说、授、评"活动。

一、什么是"说、授、评"公开研究课活动

简单地说，"说、授、评"公开研究课活动就是集说课、授课、评课一体的研究活动。

（一）"说"是备课和预设

老年大学的老师在以往的教学中，备课是在心中的，一般都是想想，我这节课该怎么上，先做什么，再做什么，而不会去想我是根据什么这样上、我为什么要这样上。其实，备课是要把这些都考虑清楚的，并将其写出来，

说课是要把教材的内容说清楚,这个内容原有的学习基础有哪些,哪些基础是学过的,哪些是这节课要补充学习的。说课要把教学目标说清楚,如要学会什么、要了解什么、要熟练什么、要掌握什么。说课要把教学的重点、难点说清楚,还要把教学方法说清楚。这就把这节课为何要这样上和根据什么依据这样上。而教学过程就是依据内容、目标、重难点、方法预设的。

(二)"授"是示范和展示

授课按照备好的课进行,就是一种研究示范,就是一种向同行的展示。但是,在课堂上出现与预设不同的情况时,一定要适时调整,而且要对自己的备课进行反思。听课的老师也要根据说课的教学程序来看课。

(三)"评"是学习和思考

评课是对该课进行教学评估的一种方式,要根据评估的目的进行。如果作为教学检查来评课,就要从教学行为的规范来评;如果作为赛课来评课,就要从教学设计、过程和效果来评。作为公开研究课的评课,是以研究为目的的,是促进思考、促进交流、促进学习的,那么,我们既要考虑教学行为,也要考虑教学设计、过程、效果,更重要的是要思考如果我来上这课,我会怎样上,还要思考我从这次课上学到了什么、悟到了什么。

二、为什么要开展"说、授、评"公开研究课活动

传统的公开研究课活动主要分为"授、评"两个环节,"说、授、评"公开研究课即在此基础上加入"说"这一环节。说课,作为一种教学、教研改革的手段,最早是由河南省新乡市红旗区教研室于1987年提出来的。20世纪90年代长沙市天心区教育局教研室将"说课""授课""评课"结合起来,创造了"说、授、评"这种新型的教研模式,说课才正式在基础教育教研活动中铺展开来。老年教育为什么要将说课引入到公开研究课活动?主要在于说课的作用。

(一)说课有利于提高教研活动的实效

在以往的教研公开研究课活动中,一般都是老师上课、大家听课,听完课再评课。在评课时评价者会根据自己听课揣摩授课者的意图进行评价。评价者对教师课堂设计的意图理解不一定正确,评价也会失之偏颇。在说课中,

授课教师会将自己课堂设计的依据、对教材的理解处理、教学方法的采用等向大家说明；评价者可以与授课者共同讨论教材处理是否得当、教学方法是否恰当、课堂设计是否合理，使教研研究更有实效。

（二）说课有利于提高教师备课的质量

平时备课，老师习惯地将教学过程写出来。至于为什么要这样教是模糊的。在说课时要求说教材、说学情、说目标、说方法，这就促使老师们在备课中认真思考怎样教、为什么要这样教，备课的质量提高了。说课也可作为集体备课的一种形式，教研组群策群力，或三五位老师一起研究探讨怎么上，为什么这样上。

（三）说课有利于提高课堂教学的效率

教师通过说课，分析了教材，对教学内容有了更深入的了解；分析了学情，对学员的学习状况也有了深入的了解。能准确地把握教学重点和难点，使用的教学方法更贴近学员实际，教学的针对性更强。教师的教学思路会更清晰，教学的效率会有提高。

（四）说课有利于提高教师自身的素质

说课的过程是一个学习的过程，也是一个思考的过程。有学有思，还有实践，益于教师的职业素养提高。一般常规说课，无论是课前说还是课后说，都要熟读教材，了解教材，对于教师的专业水平是有提高的；教学方法的选择要有理论依据、要有实践依据；教学过程的设计要符合教材的要求和学员的身心特点，要有教学过程理论、教育心理学理论支撑。说课促使老师学习教材并运用，教师的专业素质在说课活动中将得到快速提高。

三、怎样进行"说、授、评"公开研究课活动

（一）培训教师，更新教育观念

学校组织教师进行"说课"专题培训，使教师明白什么是说课、为什么要说课、说课说什么，重点是让教师明白说课说什么。说课要说五个方面，我们习惯称之为"五说"：

（1）说教材：即简析教材。说教学的内容；说本内容在教材中的地位；已学过的知识中与本次教学相关的、有帮助的有哪些，相似的、易混淆的有

哪些。

（2）说学情：分析学员的身体心理特点，对本课学习的优劣。学员掌握与本课相关的知识情况，学习本课预计会有哪些困难等。

（3）说目标：说教学目标、教学的重点和难点、课时安排、教具准备等。

（4）说教法：就是说说教师根据教材和学生的实际，准备采用哪些教学方法。这应该是总体上的思路。

（5）说过程：这是说课的重点。就是说说教师准备怎样安排教学的过程，为什么要这样安排。一般来说，就是将上课的过程告诉大家：先做什么，再做什么，后做什么，最后做什么。在说过程时，应该把自己教学中的几个重点环节说清楚，包括引入、新授、训练、练习、运用等，还要有课后作业安排、板书设计等。

在说过程时要特别注意把自己教学设计的依据说清楚。

（二）积极开展活动，在研究中学习提升

从 2020 年 10 月至今，我们举行了四次"说、授、评"活动，有声乐、中医保健、舞蹈、智能手机等四个学科，活动一次比一次开展得顺畅。

1. 听课老师关注"说课"

在活动中引导参加活动的老师关注授课老师说课是否坚持"四性"，即完整性、针对性、准确性、优质性。

（1）完整性就是"五说"缺一不可。教材、学情、目标、方法都是教学设计的依据，教学过程是教学设计的体现，不可或缺。完整是说课的基本要求。

（2）针对性是指说课要严谨。教学目标设定要针对教材和学情；教学方法选定要针对教材、学情和目标；教学过程设计要针对教材、学情和目标，要体现方法的运用。针对性是不跑题的保障。

（3）准确性指说课要说准确。要准确地把握教材，保证知识传授准确，认真研究教材、学情，保证教学目标设定准确，选用的教学方法要准确。说课时语言表述要准确，教学流程要清楚。

（4）优质性讲的是"五说"都恰适。我们知道同一主题的教学，会有不同的设计，或者这些设计都能达到教学的目的，但教学的效率会不同，所以就有优质设计一说。优质设计应该是高效的，所以优质性讲的是高效性。要教学设计高效，就必须将教材的地位和作用说得恰当。恰当与否，直接反映说课者对教材的理解程度，并会影响到教学目标的制定。对教材理解越深刻，说课内容将越充实、全面，反之就只能是蜻蜓点水、触及皮毛。这里讲的是把握教材不光要准确还要恰当。要教学设计高效，必须准确恰当地确定教学目标。教学目标是教学设计的出发点和归宿，它对教学活动具有很好的导向和监控作用。一般来说，教学过程就是落实重点和突破难点的过程。因此，确立教学重点、难点成为教学设计的关键，也是说课活动必须阐述的一个内容。教学重点是课堂教学的核心内容，一般都能理解。教学难点是学员难于理解和掌握的内容。我们的设计是否优质，就看落实重点和突破难点了。能让学员较容易、较快速地学会重点知识的设计就是优质的。难点的突破是建立在学习难点是如何形成基础上的，针对难点形成的原因采用恰适的方法教学，化难为易的设计就是优质的。优质的说课还有一个重要的部分就是教学流程。教学流程反映的是教学活动如何引入、如何展开以及如何结束等。这流程要流畅，要讲究一个恰到好处。

2. 听课老师认真"看课"

"授课"是说、授、评活动的中心环节。听课老师要认真看上公开研究课的教师是否按照自己的教学设计和说课思路来上课。老师上课除了注重准确性、艺术性、高效性外，还要注重一致性和机智性。

准确性讲的是知识传授的准确性、教学语言的准确、使用的教学手段精准等，一句话就是不出错。艺术性讲的是教师"善教""善问""善喻"，教师的教学独具个性且有创意。高效性讲的是教师的教学成效显著，有突出的效能。一致性讲的是授课要注意与说课的一致性。机智性讲的是教师在教学过程中对突发事件的处置能力、应变能力及奇思妙想的转换。

3. 听课老师用心"评课"

评课采取的是自评与他评相结合的方式，所有参加"说、授、评"活动的老师（学校教育教学专家、教师）和学员代表参与评课。评课针对预设进行。说课与授课一起进行评价，不但评价了课堂教学，也评价了教师的预设能力。在评课时每次必有一位教研室的教育专家做全面综合点评，点评重在成功经验的总结、教学规律的提炼和高效课堂的打造；活动结束后教研室的老师还会写出对这堂课的综合述评文章，重在全面介绍本次教研活动的概况和充分肯定授课教师的劳动及大家的评价意见，发表在学校报刊上。

四、开展"说、授、评"公开研究课活动的感想

通过一年多的实践，在老年教育教研公开研究课活动中增加"说课"环节，开展"说、授、评"活动，我们有三个方面的感想。

（一）开展"说、授、评"活动是很有必要的

公开研究课由开放范围较大、主体意愿强烈、研究导向明确、比对分析清晰、活动意义丰富等多个维度的核心要素构成，由积极参与、细心观摩、平等对话交流、认真反思总结等任务驱动要素和教师集体参与、专家内行指导等关系要素结合，能够实现教师集体智慧的整合。在专家高屋建瓴的引领下，对于构建良好的学校教研文化，有效促进教师专业发展，推动课堂教学质量提高是很有作用的。特别是加入了"说课"环节，对于公开研究课活动的深入是有提升的。因此，在老年大学开展"说、授、评"教研活动非常有意义。

（1）利用"说、授、评"公开研究课活动对老年教育课堂教学实践中的特点、策略、技巧进行全面、深入、细致的探讨研究，提高老年教育课堂教学的质量是必要的。

"公开研究课"这一概念，其核心在于"研究"二字。旨在深入探讨并解决一个关键问题：如何有效地为老年人群提供高质量的教学。对于中国老年大学而言，这一议题不仅至关重要，而且恰逢其时。自中国老年教育体系正式建立至今，尚不足四十年。在这段时间内，尽管老年教育机构的数量实现了快速增长，但针对课堂教学这一教育核心环节的广泛、全面、深入和科学的研究尚显不足，亟须加强。目前，老年大学的教师队伍主要由已退休的高等教育及基础教育教师组成，同时，也包括一部分非专业背景但具备教学能力的人士。此外，老年教育领域尚未形成统一的教学大纲、教材及教学参考材料，导致课堂教学在很大程度上依赖于教师个人的教学方法和经验，呈

现出一种"各自为政"的状态。进一步而言,老年大学的教学监管和评价体系亦不够完善,导致许多教学问题或未被发现,或仅处于初步阶段,或虽有所察觉但尚未得到有效解决。针对这些问题,必须采取切实措施,以促进老年教育教学质量的全面提升。

"说课"可以不受场地和时间的限制,随时随地进行。公开研究课教研活动则或以示范的方式,或以问题的探讨,或以专家的指引为途径,推出样板,宣讲理论,传授经验,总结教训,使老年教育的课堂教学渐渐步入科学的轨道,日益符合老年人的需求,达到较高的满意度。"说课"和"公开研究课"都可以让老师们全面认识、研究、了解老年教育课堂教学的特点,深入探讨、研究、把握老年教育课堂教学的策略,细致琢磨、研究、创新老年教育课堂教学的技巧。把"说课"和"授课""评课"结合起来,可以提高课堂教学质量,使研究的效益扩大。

(2)利用"说、授、评"公开研究课活动对教师的教育观念、教学技能和情感态度进行全面熏陶,对加速教师的专业成长是很有必要的。

公开研究课通常被视为优质课、示范课和导向课的典范,代表了高水平的教学质量,不仅体现了正确的教育理念,而且展示了教师卓越的教学技能。"说课"环节是教师对教材理解、处理方式、教学设计依据、重点内容的落实以及难点突破所采用的教学方法的阐述,这有助于教师深化对授课内容的理解,并使学习更加具有针对性。将"说课"与常规的公开研究课相结合,形成"说、授、评"的公开研究课活动,这一活动面向所有教师,包括不同年龄、教学经验和专业水平的教师,无论是同科目还是不同科目的教师,授课教师、听课教师以及教学管理人员都能从中受益,其影响力将更加显著。

"说、授、评"的公开研究课活动不仅是成熟教师向优秀教育者、知名教育者迈进的重要台阶,也是核心教师挑战自我、展示才华的理想平台,同时,它还是年轻教师提升自身素质、增进专业能力的宝贵学习机会。这一活动能够促进教师教育观念的转变,提高教师的专业技能,并影响教师的情感态度。因此,"说、授、评"的公开研究课活动对于教师的专业发展和快速成长具有重要的促进作用,其实施是非常必要的。

（二）开展"说、授、评"活动是需要指导的

开展"说、授、评"公开研究课活动要关注指导。这种指导实为"研讨"。高质量的课是"研讨"出来的。

1. 开课指导

公开研究课上什么课？谁来上？这应该是有目的、有计划的，即必须确定研究方向，聚焦现实问题。对这个问题，学校教研员要给予指导。

2. 说课指导

选定了课题和授课教师后，首先要做的是教学设计。授课教师备好课后要完成"说课稿"。在说课稿中分析教材、学情，定出教学目标，选定教学方法，叙述教学过程。由同学科的老师一起研讨，集思广益，完善教学设计。这种研讨也可以视为指导。

3. 上课指导

作为公开研究课，为了符合该次公开研究课的目标要求，教研员作为组织者应主动积极对授课教师进行指导，必要时还可以组织部分同科教师，特别是系主任一起研究，有条件的还可以进行试教。

指导因人而异。即在对科班教师、"能者为师"、年轻教师、骨干教师、名师等各类教师给予指导时，要因人而异。

提倡"研讨"。研讨贯穿整个活动，形成"台前一人，台后数人"的研讨局面。

（三）开展"说、授、评"活动是有突出效益的

"说、授、评"公开研究课活动创建了执教者、听课者（包括教师、学生）和组织者（教研员、专家）构成的学习共同体，形成了多赢的局面。

1. 提高了课堂教学的整体质量

在"说、授、评"活动的影响下，广大教师洋溢着朝气蓬勃、积极向上、锐意进取的良好精神风貌。"说课"在平时，说课在几位要好的教师中悄然进行。教师"说课"给朋友，征求朋友的意见，对教学进行改进。教师积极参加学校举行的"说、授、评"活动，在听课中积极思考，评课时积极发言，促进了教学，提高了教学质量。

2. 培训了老年教育的广大教师

在"说、授、评"活动的开展中，改革精神、创新意识、优质教学、高效课堂等观念逐渐深入人心，形成共识。越来越多的教师主动参与，甚至争取上"说、授、评"的课。学校教师教学行为越来越规范。

3. 形成了科研强校的浓厚氛围

在"说、授、评"公开研究课教研活动开展以来，学校呈现出了一种教研有益、听课帮教、反思获知、互帮互学、共同提高的可喜势头。教师主动要求上"说、授、评"的课，主动争取参加"说课"活动。有教师在开设新的课程前，不光交了课程设计，还自录了课程的"说课"视频。写教案、写反思、写教育叙事、写论文并且积极向学校的校刊《枫叶》《教学动态》《学报》和全国报刊投稿，参加学校和全国的论文评选的人多起来了。整个学校的科研强校、向教学改革、教学研究要质量的氛围更加浓厚了。

4. 发挥了长沙市老干部大学的辐射引领作用

学校开展"说、授、评"活动，还邀请了全市四县五区老干部大学的同行前来一起观摩研究。区县老干部大学的老师们认真听课，认真评课，学习授课教师成功的经验，参与研讨，共同提高。各县区老干部大学也相继在自己学校开展"说课"活动，掀起了全市教研的热潮。我们学校起到了辐射引领作用，带动了长沙市老年教育的发展。

覆盖全市的"说、授、评"公开研究课

——长沙市老干部大学教研工作典型案例

谭 睿 李玉兰

课堂教学是老年教育学校教育的主渠道、主阵地，是老年大学的中心工作。开展老年教育研究，探讨老年教育课堂教学规律是关乎教学质量、办学成绩和老年学员满意度的重要课题。长沙市老干部大学借鉴基础教育的优秀经验，进行了一系列具有针对性的教育研究工作，成效颇丰。其中，公开研究课活动的推行，为全市老年教育的高质量发展助力赋能。

一、"说、授、评"公开研究课的发展历程

公开研究课是以公开为形式、以研究为内容的一种课堂教学研究活动。通过课堂教学的公开观摩、互相交流、共同研究，展示优秀的教学范例，引发同行的自我反思，开展有益的改革研讨，从而提高课堂的教学效益和促进教师的专业成长。它是基础教育中一项最常见、最基本、最典型的教研活动，但在老年教育领域尚未被广泛而经常地推行。

长沙市老干部大学从 2004 年起，在实施学校制定的《规范教学管理，认真搞好教学，提高教学质量的十项措施》之"坚持听课制度，提倡教师相互听课，教务处的老师每人每期要听 10 ~ 15 次课，并做好听课记录，做到将听课意见及时与教师沟通"和启动老年教育课堂教学评估探索研究的基础上，开始举行公开研究课的教学研究活动。至 2022 年 7 月止，共开展公开研究课 60 多次，并且自 2011 年始，把这一活动提升为一个学期两次、一年四次举办公开研究课的一项制度，坚持至今，一日不辍。20 年来，前后有 60 多位教师上了公开研究课。为了更好地发挥长沙市老干部大学的辐射引领作用，

并进一步规范公开研究课的流程，2020 年，学校开始面向全市各区县（市）老年大学开展公开研究课活动，将活动形式由"授＋评"拓展成"说、授、评"，增加了利于提升教师全局意识、理清教学思路的"说课"环节，并邀请全市各级老年大学教师代表一起观摩研究；同时，学校有意识地培养新生力量，通过公开研究课这一载体给年轻教师压担子促成长，不乏"80 后""90 后"教师被选派走上公开研究课讲台，在教学能力等方面获得快速的提升。

二、"说、授、评"公开研究课的意义和价值

公开研究课作为一项综合性教学研究活动，其核心要素包括广泛的开放性、强烈的主体参与意愿、明确的研究导向、清晰的比对分析以及丰富的活动意义。该活动通过积极参与、细致观察、平等对话交流以及深入反思总结等任务驱动要素，结合教师集体的参与和专家的内行指导，旨在实现教师集体智慧的整合与专家的高层次引领。

基于 20 年的公开研究课实践经验，长沙市老干部大学进一步深化了对这一活动的价值取向、实施技术和效益达成的系统性探讨，致力于利用公开研究课这一活动载体对老年教育课堂教学的实践特点、策略和技巧进行全面、深入和细致的研究；对老年教育教师队伍的教育观念、教学技能和情感态度进行全面的培养和提升；对老年教育课堂教学理论进行验证、提炼和积累。旨在提高老年教育课堂教学的质量，加速教师的专业成长，并进一步完善老年教育课堂教学的理论体系，对促进课堂教学质量的提升和加强教学研究氛围具有重要意义。

三、"说、授、评"公开研究课实施过程

在实施"说、授、评"公开研究课的过程中，涉及诸多关键要素，包括活动的质量、组织、安排与应用等实践操作的技巧与策略。这些要素涵盖了活动的目标与宗旨、方向的指导、教学行为、评课活动、支持服务以及评价机制等多个方面。

经过 20 年的实践与探索，学校深刻认识到，充分的准备是实现公开研究

课效益最大化的基础。精心控制活动流程是确保目标得以圆满实现的关键环节。此外，开展高质量的评课活动是提升教学效益的重要途径。通过这些综合措施，学校致力于提升公开研究课的整体效果，以促进教育质量的持续提高。

（一）关注指导

确保公开研究课效益最大化的首要条件是教师、听课者与组织者进行长期、深入且充分的准备。精心的指导与关注是实现充分准备的核心任务，是达成高效教学的关键要素。

1. 开课指导

公开研究课的实施需经过授课教师的认真备课、反复修订，随后通过同行、专家和领导的听课，以及集体评课等环节的细致打磨。

2. 上课指导

为满足公开研究课的目标要求，教师在教学内容的选择、教学方法的确定、教学过程的规划、教案的撰写以及课件的制作等方面，将得到学校教研员的参与和指导。同时，将组织部分同科教师和系主任共同研讨，形成教学设计的初步方案。在必要时，还将在非授课班级进行试教，以进一步优化和完善教学设计。

3. 个性化指导

针对不同教师的特点，指导应有所侧重。对于科班出身的教师，重点在于课堂组织和教学实施的技巧与艺术的探索与指导；对于"能者为师"的教师，应注重课堂教学规范环节的指导；对于年轻教师，应多给予鼓励和支持，帮助他们建立教学信心；对于骨干教师，应强调教学创新和突破；对于资深名师，应突出个人教学风格，并努力形成具有示范作用的教学模式。通过这些细致入微的指导措施，旨在提升教师的专业素养，优化教学实践，从而实现公开研究课的高效实施和教学质量的持续提升。

（二）讲究过程

公开研究课的实施过程是教研活动的核心部分，注重过程的严谨性是实现理想教学效益的基础。

1. 确立标准流程

每项公开研究课的教研活动都必须严格遵循以下五个基本步骤："选课（包括教师选择）—备课—授课—评课—发布述评"，每个步骤都是不可或缺的。

2. 掌握关键环节

（1）选课环节。精确确定研究问题，明确教学的主要方向；精心挑选授课教师；精选教学内容。

（2）授课环节。备课方面，教师需深入研究，反复修订教案，并确保教案规范打印，每位听课人员都能获得一份；授课方面，除教师需熟悉教案并流畅进行教学外，还需做好教学设备的准备和调试工作，经验显示，多媒体使用中的技术障碍可能影响教师的情绪；听课方面，确保通知到每位参与者；合理安排座位；分发听课记录本，确保有学员代表参与。

（3）评课环节。一是教师自我反思。授课教师需对教学过程进行自我评估和思考。二是听课人员发表意见。参与听课的教师应提出自己的见解和建议。三是主评专家综合评价。主要评价专家应对教学进行全面的分析和提升。

通过对这些规范的流程和关键步骤的严格把控，可以确保公开研究课的教研活动高效有序地进行，从而促进教学质量的持续提升。

（三）重视评价

评课活动在"说、授、评"公开研究课的教研活动中占据着举足轻重的地位，是提升教研活动效益的关键环节。

1. 修订评价标准

评价标准是评价活动的导向，科学、合理的评价标准能够为老年教育课堂教学提供示范和模式。自2004年起，学校致力于老年教育课堂教学评价的研究，并持续对教学评价标准进行调整和完善。

2. 严格控制评课过程

（1）授课教师自评。在教研员的指导下，授课教师需深入研究教材，了解学生情况，反复修订教学设计，并在课堂教学实践中积累个人感悟和体会。而这些心得，在公开研究课活动授课环节结束后，再向与会人员分享，对同行具有重要的参考价值。

（2）重视听课学员的参与评价。作为课堂教学的学习主体，学员是教研活动效果的直接受益者和见证者，对教学效果具有最终的发言权。

（3）鼓励听课教师积极参与评价。公开研究课不仅是授课教师自我反思的机会，也是教师同行交流研讨的平台，对促进教学改革和教师专业成长具有重要作用。因此，听课教师需认真填写听课记录和反馈表，并鼓励在评课环节中发表自己的见解。

3. 优化专家的总结评价

在公开研究课的教研活动中，教研员在要求授课教师和听课教师认真准备的同时，更应精心准备，结合本次教研活动的选课内容、教学方法和教师优势，指导和帮助授课教师形成成熟、可行的教学设计方案，并对一次完整的公开研究课活动各环节进行及时总结。

通过这些严谨的评课流程和高标准的评价体系，可以确保公开研究课的教研活动达到预期的效益，促进教学质量的持续提升和教师专业能力的不断增强。

四、"说、授、评"公开研究课成果及推广

在"说、授、评"公开研究课的框架下，长沙市老干部大学的教育教学专家、师生代表以及来自各区县（市）老年大学的教师代表，针对当节课的教学实践，就成功经验和需改进之处进行深入的探讨和交流。同时，基于优质课程的教学目标、内容、方法、手段以及教学思想，集思广益，达成共识，共同促进教学水平的提升。每次公开研究课结束后，学校都遵循两项"规定动作"。一是由学校的教育教学专家进行全面的综合点评，重点在于总结成功经验、提炼教学规律，并致力于构建高效课堂；二是由教研室专家撰写对课程的述评文章，重点介绍活动概况，充分肯定教师的辛勤工作，并将文章发表在学校报刊上，汇编成《老年教育公开研究课述评荟萃》。

同时，长沙市老干部大学利用这一活动载体，加强并提升了课堂教学研究的深度和广度。学校不仅在中国老年大学协会学术委员会主编的《老年教育学》一书中增加并撰写了"课堂教学研究"章节，还进一步扩展编写了全国首本《老年教育课堂教学论》专著，该书已于 2018 年 10 月正式出版。自

2020 年以来，学校先后从经历过"说、授、评"公开研究课活动锻炼的教师中，选送 10 位参与中国老年大学协会举办的全国老年大学优秀教师观摩课活动，面向全国百余所老干部（老年）大学代表进行现场展示、经验分享，多次斩获"全国老年大学优秀'说课'教师"等佳绩。此外，在长沙市老干部大学的示范带动下，长沙市天心区、浏阳市等老干部（老年）大学也相继自主开展了"说、授、评"公开研究课活动；学校也借助湖南省老干部（老年）大学教师培训班等平台，面向全省教师代表开展"说、授、评"公开研究课活动，使得老年教育教研工作在全市甚至全省各级老年大学中蔚然成风。

老年大学教师的心理建设与
"说、授、评"公开研究课

张汉芳

一、什么是心理建设

(一) 心理和心理建设

心理是人对客观世界的主观反映,心理的表现形式叫作心理现象。人通过各种感官来认识外部世界事物,通过头脑思考事物的因果关系,并伴随着喜、怒、哀、乐等情感体验,这个过程即心理过程。心理过程可分为三个方面,即认知过程、情感过程和意志过程,也就是知、情、意。

心理建设是指通过认知、行为和情感等方面的调整和提升,促进个人心理健康。通俗地讲,心理建设就是通过一些措施,让自己的心态更好,遇到事情能不冲动不偏激,能有更好的心态来面对现实。当你觉得应该要做某事,但内心深处却对做这件事产生排斥,这就叫作没有做好心理建设;而让自己从内心接受做这件事,渴望成功地做成这件事,就是对自己进行心理建设。

(二) 老年大学教师的心理建设

1. 老年大学教师队伍的现状

(1) 组织现状

我国老年教育进行比较正规的学校教育有40年了。这期间,虽然学校数量得到迅猛发展,但是对于老年学校教育至关重要和核心部分的教师群体,还没有制度上的来源保证和质量保障。任课的教师大部分来自离退休的大学、中小学教师、机关事业单位,社会上的饱学之士,还有相当一部分非科班出身的能者为师者。近年来,刚毕业的大学本科、硕士甚至更高学历者到老年大学任教的越来越多，这给老年大学带来了活力和朝气，有的老年大学更是把各种高学历教师占比作为该校的硬指标对外进行宣传。毋庸讳言的是，高学历的年轻老师们基本上是缺少师范教育背景的，兼之老年大学至今没有统一的教学大纲、教材、教参，因此，课堂教学基本上还是处于各自为战的状况。老年大学教学的监管和评价机制又几乎都是微弱存在，难以起到评定教学效果和教学目标，以期改进教学的目的。

（2）心理现状

到老年大学任教的教师，从社会上过来的，不知道上课要遵循哪些原理原则；从普教系统过来的，不知道怎么给老年人上课……教师们普遍没有接受过就职培训，对老年教育的认识几乎为零。尽管他们都是怀揣着给"老年人上好课"的初心而来，但由于缺乏认识，往往将老年教育混同于基础教育或者是带着老年人玩玩，只是把上课当成一份工作，说不上热爱，更遑论事业心、责任感。这种心理在教学实践中，或因自己的原因，或因学员的原因，或因其他的原因，导致给"老年人上好课"这件事无法顺利实施，更有甚者，还会感觉到孤立无援、孤军作战等心理体验。这样，老年大学教师的心理建设就必须提上议事日程了。

2. 老年大学教师心理建设

老年大学的教师最重要的是对老年教育要有深刻的认识。老年教育是让老年人继续学习而进行的教育活动，它是整个教育事业的一个组成部分。老年教育不是为职业生涯做准备，也不是职业培训，既不同于普通教育，也不同于职业教育和专业进修教育，而是根据老年人的生理和心理特征进行的一种特殊教育。其目的是使老年人增长知识、开阔视野、丰富生活、增强体质。它是以老年人的物质生活需求基本得到保障为前提，以满足精神需求为基础，以沟通情感、交流思想、拥有健康身心为基本内容，以张扬个性、崇尚独立、享受快乐、愉悦精神为目的的养老方式，具有广泛性、群体性、互动性、共享性等特点。

老年大学教师的心理建设应该包含三个方面：

（1）热爱老年教育事业，尊重学员，富有事业心、责任感。没有热爱就没有教育，热爱是老年大学教师教学的基础和开始，是教师最基本的个性心理品质。首先，教师要热爱老年教育工作。教师只有热爱老年教育工作，才会乐于献身老年教育事业，而这又与教师的责任感、义务感、荣誉感、自豪感等联系在一起。其次，要尊重和热爱老年学员，只有对学员充满诚挚的热爱，教师才会真心去关心学员的进步和情绪。教师对学员的热爱包括：了解学员，因材施教；尊重学员，公平对待；信任学员，对学员怀有积极的期待。

（2）有成熟而稳定的情感，情绪自控力强。由于各种因素的影响，老年大学的教师会产生不同的内心体验。情感成熟而稳定、较强的情绪自控力是老年大学教师顺利完成教学工作的重要条件。首先是能够预料行为的后果、控制环境和自己的反应、谋求自我情绪稳定；其次能够在遇到不良情况自己产生消极情绪时，能做到既延缓自己消极情绪的发作，又不压抑自己的情绪表现，而是以恰当而有效的方式及时宣泄自己的不良情绪，如选择及时表达愤怒的策略或升华、转移的策略进行自我调节。

（3）有耐心、自制、有恒的心理品质。老年大学的教育对象是老年人，教师的教学工作会非常琐碎。老年人记得慢、忘得快，讲解一个知识点既要反复多次，还要顾及老年人的自尊和情绪，这就要求老年大学的教师有非同一般的耐心、自制和持之以恒的心理品质。

（三）以"说、授、评"为代表的公开研究课

从本质上而言，"说、授、评"就是课堂教学评估工作，也是公开研究课的一个举办方式。2020 年，在传统的"授课 + 评课"进行课堂教学评估的基础上，引入"说课"环节，让课堂教学评估工作更加齐备和符合教学逻辑。"说、授、评"活动常态化开展，可以进一步深化对教师综合素质与教学能力的评估。开展常态化"说、授、评"，就是课堂教学评估工作的常态化。

（四）老年大学的"说、授、评"公开研究课

老年大学由于其办学的特殊性，教师几乎都为兼职。水平本来就参差不齐，兼之在校时间既短又少，同本系科教师都很难见上一面，更遑论互相学习、取长补短了。这种缺学习、少借鉴、无研讨的状况，对于教师的知识储备来说，宛如无本之木，无源之水。现代信息社会讲究的是信息的及时获得、有机整合、不断优化，而"三无"模式给教学带来的就绝不仅仅是井底之蛙。

要提升师资水平，提高教学质量，必须从教学管理入手，老年大学界的有识之士看到了问题的严重性，从而积极投身教研教改之中。例如，从 2004 年起，长沙市老干部大学就借鉴基础教育界的课堂教学评估办法，在老年大学开展常态化公开研究课活动，每学期推出两位教师公开执教，相关教师参加听课、评课，以此对课堂教学进行评估。20 年来，前后有 60 余名教师在活动中展现风采，陆续给全校教师送来了教研的春风，掀起了人人想学习，个个争（上）公开（课）的热潮。2020 年，公开研究课活动引入"说课"环节，采用"说、授、评"模式常态化开展，进一步深化对教师综合素质与教学能力的评估。2023 年，学校面向长沙全市老年大学开展的"说、授、评"公开研究课活动被评为全国老年大学（学校）市级优秀典型案例，并收录于中国老龄协会、中国老年大学协会编辑出版的《全国老年大学典型案例集》"办学模式"篇。

二、"说、授、评"公开研究课是老年大学教师心理建设的有力平台

"说、授、评"公开研究课在一定程度上给了老年大学教师一个打开眼界、开阔视野、取长补短、互帮互学的平台。这个平台随着时间的推进，一定还会不断改进和完善。如果说，"说、授、评"公开研究课不算老年大学最好的教研平台，但一定是目前最适宜的平台。更重要的是，它是教师心理建设的有力平台。

（一）说、授课教师能发挥精神引领作用

"说、授、评"的授课人一般由教师中的佼佼者来担任，他们说、授的课具有优质性、前瞻性、示范性、导向性。一次较为完整的说、授课，往往能体现教师正确的教育理念、高超的教学技能以及春风化雨、温润人心的情绪情感，有极强的说理性和感染力。参加听评课的是同科同系以及相关的领导、教师和教职员工，他们在说、授课形成的巨大心灵感应磁场中，能够实实在在地认识到老年教育大有作为的光明前景，多数人还能激发出"见贤思齐"的心理冲动，少数对老年教育缺乏正确认识、有阶段性心理排斥的教

师，感受到的震撼力、影响力更大。"说、授、评"让教师们萌发出对老年教育更多的深层热爱。

（二）同事间的相互影响形成积极的心理场

说、授的教师精神饱满地准备课件、井井有条地陈述教材的内容和自己的观点，超水平的发挥让教师既显得精神焕发，又控制有度，进退有节；听评课的教师被授课者的兴奋带动起来了，他们超出寻常的话语让人感到吃惊：点评是那么精到，那么富有见地，就连指出不足，也是那么温和、客观而富有逻辑。到了评课的阶段，可以说，整个现场简直成了知识喷发的海洋、同声相应的天空、惺惺相惜的赛场。形成这样积极的心理场，是任何听讲座、读书、看影视作品都不可替代的。

（三）活动的团队性质富有激励效应

开展一次"说、授、评"活动，相当于搞了一次全校参与的教研活动。以长沙市老干部大学为例，持续多年地开展"说、授、评"公开教研活动，每次都由教研室牵头，全校投入，目标明确、步骤清晰、群策群力。直接的效应就是引来全校上上下下都乐于参与教研活动，感兴趣，被吸引，愿追随。之后，除了说授课教师和听评课教师的课堂教学质量都有提高外，所有参加活动的教师个人的专业眼光都得到扩展，专业成长都得到显著提升。

三、"说、授、评"公开研究课还需要增添反思的环节

"说、授、评"公开研究课由"说课＋授课＋评课"三个环节组成，从心理学的角度来看，还缺少一个"反思"的环节。这个反思，既包括说授课教师课后的反思，也包括听评课教师对公开研究课以及自身教学的反思，还包括所有的教师在以后教学中的反思。

心理学的反思概念有很多，包括反省、自我评估等。

思之则活，思活则深，思深则透，思透则新，思新则进。反思自己的教学行为，总结教学的得失与成败，对整个教学过程进行回顾、分析和审视，才能形成自我反思的意识和自我监控的能力，才能不断丰富自我素养，提升自我发展能力，逐步完善教学艺术，以期实现教师的自我价值。

1. 反思教学行为是否达到教学目标

"说、授、评"公开研究课的第一个环节就是"说课"，包括说教材、说学情、说目标等几个方面，教学目标包括知识目标、技能目标、情感目标等。对于是否达到教学目标，需要教师在授课结束后自我反思。

2. 反思教学活动是否有"沟通"和"合作"

有专家曾提出："人类的教育活动起源于交往，教育是人类一种特殊的交往活动。"教学活动作为教育活动的一部分，"没有沟通就不可能有教学"，失去了沟通的教学是失败的教学。教学，是集约化、高密度和多元结构的沟通活动，成功的教学过程，应该形成多种多样的、多层面、多维度的沟通情境和沟通关系。教学过程是师生交往、积极互动、共同发展的过程。教学中的师生关系不再是"人与物"关系，而是"我与你"关系；教师不再是特权式人物，而是与学员平起平坐的一员；教学便是师与生彼此敞开心扉、相互理解、相互接纳的对话过程。在成功的教学过程中，师生应形成了一个"学习共同体"，他们都作为平等的一员在参与学习过程，进行心灵的沟通与精神的交融。没有交往，没有互动，就不存在或未发生教学，那是只有教学形式表现而无实质性交往发生的"假教学"。

3. 反思教学过程是否存在着"内伤"

要反思自己是否在刻意追求所谓的"好课"标准：有的教师教学环节中的"龙头""凤尾""铜腰"个个精雕细琢，教学手段中的多媒体运用一个都不少；学员讨论热热闹闹，回答问题对答如流。这种"好课"似乎无懈可击，但有没有给学员思考的空间？小组合作学习有没有流于形式？讨论是否富有成效？"满堂灌"是否有越俎代庖之嫌？有没有关注学员情感、态度、价值的变化？学员的创造性何在？对这些"内伤"必须认真回顾、仔细梳理、深刻反思、无情剖析，并对症下药，才能找出改进的策略。

4. 反思教学过程中有否迸发出"思想火花"

教学，不仅仅是一种知识传播，更重要的是引导学员在情境中经历、体验、感悟、创造。教学过程中，学员常常会于不经意间产生出"奇思妙想"、生发出创新火花，教师不仅应在课堂上及时将这些细微之处流露出来的信息捕捉、加以重组整合，并借机引发学员开展讨论，给课堂带来一份精彩，给学员带来几分自信,更应利用课后反思去捕捉、提炼,既为教研积累了第一手素材,又可拓宽教师的教学思路,提高教学水平,将其记录下来,可以作为教学的宝贵资料,以资研究和共享。

5. 反思教学过程是否适应学员的个性差异

学员的个性差异是客观存在的。成功的教育者必须根据学员的个性特长、禀赋优点,因材施教,因人施教,因类施教,充分发挥学员的个性特长,让性格各异的学员争奇斗艳,各领风骚,让每一个学员都有施展才能的天地与机会。换言之,成功的课堂教学,应让基础好的学员"吃得饱"、跑得快;让中等生"吃得好"、跑得动;让困难生"吃得了"、不掉队。因此,无论是情境的创设还是内容的呈现,无论是问题的设置,还是释疑解惑,均应"为了一切学员",多层次、多维度、多渠道地开展教育活动。因为教育的最大使命就是尊重学员的个性差异,尽可能地创设条件发展学员的思维能力,培养学员的思维品质,促进全体学员的发展。

实践篇

开发潜能　内外兼修　愉悦身心
——瑜伽课"四种基础体式学习"说课稿

陈伊琳

各位老师：

大家好！我是长沙市老干部大学舞蹈系教师陈伊琳。我今天的说课题目是"开发潜能　内外兼修　愉悦身心"，内容是瑜伽四种基础体式学习。下面，我将从教材、学情、教学目标、教学重点和难点、教学方法、教学过程六个方面来阐述我本次课程的教学设计。

下面，请大家跟随我一起走进我的说课课堂。

一、说教材

本课选自当代中国出版社的《瑜伽之光》第二部分瑜伽体式、收束法、清洁法的体式部分。在此之前，学员们已经学习了瑜伽理论知识，这为过渡到本课的学习起着铺垫的作用。本课的内容在整个瑜伽体式课程中具有不容忽视的重要地位。

二、说学情

近年来，瑜伽被越来越多的人喜欢，但是如果练习不正确的话，就会不小心伤到自己。这就需要具有专业技能的瑜伽老师，保证在安全的范围内练习。

老年瑜伽课与专业瑜伽教练培训课程不同，学员们来学瑜伽，主要是为了强身健体、修身养性等，所以我不会按照培训教练的要求去授课。

本课的授课对象是老年学员。他们已经学习了本教材中的理论基本知识和初级体式，具备了一定的理论知识和专业基础能力，易于融入本课堂的学习氛围。但是由于老年人的身体和生理情况，他们在练习的过程中还是会有一些吃力，比如注意力不集中、关节的灵活度不够、腿部的肌力和肌耐力不够等。

三、说教学目标

基于对教材的理解和学情的分析，我设立了如下三个方面的目标：

（1）知识目标：通过瑜伽体式的练习，让学员掌握"颈部练习""肩放松功""山式""战士二式"的练习方法。

（2）技能目标：通过瑜伽基础体式的练习，让学员能够较好地做到上体直立，肩放松，背部挺拔，勾脚和绷脚以及各个体式的规范。

（3）情感目标：通过瑜伽体式的练习，能在瑜伽的音乐中去感受身心的放松，让学员的身心与我的瑜伽引导词及瑜伽音乐融为一体，提高生活质量。

四、说教学重点和难点

本着课程标准，在吃透教材，了解学员身心情况的基础上，本堂课的重点是瑜伽体式练习的规范性，难点是腿部的肌肉控制力。

五、说教学方法

（1）为了达成教学目标，突出重点突破难点，我主要采用了温故导入法、示范习练法、鼓励教学法、情境教学法、演练指导法。

（2）我的教学模式分为四步：第一步，讲授演示，激情引趣；第二步，分解动作，实践操练；第三步，强调要领，引导规范；第四步，练习巩固，更趋完美。

六、说教学过程

基于教学方法分析，根据教学内容要求，瑜伽课分两课时完成，总共为90分钟。

（一）第一课时（45分钟）

1. 师生问好（2分钟）

上课铃响后，首先我会组织瑜伽班所有学员以山式站姿站立于瑜伽垫的正中央，双手合十，相互问好。

2. 课前热身（8分钟）

接着是课前热身，课前热身是瑜伽课程中必不可少的一项，主要是让学员们身体的每个部位能得到充分的活动，这样既为后面的课程打下基础，又可以减少受伤的可能性。

我会带领学员们一起练习拜日式，这一套体式基本上从头到脚，身体的每一个关节每一个部位都能得到充分的活动。

3. 复习上节课的内容，导入新课（5分钟）

我会用温故导入法来作为课堂的开始，复习上节课的内容，然后和学员们明确本节课要讲述的内容。这种导入法能让学员对新知识不至于太陌生，还能在复习上一节课程的基础上，找到新旧知识的内在联系。

4. 新课授课（30分钟）

（1）冥想（调息）

在进入新体式教学前，我会先用语音引导词引导学员们以舒适的坐姿盘坐于瑜伽垫的正中央，闭上眼睛开始冥想（调息），大概5分钟，让学员能够慢慢将意识收回到这间教室，将呼吸调整到平缓的状态，再慢慢睁开眼睛，开始本堂课的第一个和第二个体式的教学。

（2）体式教学之颈部练习、肩放松功

第一个体式是颈部练习，我是按照四步教学模式来的：

第一步，讲授演示，激情引趣。我会先将这个体式示范一遍，让学员们对这个体式有个初步的了解，心里也有个大致的印象；再讲功效，也就是这个体式对我们的身体有什么样的好处，来激发他们的学习欲望，调动他们学习的积极性。

第二步，分解动作，实践操练。我会带着学员来分解这个体式，左、右、前、后每一个方向单独练习，在分解的过程中，我会讲在练习的过程中需要注意的事项和练习要求，保证学员们是在安全的范围内练习瑜伽，比如往左、往右的时候不能耸肩；往前的时候不能出现双下巴；往后的时候，一定要根据颈部的舒适度来做后仰动作，在极限的边缘温和地伸展它；等到学员们熟练了后，再将四个方向连贯起来练习，连贯的过程中，动作不能过快，呼吸要保持顺畅，画圈的幅度要根据颈部的舒适度来，千万不可过度拉扯以免因不正确的练习而误伤自己，安全肯定是最重要的。

第三步，强调要领，引导规范。我会走下讲台，给动作不规范的个别学员指导、纠正，强调要领，当我看到他有进步的时候，我会及时给予鼓励和表扬，让学员感受到我对他们的关心。这样，他们就会增强自信，学员的积极性也慢慢地提高，整个课堂的氛围、往后的课堂氛围也会越来越好。

第四步，练习巩固，更趋完美。学员主体演练，我会在旁指导提高。在这里我运用了演练指导法，这一方法对学员掌握、巩固知识和技能技巧真的非常有效。

第一个体式教完后，接着是第二个体式的教学，我也是按照四步教学模式来的，第一步讲授演示，第二步分解动作，第三步强调要领，第四步练习巩固。

由于老年人的身体情况，教完两个体式后，我会让学员们休息20分钟，给予他们充足的时间休整。在这个过程中，我也会走入学员之中，和他们聊聊天，询问他们本节课的感受，有没有身体不适或者不明白的地方，无形之中也拉近了我与学员之间的距离。

（二）第二课时（45分钟）（出示课件）

1. 调息（2分钟）

大约20分钟后，我会再次组织大家回到自己的瑜伽垫上，将呼吸调整到平缓的状态，开始第二课时学习。

2. 体式教学之山式、战士二式（30分钟）

这节课学习第三个体式和第四个体式，也就是山式和战士二式。这两个体式也是按照四步教学步骤来的：第一步讲授演示，第二步分解动作，第三步强调要领，第四步练习巩固。

战士二式这个体式相对于前面的体式来说会难一点，所以我会多分一点时间到这个体式上。由于老年人的身体生理情况，他们在练习中会出现腿没力、站不稳、站不久的情况，我便运用了情境教学法，让学员们把自己想象成一位守卫边疆的战士，或者把自己想象成一棵树。（体式示范+音乐播放）"好，这个体式的完成体是这样的。双臂放于身体两侧平举，感觉手臂非常地修长，像树枝一样往两侧无限地延伸；再把注意力放到脚跟上，把双脚想象成树根，好像能深扎于地底；双脚稳定了之后，再把注意力放在尾骨，从尾骨处开始到腰椎、胸椎、颈椎，最后到头顶，把这块想象成树干，往天空的方向延展。我们再回到体式上，双臂像树枝一样往两侧延展，双脚脚跟像树根一样往地底深扎，身体中段以上往天空的反向延展，当我们这样做的时候，身体会稳定很多，整个右腿的肌力和肌耐力也能在体式的保持中得到增强。"通过这种方法，学员们立马就找到了这个体式的感觉，而且比之前练习的时候要轻松得多。

3. 瑜伽放松休息术（10 分钟）

所有体式全部教完后，我会语音引导学员们仰卧下来，双手放于身体两侧，缓慢闭上眼睛，我们用瑜伽放松休息术来放松，我会将窗帘拉起来，音乐音量调小一点，让学员们好好休息一会儿。

4. 课堂小结，布置作业（3 分钟）

大约 10 分钟后，我会语音引导大家。"好，请大家缓慢睁开眼睛，感受光明，然后面朝我的方向盘坐，我们来小结本堂课的内容，包括体式名称、练习要求、注意事项、体式做法、体式功效。小结完后，我就布置作业，本堂课的难点是腿部肌肉的控制力，所以我会要求大家回去之后要多做一些腿部力量的练习，完整并熟练掌握本堂课所学体式，根据自身情况按照要求在家练习。"

最后，双手合十，师生相互感恩，结束本堂课。

七、结束语

瑜伽是一门理论加实践的学科，希望通过本堂课的学习，学员们能掌握"颈部练习""肩放松功""山式""战士二式"这四个体式的练习方法，较好地做到上体直立，肩放松，背部挺拔，勾脚和绷脚以及各个体式的规范，真正达到内外兼修，愉悦身心的效果。

以上为我本堂课的教学设计。望各位专家、老师对本堂课提出宝贵意见！谢谢！

处理好强弱关系　学唱云南民歌
——声乐课《小河淌水》说课稿

周　婷

尊敬的各位老师：

大家好！我是长沙市老干部大学声乐教师周婷。近年来，学习声乐的老年学员群体越来越多，随着他们年龄逐渐增大，部分身体器官出现衰退，对节奏及气息的把握和控制都不太稳定，所以我不会按照专业院校声乐学员的要求去授课。

我今天说课的题目是"处理好强弱关系　学唱云南民歌"。这节课学习的是《小河淌水》。下面，我将从教材、学情、教学目标、教学重点和难点、教学方法、教学过程等六个方面来阐述本次课程的教学设计。

一、说教材

《小河淌水》选自我校王德安老师主编的校本教材《老年声乐》第二册第九课。这首民歌由一位云南民族干部尹宜公1947年收集、整理、改编、填词后再创作，是一首极具艺术价值和文化内涵的民歌，被誉为"东方小夜曲"。1989年云南歌唱家黄虹凭借该歌曲获得首届金唱片奖。这首歌的歌词简单易懂，整首曲子旋律优美、婉转动听，深受几代人的喜爱，是一首经典民歌。

二、说学情

本堂课学员以55岁以上退休人员为主，虽然他们已经学习了校本教材上的一些歌曲，基本的乐理知识能理解与运用了，但对如何处理歌曲中的强弱关系还存在不足，所以唱歌的表现力比较平，体现不出层次和感染力，致使歌曲的演唱缺少律动感。

三、说教学目标

基于对教材的理解和学情分析，我设立了如下教学目标：首先我会通过简要讲解，让学员基本知晓歌曲的拍号由此引入，再通过歌曲节拍练习，理解歌曲的强弱规律，并感受歌曲强弱的必要性。然后通过气息的处理、声音的控制，初步学会表达歌曲的强弱，在演唱歌曲时更有乐感也更好听。让学员学唱云南民歌的同时，感受云南民歌的风格特点，加深对民族音乐的热爱。

四、说教学重点和难点

根据音乐教学大纲的要求，以及大多数老年学员对歌曲的接受能力，在了解歌曲、了解学员需求的基础上，本堂课的重点是对歌曲强弱关系的理解与运用；而腰部的肌肉控制力（横膈膜的运用）则是大多数老年人的生理弱点，所以用腰腹部肌肉去控制气息来表达歌曲中的强弱音，就是我们在课堂上要攻克的难点。

五、说教学方法

为了达成教学目标，突出重点突破难点，我主要采用复习巩固法、讲解示范法、讲授法、演练指导法、对比纠错法、鼓励赏识教学法等。关于方法选用和程序设计的解说，我将在下面结合教学过程随机进行。

六、说教学过程

说教学过程，是我本次说课的主要内容。本次课时时长为 60 分钟，我的课程安排如下。

（一）课前导入（10 分钟）

（1）在师生问好后，我就采用讲解示范法来讲解并示范歌唱时身体的正确姿态。这样在我示范的同时，学员可以直观地看见我的姿态，并按照腰背挺直（可保证歌唱通道的笔直状态），全身自然放松，下巴放下来，脖子往回收，眼睛看正前方这些要求进行调整。

（2）通过演练指导法来练习歌唱的呼吸。慢吸慢呼练习，慢慢吸气吐气时慢慢吐气发"si音"练习，可以加强气息的持久性，同时也有利于锻炼学员腰腹部控制力量。因为呼吸是唱歌发声的动力，是艺术表现的重要手段之一。古代声乐理论就有"善歌者必先调其气"的论述，也科学地说明了歌唱呼吸的重要性。我要求学员运用"腹式呼吸法"。这是本课的难点，所以我特别强调，也反复练习，要求学员每次的吸气都保持在腰腹部，为强弱处理的教学做好铺垫。

（3）练声环节就是歌唱前的热身，我会结合歌曲用得多的韵母进行练习，这样能有效地帮助老年学员在唱歌词时更好地咬字归韵。比如：第一段汪、亮字都是 ang 韵母，那就可以在练声时加上"ang"音的练习，包括第二段的坡、啦也比较多，也可以进行加强练习。

练声曲如下："ang"音，

$\frac{2}{4}$ 1 2 ｜ 3 4 ｜ 5 － ‖

ang——

因为老年人的记忆不如从前，练声之后我采用了复习巩固法，回顾上次课学习的主要内容《我的情歌》的同时，也为讲新课做好铺垫，使学员有所准备，自然进入新课。

（二）新课授课（45 分钟）

第一步：歌曲示范。首先我会先放《小河淌水》的音乐原声带，这样有利于让老年朋友欣赏歌曲的同时，感受小河淌水的美景，享受大自然的美妙和宁静，从而激发学习歌曲的欲望。

第二步：歌曲介绍。这一环节，我会采用讲授法，首先向学员介绍这首云南民歌《小河淌水》，这是一首极具艺术价值和文化内涵的民歌。歌曲的歌词、旋律和唱腔都采用了云南地区的方言和音乐元素，这使得歌曲更加贴近云南人民的生活和文化，也更加具有地方特色。歌词的内容以女生第一人称为视角，表达对阿哥的思念之情，曲子的调式是民族的五声羽调式，羽调式在这首歌中侧重抒情，能够凸显歌词中的思念之情。这样的介绍，有利于学员感受云南民歌的风格特点，加深对歌曲的了解。

第三步：学唱歌谱。学唱歌谱前，我会先讲歌曲的节拍，重点讲解节拍的强弱规律，从而把强弱运用到唱谱上。

上课时我会特别强调强弱关系。强调歌曲中的强音往往是为了表达作品的强烈感情而设置的，特别要引起重视的是，强音不是喊叫出来的，好的强音是用科学的方法（利用横膈膜的控制）唱出来的；而喊叫则是未经训练或错误的演唱方法所致，这种声音会严重影响歌声的美感，嗓子还容易受伤。而弱音往往比强音更难唱，因唱弱音时气息的控制比唱强音时难度更大。唱弱音时不是声音的位置可以随音量的小而低些，相反，弱音的音位置比强音的高位置难度更大，需演唱者认真细致地处理。

第四步：教唱歌词。在这里我先采取示范演唱法演唱歌曲，示范演唱法的运用，让学员对整曲熟悉度提高的同时，也有利于对后面教唱歌词时讲解强弱处理有一定的铺垫。

然后通过分段教唱的方式，逐步讲解每一句的歌词咬字、归韵及强弱处理，并采用对比纠错教学法分别示范有无强弱的演唱，让学员进行区别。让学员演唱的同时及时纠正不对的强弱处理，这样更有利于学员感受强弱的运用，明确听出强弱演唱给听众带来不一样的感受，也加深学员对强弱音的控制与把握。在这个部分中，不论是"分段教唱"的强弱处理，还是"对比纠错"后的情感运用，都是强调老年学员学习声乐时要如何掌握用腰腹部肌肉去控制气息来表达歌曲中的强弱音。

第五步：全曲演唱。我要求学员将整首歌曲完整地进行演唱，再次强调在唱强音时要运用气息，高位置的发声要结合良好的咬字吐字技巧来唱，也指出强音在歌曲中往往只是少数需表达强烈感情的几个音，大多数只需用中等音量，有些则需用弱音来唱，还有些强音是由弱慢慢加强进行演唱，这样就会形成渐强的声音状态，从而能让思念的情感更加强烈。

学员演唱时，我会走下讲台，给腰腹部运用不当的个别学员指导、纠正，强调要领；还会用到鼓励赏识教学法，当我看到他有进步的时候，我会及时给予鼓励和表扬，让学员感受到我对他们的关心。这样，他们就会增强自信，刻苦练习的积极性也会更加高涨，整个课堂的规范、达标练习的氛围也会越来越好。

第六步：复习巩固。在这一步，我先梳理今天所学习的强弱关系以及在歌曲中运用的效用；然后分组或者分男女声让学员带入情感进行演唱，我会适时进行点评。这样，既可以活跃课堂教学气氛，又能对学员产生激励作用，同时还有利于互帮互学，将学习效果得到当堂检验。

（三）课堂小结，作业布置（5分钟）

课将结束，我会及时小结本次课的学习内容，包括节拍的强弱规律、难点节奏、咬字、归韵等，布置作业，也就是要求大家回家后多练唱，运用今天所学的这些知识、技巧，将这首优美的云南民歌《小河淌水》唱得更能打动人。

七、结束语

本次声乐课以发声练习、知识讲解和歌曲教唱三个部分组成，旨在帮助学员正确运用歌唱方法的同时，提高对歌曲美感的处理和表现力，将强弱关系科学恰当地运用到歌曲的演唱中，从而唱得动听，富有感染力。同时希望老年朋友们在提升音乐素养的同时，也能从云南民歌优美的旋律和朴实的歌词中，感受云南民歌的风格特点，加深对民族音乐的热爱，对生活的感悟。

以上是我关于这一节课的说课。诚望各位专家、老师对本堂课提出宝贵意见！谢谢！

弹奏经典歌曲　重温往日情怀
——电钢琴课《送别》说课稿

杨润芝

尊敬的各位老师：

大家好！我是长沙市老干部大学音乐系电钢琴教师杨润芝，今天我的说课题目是"弹奏经典歌曲　重温往日情怀"，主要内容是用电钢琴弹奏经典歌曲《送别》。说课的内容包括教材、学情、教学目标、教学重点和难点、教学方法、教学过程等六个方面。

一、说教材

我采用的教材是上海教育出版社出版的《老年实用钢琴教程》。本教材是结合老年朋友的生理、心理特点来选择教学内容和方法的，以传统教材为基础，融汇常用教材的优点，遵循好听易学的原则，在学习基本技巧的同时，选编了不少老年朋友熟悉和喜爱的乐曲，以利于增加学习兴趣，提高学习效率。

教材共分为四册，从钢琴的基本知识、基本弹奏方法、基本节奏、五指练习开始，逐步加入音阶、和弦、短琶音、附点节奏练习。本教程采用循序渐进的编排方法，这能满足老年朋友们不同层次的学习。

今天我要给大家说课的内容就是选自第一册中大家熟悉的曲目《送别》。因为老年朋友们对这首歌曲的旋律非常熟悉，能够更好地开展今天的教学。

这首由美国作曲家 J. P. 奥德威创作的歌曲，原名为《梦见家和母亲》，后由日本作家犬童球溪将其填词为《旅愁》，并由当时在日本留学的李叔同译成中文。1915 年李叔同又将其重新填词为《送别》。该曲旋律优美，歌词委婉动人，它表达了作者依依惜别朋友、感悟人生的一种情感。一经问世，百年来在我国广为传唱，也成为电影《早春二月》《城南旧事》的插曲。2004 年该曲评选为"百首爱国主义教育歌曲"，属于百年经典歌曲。

二、说学情

在老年大学，学习钢琴的学员大致可分为这几类：

有的学员年轻时非常喜欢钢琴曲，也想学习弹奏，但是因为要工作要养家，没有时间也没有精力学习。现在退休有时间了，没有生活压力了，想来弥补自己年轻时留下的遗憾，重新开始学习，圆自己的音乐梦想。

有的学员家里有晚辈在学习钢琴，自己受到了影响也想学习；甚至有些学员想自己先学习好钢琴将来可以辅导孙辈。

还有的学员退休了空闲时间很多，想学习一门特长来陶冶情操，丰富自己的晚年生活；或者是家里以前有小孩学习过钢琴，有台钢琴闲置着可以充分利用起来。

而我们班的学员，我了解到他们不仅学习目的各不相同；弹奏水平也不同，有的会弹奏简单的歌曲，有的还是零基础；年龄层次各不相同，有的刚刚退休才 50 岁，有的都快 80 岁了，还有母女同班学习的。这就给教学带来了一定的难度，我将根据学员的不同情况适时教学。鉴于这些学员不同的基本情况，我将制定合理的老年课堂教学设计。在下面的教学过程中呈现出来。

三、说教学目标

通过这首歌曲的学习，让学员在理论上了解不同节奏的时值，在技巧上，训练手指的灵活性，最终的目标是让学员们在课堂上不仅收获了知识，还愉悦了身心，提高退休后的幸福感。

四、说重点和难点

《送别》这首歌曲因为太熟悉，大家很容易掌握其节奏，所以我把教学重点设为精准掌握附点四分音符的弹奏。老年朋友们年龄大了，手指僵硬，本课的难点在同音换指的训练，要求学员根据实际情况慢练。

五、说教学方法

在教学时，我将采用复习温故知新法、鼓励教学法、示范带练法、互动教学法、巡视纠错法等。教学中以学员动手为主，注重学员的动手弹奏能力，加强师生、生生之间的互动，鼓励学员轻松愉快地投入学习弹奏中。这样有利于学员们循序渐进地学习。

六、说教学过程

按照教学内容要求，本次钢琴课时为 60 分钟，我将分六个步骤进行：

1. 课前练习，复习巩固

开始上课时，针对老年朋友容易忘记的特点，我采用温故知新法，复习上次课所学的内容。先邀请 2 ~ 3 位学员上讲台弹奏，然后学员互相交流、观摩、欣赏，我适时进行点评指导。

2. 演示导入，激发兴趣

进入新课，我先放原声视频《送别》，与学员们共情，激发学员们学习演奏的兴趣。然后介绍这首曲目的创作背景、音乐风格以及弹奏的要求。

3. 乐理讲解，节奏练习

我在授新课时将采用示范演练法。自己先示范弹奏一遍曲目，通过示范，让学员初步了解四四拍歌曲的特点——四拍子的节奏，每小节四拍第一拍为重拍，速度不宜太快。（教师示范弹奏）

这首乐曲为 C 大调，采用二段式写成。前八小节为 A 段，后面八小节为 B 段；每段都包含两个四小节的乐句。A 段的两个乐句为变化重复的关系；B 段第一句与 A 段形成对比，第二句再现 A 段第二句。右手弹奏主旋律，要按照连线去做呼吸。左手标记了 "legato"，使用连奏。

本课的教学重点是不同节奏的掌握。这首曲目出现的节奏变化多，我在教大家节奏练习中，会把不同的节奏标识出来。重点掌握第 5、7、13、15 小节中附点四分音符，我将教大家采用把每小节单独分解数拍，引导学员们找到音符最小单位八分音符。这首曲子是 4/4 的拍子，在教大家数拍时，我没有按常规数 "1、2、3、4"，而是以八分音符半拍为单位数 "11、22、33、

44"，让学员们击掌数每个小节的拍子，就按照以八分音符为半拍在乐曲当中每个音符有几个半拍。然后我带着击掌：一个拍手为一拍，手打下来半拍扬起来半拍，附点四分音符是一拍半击掌时数三个半拍。这个班的学员们是第二个学期学习，前期学习了节奏训练，这个附点节奏在教师带领下我相信能够很快掌握好。

4. 分句唱谱，分手弹奏

这样的教学安排可以方便学员们更好地轻松掌握节奏。

分句唱谱：按照乐句分句唱谱打拍子。我会让学员先唱谱找到相对应的键盘位置，找到音区最高音位置（高音谱号第三间的高音 do），和最低音位置（低音谱号第二间的低音 do）。带着学员在琴键上反复、快速地找到音符的位置。

本课的难点是同音换指的弹奏。在破解难点时，我将采用鼓励教学法。在第 11 小节出现的同音换指，它属于技能训练的重点。班上学员们本来手指不那么灵活，要突破这个难点，学习同音换指，我会首先安排指法，第一步练习手指抬高触键弹奏，第二步固定手指弹奏固定位置，第三步尝试在一个键位上用两个手指轮流弹奏，第四步开始突破弹奏同音换指。我带大家在键盘上练习抬指。在主旋律右手弹奏时出现同音"la"，用两个手指弹奏。单独训练右手 3 指弹奏后马上换 5 指弹奏。让学员们只练习 3 指快速换到 5 指，学员基本掌握后邀请几位学员示范并及时表扬鼓励。在学习分手弹奏时，我会采用巡视纠错法，在完成分句唱谱学习中，学员们已经掌握了这首曲目的基本乐理，在弹奏时，我会要求他们边唱谱边弹奏。先打好拍子做好这个准备后，就能掌握好乐曲的基本节拍。

5. 课堂演练，巡视互动

这是一个演练互动环节。第一步：采用互动教学法。首先让学员自由练习，老师下到每组进行巡视，在巡视过程中发现问题及时纠错再做出个别辅导。然后带着学员一起分句、分段、分手反复演练，以达到较熟练程度。第二步：生生互动。我将学员分成四组，分组演奏，其他三组学员欣赏、伴唱。四组学员轮流进行。第三步：师生互动。老师在讲台上弹奏，四组学员跟着我的速度一起弹奏（这时候可以让学员们自主选择，因为刚刚学的曲子很多同学跟不上速度，可以选择唱，可以选择弹到哪里算哪里）我也会根据大家学习的情况控制速度，及时表扬跟着演奏完成的学员，鼓励弹奏没有跟上，但一直在跟着唱，积极参与互动的学员。第四步：全班学员跟着原声视频一起弹奏，在弹奏的过程中，让学员能心情愉悦、情绪饱满地完成这节课的学习任务。

6. 课后总结，布置作业

梳理本次课的知识点，归纳学习的几个方面。肯定学员们的学习成果。布置作业：附点四分音符时值打拍练习、同音换指手指练习、流畅弹奏曲目《送别》。

七、结束语

钢琴学习是一门技能型课程，我想学员们通过这堂课的学习，能够在乐理知识、节奏把握上都有所提高。希望通过弹奏经典曲目增加他们的信心，激发他们更强的学习兴趣。

经络腧穴来帮忙　提高正气护健康
——中医按摩课"运用经络腧穴来提高人体正气"说课稿

李健美

尊敬的各位领导、老师：

大家好！我是长沙市老干部大学保健系中医按摩班的老师李健美，今天我说课的题目是"经络腧穴来帮忙　提高正气护健康"。下面我将从教材、学情、教学目标、教学重点和难点、教学方法、教学准备、教学过程等七个方面向大家说说在中医按摩教学中，如何运用经络腧穴来提高人体正气。

一、说教材

中医按摩班的教材选自原长沙市按摩医院院长李燕平编写的《推拿阶梯教程》上册。此教材用通俗易懂的方式，按照由浅入深的阶梯式教学，介绍了如何运用几种穴位按摩来提高人体正气，特别适合老年人学习。

二、说学情

我国已进入老龄社会，老年人身体会因为各脏腑功能减退而出现不同程度的不适或慢性基础病。如何提高他们的生活质量，提高健康水平，加强自我保健，是我们中医按摩老师的职责所在。我所教的这个班学员的年龄普遍在 50~80 岁之间，学习程度、接受能力、理解能力也参差不齐。有的反复学习按摩推拿好几年（已在本校或是其他学校按摩班反复学习好几年），有的接触这门课程才一两年。在这两年里，尽管许多时候是线上微信群授课，他们还是系统地了解了推拿按摩的基本知识，也掌握了一些常用的按摩手法和基本穴位。老年人因为身体各脏腑功能减退，正气/阳气虚衰，气血不足……这几个方面影响到身体健康，所以本次课选择提高人体正气的经络穴位来护卫健康。身体好了，心情好，心情愉悦，也就提高了我们的幸福指数。因此这次我重点教授方便老年人自我按摩的常用保健穴位，并结合老年人的生活实际、身体状况，采用适合他们的内容和方法来授课。

三、说教学目标

（一）知识目标

本节课知识目标包括三个方面：

（1）了解什么是中医学的正气，正气在人体中所发挥的作用。

（2）了解人体正气不足时的具体表现。

（3）学习一些扶助提高正气的生活方式。

当学员了解了正气在人体的重要性，参照正气不足的临床表现，参照自己的身体状况，可以判断本人身体是否存在正气不足现象。对自己身体保健有益，才能主动学习，是为了激发学员的学习兴趣。

（二）技能目标

本节课的技能目标包括：

（1）掌握督脉循行走向及作用。督脉是阳中之阳的一条经络，提升阳气特别好。这条经络在背部脊椎骨正中间，方便定位，一说老年朋友就能听明白。此经络容易找到定位，疗效好。

（2）学会大椎、神阙、关元、足三里、三阴交穴的定位及穴位操作方法。这几个穴位是补正气（阳气）最佳穴位，为常用保健穴位，在课堂中已重点学习，大家已有较深刻的印象。定位在后颈部、下腹部、下肢部，方便老年人自我按摩操作。

（三）情感目标

增强自我保健意识和防护意识，以积极乐观的生活态度扶正祛邪，强身健体。

四、说教学重点和难点

（一）重点

本节课的重点包括：

（1）什么是中医学的正气，正气在人体所发挥的作用；

（2）督脉循行走向，大椎、神阙、关元、足三里、三阴交穴的定位、功效及穴位操作方法。

（二）难点

本节课的难点在于，记住一条经络的走向、五个穴位的定位和按摩手法。

五、说教学方法

中医经络腧穴按摩，是通过手法或其他方式刺激体表经络穴位，以疏通经络、温经散寒、调整脏腑、平衡阴阳，达到扶正祛邪、防病治病、增强健康的目的。本节课我将根据老年朋友的身心特点，因材施教。在微信群教学过程中，多采用短视频展示、数字互动、示范、对比、评点、鼓励等方法，让学员建立穴位找得准，按摩有疗效的信心，使每位学员都学有所获。

六、说教学准备

准备艾条、艾灸盒，并录制 21 个教学短视频。

七、说教学过程

1. 开课问候，简介内容（先播放视频 1）

我首先问候大家，并且介绍本次微信群课的教学内容，提出学习要求。

2. 复习回顾上次课学习内容，巩固旧知（播放视频 2）

上次课讲授的是慢性疲劳综合征，通过图示，我从病理（因）、临床表现到治疗的穴位选定都和大家一起来回顾，对重点操作的几个穴位进行反复强调，让学员进入学习状态。

3. 新授讲解，示范演示经络走向、腧穴定位方法及操作

这是这节课的重点部分（学员可观看视频 3~19）。

首先我会向学员介绍什么是中医学的正气，正气在人体所发挥的作用，讲述正气与阳气的区别及人体正气不足时的具体临床表现，然后提问：日常保健有什么方式可提升正气？并切入本课的经络腧穴保健养生主题，向学员重点介绍一条督脉、五个常用穴位（即大椎穴、神阙穴、关元穴、足三里穴、三阴交穴）。

接下来，我通过课件中的人体图示，向学员讲解督脉循行走向、功效及操作方法；对五个穴位的学习，我都通过短视频教给学员穴位的定位、功效及具体的操作方法。在具体操作穴位时，我采取两种方法，一是我一边在自己身上找准穴位，演示给学员看，一边教给学员找穴位的方法及怎样操作；另一方面，为了便于学员在家也能给家人实施操作，我还特意请一位班上的男学员来当模特，我教大家怎样为别人进行这几个穴位的定位和按摩。每个视频都将有文字演示及人物操作具体穴位的特写镜头，相信学员都会看得清楚、明了。

4. 答疑解惑，师生互动（播放视频 20）

新课授完，有的学员可能会有疑惑，可在群里提出来，我将一一进行解答、指导；然后留 5 分钟让学员进行操作演练。有的学员在家里看视频掌握了找穴位的方法、技巧，我有意识地让有条件的学员及时拍短视频发到群里展示，与大家一起分享，我会当堂课进行语音点评。

5. 简介其他提高正气的生活方式（播放视频 21）

对于老年人来说，以往生活中已形成了一些固定的生活方式及习惯，如何以正确的生活方式来提高自己或家人的正气，我会在课结束前再简单地向他们介绍几种，在日常生活中，简单易行、提高正气的方法，以达到多管齐下，保护提高正气的目的。

6. 总结全课，布置作业

即将下课，我对今天的微信群教学情况进行总结，并要求学员们在家里有时间继续观看教学视频，多练习、找穴位，体验穴位的得气感，并且将自己找穴位及操作视频拍摄下来，传到班级群里，大家课余也可一起学习，互相提高。

布置作业，是为了督促学员课后在家巩固练习，找穴位，加深印象，体验穴位的得气感，感受祖国传统医学的神奇魅力。

由于这是微信课堂，不同于坐在教室面对面教学，所以要求学员拍摄操作小视频，发到班级群，老师及时点评。这样既能表扬鼓励学员，又能发现纠正错误。其他学员看到，自己如有同样的错误，也可以及时改正。

八、结束语

老年人越来越关注、重视自己的身体健康，"未病先防"的养生保健，对老年人格外重要。中医的经络腧穴按摩，平稳可靠，简单易学、方便实用，无任何副作用；它不需要特殊医疗设备，也不受时间、地点、气候条件的限制，随时随地都可实行。正由于这些优点，我看到我校的中医经络腧穴按摩，深受广大中老年朋友喜爱，这已成为他们生活中常用的一项养生保健的措施。相信通过今天的学习，他们一定会掌握提高正气的方法技巧，付诸实施，获得成效！

以上是我对本课的教学设计，请各位专家老师批评指正。

旧物改造　变废为宝
——手工布艺课"环保袋的制作"说课稿

柳　佳

各位老师：

大家好，我是长沙市老干部大学手工布艺班教师柳佳。今天我的说课主题是"旧物改造，变废为宝"，讲授内容为环保袋的制作。

下面，我将从教材、学情、教学目标、教学重点和难点、教学方法、教学过程六个方面来说说我本次上课的教学设计。

一、说教材

我教手工布艺这门课程，参考了《手作布艺技法》《布艺手工一本通》《最详尽的缝纫教科书》等布艺制作相关书籍，从中提炼出布艺基础知识、基本针法和缝制技巧，再结合老年学员易学易忘的生理特点和有趣实用的学习需求，自编了一套一年制64课时18件作品的简易教材。我将单调的布艺制作针法和工艺，由易到难，循序渐进地融入每一件作品中。学员每完成一件作品，不仅能够在制作的过程中轻松地掌握知识点，学起来有趣不枯燥，还能获得满满的成就感。为更好地激发学员们的学习兴趣，提高观察力、创造力和想象力，我在课程的最开始特别设计了几节旧物改造的课程。本节课就是旧物改造的第一堂课：利用旧T恤制作环保袋。材料采用了大家最为熟悉的T恤衫，工具也只要一把锋利的剪刀，就能够完成制作，既变废为宝，又环保实用。

二、说学情

现阶段的老年学员大多都经历过从无到有的艰苦年代，还保持着勤俭节约的良好习惯。从学员整体分析来看，不论是年龄、学习基础、动手能力、接受能力等方面都存在着一定的差异。这节课，我选择了最贴近生活的T恤衫进行旧物改造，学员们不仅取材方便，能将闲置又不舍得丢弃的旧衣服废物利用，而且操作步骤相对简单，重复性动作较多，便于记忆。两课时完成这件作品，时间很充裕，对于动手能力较差的学员也能轻松完成。通过这堂课的学习，学员们从中体会到了手工制作的乐趣，获得了满满的成就感，提高了对本学科的兴趣。

三、说教学目标

这堂课我要达成三个目标：

（1）知识目标：了解环保袋的制作过程，引导和培养学员发现、运用生活中的旧物进行创作的意识。

（2）技能目标：利用生活中的旧物和工具，运用材质特性和制作技巧，变废为宝，物尽其用。

（3）情感目标：获得变废为宝的愉悦感和成就感，提高学习兴趣，激发生活热情。

四、说教学重点和难点

本节课的重难点包括：

（1）了解制作环保袋所用旧T恤的材质选择。

（2）环保袋手提部分形状的掌握。

（3）环保袋流苏宽度、长度的控制和变化。

五、说教学方法

教手工布艺这门课我主要采用视频演示、现场讲解、巡视指导的教学方法。我最初是采用在摄像头下现场操作的方式教学，时间一长，发现这种方式有很多不足之处。因为操作是动态的，摄像头不停对焦，就导致了画面不清晰，特别是细节操作部分，还要临时调整镜头，很耽误时间，而且制作的步骤也没办法反复操作。我自己要操作就完全没有时间下位巡视指导学员。受各类网络 APP 的启发，我改进了教学方式。我将制作的全过程录制成视频，上课时在多媒体上播放，这样学员们就能很清楚地看到操作的全过程，镜头采用俯拍位，整个画面满屏只有手部的操作，即便是最后排的学员都能看得很清楚。在重点、难点部分还可以反复回看，着重讲解。制作视频时我还特意关闭了视频原声，在上课时对照视频现场讲解，这样就避免了因为音频设备导致的声音不清晰。有了视频的演示，我就有足够的时间下到座位巡视指导每位学员，大大提高了教学效率。

六、说教学过程

我的教学过程分为四个步骤：实物展示，激发兴趣；视频演示，分步讲解；实际操作，巡视指导；成品展示，小结点评。

第一步：实物展示，激发兴趣

首先我会问学员们，每当换季时候，整理出来的旧衣服大家是怎么处理的呢？……然后给学员们展示我用旧 T 恤改造好的环保袋。学员看到美观实用的环保袋，兴趣大增，跃跃欲试，都想学着来动手制作。

第二步：视频演示，分步讲解

（视频开始播放）

首先，将旧 T 恤平铺于桌面，整理平整。

然后，剪下两只袖子，利用袖圈做提手。（暂停视频，着重讲解领子的裁剪）

再剪领子，裁剪领子部分的形状很重要。首先我会给学员们展示塑料袋实物，让学员对手提形状有个直观的认识，再板书画图讲解加深印象。领子的深度是跟袖子的位置齐平的，为了对称，操作时可以将衣服对折，采用对称的方法裁剪。手提宽度大概是 6 厘米，这里我会提醒学员，在手边没有测量工具时，可以用三个手指作为参照宽度。裁剪时注意转角的地方剪出一点点弧度更美观。（剪领子的步骤重复播放）

（视频继续播放）

接下来，剪掉衣服的下边缘，再往上折，折出的宽度就是流苏的长短。（暂停视频）这里我会再次拿出成品，让学员们观察并提出问题：这两个环保袋的流苏长度一样吗？你更喜欢哪个长度呢？看看你手上的衣服能做到你喜欢的长度吗？为什么？……通过提问，学员们明白了流苏的长短是可以根据衣服的长短和自己的喜好调整的。再次提问，以后再想做这款环保袋的时候应该选择长一点还是短一点的 T 恤呢？……

（视频继续播放）

接着，把对折的部分剪成 1 厘米宽的条。一定要掌握好布条的宽度，我会再次提醒学员，在没有测量工具时我们还是可以用 1 个手指作为参照宽度，不要太宽，不美观；也不要太细，容易断不受力。然后把剪好的每一根布条用力往下拉成细条。与没有拉过的布条相比较（视频暂停展示对比效果），用力拉过的布条变细变飘逸了。这里我会再次提问，有哪位同学的布条拉过之后没有变化的吗？……在这一步骤学员们会发现布料的差异，会是不同的效果，只有纯棉质的面料才能达到细长飘逸的效果。

（视频继续播放）

最后，把每一对布条按顺序绑成结。全部绑好，环保袋就制作完成了。

第三步：实际操作，巡视指导

这一步和第二步其实是穿插进行的，每播放、讲解完一个步骤，我就会暂停视频，学员进行操作，我下到座位上巡视指导每位学员，发现问题，及时讲解、纠正。如果发现共性问题时，我会再次强调并讲解，尽量让每位学员都学会，出作品。在巡视过程中，当看到她们很用心地制作、很有创意的时候，我会及时给予鼓励和表扬，让她们增强自信。

第四步：成品展示，小结点评

在学员基本完成后，我会有意识地挑选几件有代表性的作品，向全班学员展示、点评。巩固环保袋制作的重点难点，加深印象。引导学员进一步美化升华作品，激发她们的创造力和想象力。最后，我会组织学员分组上台展示，比比谁的环保袋更有特色，来活跃课堂气氛。我还会把学员们上课时的制作过程和开心的画面用手机录下来，课后制作成小视频分享到班级群里，来记录她们的校园生活，营造学习氛围。

七、结束语

本节课，我想通过环保袋制作的教学，发扬学员们勤俭节约的良好传统，学会利用生活中的旧物进行改造，根据材质特性让作品进一步美化升华，物尽其用，变废为宝。让学员在制作的过程中获得愉悦感和成就感，从而激发她们的观察力、想象力和创造力，更加热爱生活。以上是我本堂课的教学设计，请老师们批评指正。

内化于心　外化于行　体验触发改变

——隔代教育课"隔代教育中的鼓励与表扬"说课稿

刘艳平

各位老师：

大家好！我是长沙市老干部大学综合系隔代教育教师刘艳平。放眼全国的老年大学，隔代教育都是一门具有独创性的课程。因为年龄结构的需求，老年人的学习通常更偏向于可愉悦身心的兴趣爱好，如唱歌、跳舞、乐器等。提起"教育"二字，部分老年人会觉得枯燥，因此我在隔代教育课程的设计上做了大量的创新，希望既能让老年学员与时俱进、学习科学的教育理念与方法，同时也能在课程中获得愉悦感。

基于这一核心思想，我将课程设计为以体验式教学方式为主。所以，今天我的说课主题是"内化于心　外化于行　体验触发改变"，讲授内容是隔代教育中的鼓励与表扬。

下面，我将从教材、学情、教学目标、教学重点和难点、教学方法、教学过程六个方面来阐述我本次课程的教学设计。

一、说教材

隔代教育依托《阿德勒心理学讲义》《正面管教》《发展心理学》等书籍，将老年心理学、儿童心理学与家庭教育方法有效结合，形成一套两年制64课时，注重实用性与落地性的隔代教育系统课程。

本课"鼓励与表扬：如何有效鼓励孩子"是第二学期的第一课。阿德勒心理学认为：一个行为不当的孩子是缺乏鼓励的孩子。在整整两年的隔代教育学习中，"鼓励教育"是核心，也是贯穿两年学习的主线。它强调如何真正地"看见"孩子的进步与努力，即使是在很糟糕的情况下。

第一学期，学员学习了如何"关注正面"，将"急于纠正错误"的思维调整为"看见孩子好的行为或品质"这一成长型思维，为学员学习"鼓励与表扬：如何有效鼓励孩子"打下了基础。第二学期的第二课，我们将在本课基础上学习"鼓励的三种语言"，帮助我们在不同的情境下使用不同的鼓励方式。所以，今天的这一课很重要，起到承上启下的作用。"鼓励"这种思维方式，也将贯穿我们两年的学习。

二、说学情

在隔代教育中，一方面，祖辈们隔代教育的时间、精力较充沛，有爱心、能包容；同时出于对子女一代缺乏照顾的补偿心理，倾向于用"孩子喜欢听的话"夸孩子，过度关注，过度迁就；另一方面，部分老年学员因个性与生活经历的影响，习惯于用指责与批评的方式，虽意识到应该"鼓励教育"，却不知道具体该如何鼓励，只会用"你真棒""你太厉害了"这样表扬与夸赞的话，对孩子的个性发展会造成一定负面影响。

本课将带领老年学员，在鼓励的作用下，去看见孩子行为背后的需求，鼓励他们努力的过程，每一个小进步，每一次在错误中习得的经验，构建以尊重、爱与和谐为主旋律的隔代教育环境。

三、说教学目标

基于对教材与学情的综合分析，在"有效鼓励孩子"这一课中，我将教学目标设置如下：通过体验式活动，带领老年学员区分表扬和鼓励，以及两者对隔代教育及孩子的影响；同时通过大量例句的示范，学习鼓励的三种句式之一的"描述式鼓励"，并在课上用角色扮演进行对孩子的鼓励练习。通常，对鼓励与表扬的区分，将颠覆老年学员以往的认知，获得新知的愉悦感也是非常强大的学习动力，将帮助学员们将课上所学运用在实际隔代教育中。

四、说教学重点和难点

因为对过往认知的颠覆，使得"有效鼓励孩子"这一课，对老年人而言具有一定的难度,难点之一在于:"鼓励"这一方式要求学员们在较为糟糕的情况下依然能够捕捉到孩子的正面行为和积极品质,实际上,许多老年人的思维定式是"纠正错误与缺点";难点之二在于对孩子的行为不评判,而是改为用照相机语言客观地描述行为。这两种思维方式对于老年人来说都太陌生了。

因此,在本堂课的授课中,我将教学重点放在两个方面:什么叫关注过程,如何才是关注过程;怎样找出孩子值得被鼓励的行为并进行清晰具体的描述。我将知识和操作要点揉碎掰细、手把手地教,帮助老年学员在练习中一点点调整自己的认知。

五、说教学方法

考虑到本班老年学员的家庭结构,既有子女还未结婚的家庭,也有孙儿尚在襁褓中的家庭,有的老年学员的孙儿甚至已经20余岁,为让老年学员能够更好地投入学习,本课主要采用"体验式教学法":通过教师创造的实际或模拟情境,使老年学员充分参与其中,即使没有孙辈,也能在课程中获得个人的感悟和经验,重构其知识结构,提升认知、发展隔代教育的核心能力。

课程以学员为主体,注重学员的参与实践与情感投入,而教师仅作为一位"带领者",主要起引导与梳理的作用。本课主要运用角色扮演、头脑风暴、教师示范、分组练习等方式进行教学,营造轻松愉快、容易内化的课堂氛围。

六、说教学过程

针对"鼓励"这一主题,我将运用"四步教学法"循序渐进地开展教学,从认知层面入手,以互动体验为核心,以分组练习收尾,实现从理论—体验感悟—实践的过程。

第一步:情境导入

主要作用在于破冰,通过积极情绪的动力使学员尽快投入课堂,并初步揭示本课主题。我将邀请所有学员参加一个5分钟左右的互动活动——猜猜我是谁,在愉悦的学习情绪中引发深思,导入隔代教育中的现实:给孩子贴标签及其影响。

第二步：体验式教学

主要通过角色扮演、头脑风暴、教师示范等方式讲授课程主体内容，以个人体验代替教师讲授，过程中关注学员的学习情绪，并及时调整教学，最大程度地让每一位学员都参与互动。

1. 角色扮演：鼓励与表扬

邀请15位学员上台进行角色扮演，其中1人扮演孩子，其余14人分成两组，分别扮演两类使用不同教养方式的祖父母。通过对两组不同语言的表演，分别体验"鼓励"与"表扬"带给孩子的影响，并通过提问的设计对"鼓励"与"表扬"两者的区别进行初步探索。

2. 工具讲解

结合日常生活中的故事与案例，对描述式鼓励的2个态度、3个步骤进行具体阐释，用具体案例进行分步骤讲解，帮助学员加深记忆与理解。图1为鼓励的技巧。

图1　鼓励的技巧

第三步：讨论练习

我将设计一个生活中常见的隔代教育场景，选择技巧中的"清晰描述"

与"关注正面"两个要点，重点进行练习。以小组为单位进行讨论，邀请1~2个小组进行展示，并对其结果进行反馈。

第四步：任务小结

最后对本课进行回顾总结，点出重点内容，并布置"带回家的实践练习"，鼓励学员将所学内容内化于心；在生活中多加练习，达到外化于行。

七、结束语

对于老年学员而言，调整自己的养育态度与模式，其实是对其维持几十年的行为模式的挑战。我相信，通过体验式与故事化的教学方式，能为学员带来轻松自在的学习体验与"任督二脉"被打通的畅快，持续的课堂与生活实践，更能帮助大家知行合一，达到对孩子表扬和鼓励方式的新体验新改变。

巧引导　抓细节　讲连贯
——智能手机课"手机照片上传到 QQ 相册"说课稿

李青松

尊敬的各位老师：

大家好！我是长沙市老干部大学智能手机教师李青松，今天我说课的题目是"巧引导　抓细节　讲连贯"，教授智能手机课"手机照片上传到 QQ 相册"。

我本次说课的内容分为七大部分，分别是教材、学情、教学目标、教学重点、教学难点、教学方法、教学过程。

一、说教材

当前市面上适合老年人学手机的教材比较少，且不是很完善，只教老年人手机上自带的一些功能，所以我采用的是自己编写的教材，这是教材封面截图。因为手机更新快，自编教材也在不断更新，一年之内更新两次，这样做是为了能让学员学到较新的软件版本和一些较新的功能。

二、说学情

我们的教学对象是 50～80 岁的老年人，年龄跨度大。学员随着年龄的增长可能出现手发抖，近视和远视并存的状况。还有一种心理状况，有的学员担心学了手机以后个人隐私会泄露。而我预计的困难是手机品牌不统一，这些手机大致的操作步骤是一样的，但是细节还真不一样。我们这个老年大学智能手机课程的教学就重在这些细节方面，所以说这些都是我们要考虑的问题。

三、教学目标

本节课的教学目标是学习把手机中的照片传到 QQ 相册中的方法。这样做可以帮助学员保留之前的老照片。通过学会把手机中的照片传到 QQ 相册中，增强使用手机软件的能力，帮助老年学员拓展对手机强大功能的理解，同时增强使用智能手机的信心，加强人际交往。

四、教学重点

本节课的教学重点是图片上传的步骤。

五、教学难点

为了让老年学员更加安全地使用手机，本课的难点为照片传上去以后，权限该怎么设定。

六、教学方法

主要用到三种方法，第一种是演示法，老师进行演示，演示法的展现地点大部分在教学现场，这样学员能够有直观的感受。第二种是多媒体辅助法，通过大屏幕课件演示，知道每一步的流程，为的是让大家能看明白，把步骤展现得更加清晰。第三种就是巡视指导法，即"老师动口，学员动手"，老师下位指导，照顾部分遇到问题的学员能跟上教学步伐。

七、教学过程

第一步：联系实际，巧引导

我在上次上课的时候，就利用聊天的方式来了解大家使用手机有什么问题，这些问题其实都是大家使用手机的痛点，这样可以激发学员们的学习兴趣，同时我会给出恰当的解决方法，引导学员参与到这个解决过程中来。当学员谈到手机空间不足的问题，我会跟大家说我们下一次上课，就来解决手机空间不足的问题，教大家将照片传到 QQ 软件上去。要求大家回去准备软件，注册一个 QQ 的号码，这样设计是为了让学员们更加有参与感，自己动手做的事情是印象最深的。

第二步：注重操作，给思路

等到我这次上课的时候，先检查一下让大家准备的注册 QQ 号码是否都注册好了，我会先给学员们演示把照片传上去的步骤，我做了一个文字性的说明；然后我还把这个上传的步骤又做了一个一分多钟的教学视频，让大家和我一边观看，一边进行各步骤的说明。设计意图是为了让大家增强操作的信心，原来事情没想象中那么难。

第三步：示范引导，重细节

我会再进行一次演示，做一个完整的步骤。但是我这一次演示的时候速度会比上一次还要慢，我会告诉学员：图片数量可以适当增加，但是不要太多，不要超过 50 张，因为超过 50 张你手机带不动，甚至可能跳出这个程序从头来，所以照片数量一到二十张就差不多了。这样有利于控制现场教学氛围，因为一旦照片数量多了可能会让手机卡住不动，增加不必要的询问时间。

第四步：巡回检查，找问题

这时候让学员开始练习，老师进行巡检，基本原则就是我前面提到的"老师动口，学员动手"。我的手指头永远和学员的手机保持的距离大概在 1.5 ~ 2 厘米，我不会去碰学员的手机，我只会指给他看，然后他来做，就是我动口他来动手。学员也比较能够接受这种方法。如果碰到有这种情况：学员不小心把他的照片上传了一些敏感的信息，我会采用快速的止损方法，这时候我就会利用 3 ~ 5 秒，帮他把那些不该传的照片去掉。遇到特殊情况我们就要特殊对待。这样做的目的是可以最大限度防止学员误操作带来可能的损失。

第五步：再次演练，解难点

经过我的巡回检查，如果发现有三个以上的同学提了基本上是一样的问题，我认为这是一个共性问题，就进行统一的讲解。比方说前面我提到的学员的心理担心，怕隐私泄露，可更改相册访问权限，这也是我们这节课的难点。怎么解决？我会告诉学员你们上传后的照片，可以设定访问权限，比如说设定为四种：第一种只有自己能看；第二种只有好友能看；第三种好友回答问题可以看；第四种所有人看。经过这四种不同的方案，总有一种是能够满足你的需求。所以这个难点我们在这堂课上也解决了。把共性问题统一解决，这样做的目的是节约了问题的解决时间。

第六步：加强巩固，求拓展

距离我们下课一般还有 6 分钟左右，我会布置让大家回家以后练习：把手机中的照片和视频传到 QQ 相册。那怎么来拓展教学呢？我跟学员说明，这些照片有的照得不太好，能不能把它美化以后再上传呢，那图片该怎么美化？可以给图片加个框框，给图片加点文字，给图片加一个特殊效果，还可以给图片调调颜色色彩、鲜艳度和亮度。经过这一系列的操作就可以把照片变得很美。这样做也是为了连续激发学员的学习兴趣，让大家对接下来的新内容提起了新的希望。

八、结束语

今天的说课就到这里，在具体教学过程中，我始终强调老师要在引导上下功夫；教学每一步骤时要注重细节，而在我的示范操作或指导学员的操作时都要讲求每一步的连贯。

谢谢大家！

用镜头记录生活　用视频展示才艺
——手机短视频制作课"切换景别在短视频中的实操与运用"说课稿

刘晶晶

各位老师：

大家好！我是长沙市老干部大学手机短视频班的任课老师刘晶晶，我今天说课的题目是"用镜头记录生活　用视频展示才艺"。下面，我将从教材简介、学情分析与教学目标、教学重点与难点、教学方法、教学过程五个方面来阐述我本次课程的教学设计。

一、教材简介

本课程使用的教材是我自己编写的 PPT 课件，之所以自己编辑教材，原因主要有三点：一是手机短视频是近几年才有的新鲜事物，市面上很少有系统讲述相关类型的教学书籍；二是手机短视频是在手机上进行操作的，而现在科技发展日新月异，手机的更新换代太快，教材更新频率太高，我所编撰的 PPT 教材会根据技术革新和网络热点，每半年更新一次。三是购买的书籍和网上的教程都是针对年轻人进行教学的，很少有针对老年人制作的教材。考虑到老年人身心特点及在手机操作上的实际问题，因此我编辑的课程内容相对会更注重基础性、连贯性，步骤会更详细明确，指向性也会更强。

二、学情分析与教学目标

我们班级的学员构成比较复杂，年轻点的学员有 50 出头的，年纪大的有 80 岁的，虽说都是退休人员，但是年龄差距其实相当大，我们班甚至有女儿和妈妈一块来上课的。因此在教学设计上就需要充分考虑到学员的年龄差异特点，年轻些刚退休的学员，他们对手机操作比较熟练、学习接受能力较强，会希望学习到比较"高级""炫酷"的、相对复杂的操作与技巧；而年纪大些的学员，或对手机操作比较生疏的学员，他们只希望"随便拍拍"，能做个视频出来就好。考虑到不同学员的不同需求，我在课程设计上就会制定"基础目标""进阶目标"和"情感目标"。

本次课的教学主要内容是：通过学习拍摄时切换不同的景别，让学员制作的短视频成片，体现出更加完整的叙事表达及更丰富的画面，从而让学员拍摄制作的短视频更能积极地记录生活、表达自我。在授课时，我会主要讲解和操作基础目标中的内容，但在基础操作讲解完成后，也会提出并讲解一些更具有难度的进阶操作内容。

具体到这节课的设计上，我制定的基础目标是：学员能够自主操作手机，拍摄出不同景别的镜头，并制作成片；进阶目标是：如果在学习拍摄景别时，学员能同时兼顾拍摄一组或几组具有前次课程中学习的构图、运镜等技巧的镜头，并在制作视频时表述更完整，或还可增加照片做点缀，那么这些学员就完成了本次课程的进阶目标。情感目标是：通过拍摄与制作技巧的学习，让学员拍摄视频更专业，从而增加自信、增加生活体验感与创作成就感。

这样设计制定的目的，就是为了适应不同层次的学员对学习的不同需求，让学习能力相对较弱的学员，不至于因感到困难而产生畏难、抗拒；又能让学习能力相对较强的学员，不至于感到学习内容简单和无聊。那么在教学内容的讲解时长上，我设计的基础目标内容占比为80%～90%；进阶目标的内容占比为10%～20%。

三、教学重点与难点

本节课的教学重点主要在于实际动手操作的部分。我会通过实际播放几组具体示范镜头来直观展示景别间的区别，以便更好地让学员理解和掌握几种景别之间的联系与区别，并实际动手拍摄出几组不同景别的镜头，以及通过实际播放视频，梳理剪辑流程顺序，演示如何将其拍摄的素材剪辑在一起，制作成一条完整的短视频。

本节课的教学难点在于拍摄时要如何区分不同的景别，并在拍摄时将其明确地体现出来，以及在剪辑制作时，如何按时间线顺序导入制作成片。解决此难点的关键在于，将学员不好理解的镜头变化在课堂上进行直观操作展示，因此，需要在课堂上用实际示范镜头进行演示，并按剪辑步骤进行实际动手演示操作。

四、教学方法

教学上我主要采用以下五种方法：

一是对比教学法：通过多媒体设备展示两段相同主题内容的视频：一个是使用了切换景别技巧的视频；一个是没有景别切换一镜到底的视频。将两段视频进行对比，让大家通过两个不同视频，直观感受到使用了切换景别后，视频质量的提升效果。

二是演示指导法：通过我自己动手直接示范操作步骤与顺序，让学员特别是年纪相对较大的那部分学员，能直接按照我的示范进行操作练习，但学习能力较强的学员，也允许和鼓励他们不按我的方式，自由发挥。

三是情境带入教学法：通过与手工艺班的跨班级联合授课，给学员们营造一个特定情境进行拍摄。

四是多媒体辅助教学法：借助多媒体教室的显示屏进行示范视频播放、PPT 课件播放、学员作品展示及指导等方式辅助教学。

五是分层教学法：根据学情，对不同学习程度的学员采取基础学习要求及进阶要求，让他们都有所收获。

五、教学全过程（90 分钟）

第一步：讲解类型，了解规律

讲解景别的几种类型——远景、全景、中景、近景、特写、空镜，让学员对景别的具体概念有个基本的了解。介绍这些景别的规律——由远到近的画面变化。景别变化时，镜头语言也有相应的变化。

空镜的特殊规律在于，它可以同时是任意一种景别，它的作用在于表达情绪、调节氛围、转场等。

第二步：视频播放，区别作用

播放两个示范视频：（1）无景别切换的一镜到底视频，叙事散乱、拖沓，没有重点；（2）有景别切换的视频，叙事完整、画面丰富有趣，重点突出。

在这里采用对比教学法能让学员看到在同一环境里，同样的画面，我们通过拍摄出不同的景别表达不同的镜头语言，从而达到用镜头讲故事的目的。

第三步：示范演示，技巧强调

由我直接示范拍摄一次，演示时注重讲解细节和容易出问题的地方。

示范拍摄流程：

（1）拍摄手工艺班柳老师讲课的画面（远景）。

（2）拍摄同学听课的画面（全景）。

（3）拍摄学员动手制作的画面（特写）。

（4）拍摄老师与同学互动的画面（中景）。

（5）拍摄同学展示成品的画面（近景）

重点强调视频拍摄时：

（1）拍摄时需控制单条视频素材时长。

（2）演示时结合不同景别进行镜头语言叙事的讲解。

（3）注意提示可以结合前几节课学习的运镜、角度、构图等拍摄技巧。（进阶目标，不要求所有学员都做）。

（4）在按要求拍摄完各种不同景别的视频后，可以建议操作速度快的学员，另外拍摄一些照片（进阶目标）。

第四步：辗转场所，实践操作

示范拍摄讲解完成后，带领学员到手工艺班进行现场实练。让学员按照示范的拍摄方法，实际动手操作拍摄。

进行现场实练前，需先向同学们强调课堂纪律及安全注意事项。如：拍摄时注意保持教室安静，尽量不要打扰学习中的手工艺班学员；不在教室中走动，尽量原地使用固定镜头、遥控运镜等方式进行拍摄。再次提示学员注意拍摄顺序。

第五步：景别拍摄，老师巡导

此时学员在认真进行课堂实操拍摄，我主要注意观察同学们在实际操作中是否有操作上的困难，注意保持课堂秩序与注意同学们的安全。时间快结束时提醒学员，是否已经完成了 5 种景别的拍摄，请同学们检查自己的素材，并及时补拍。

第六步：复习流程，调整素材

回到自己班教室，先进行刚拍摄的视频制作示范，（结合之前的上课内容）再一次讲解视频制作的步骤与重、难点，并在显示器投屏上显示老师示范时的视频所制作的流程：

（1）使用手机软件：打开剪映。

（2）点击使用剪映一键成片功能：并按顺序导入刚刚拍摄完成的五段视频素材：a. 老师讲课的画面；b. 同学认真听课的画面；c. 同学动手制作手工的画面；d. 老师（或同学）与同学互动画面；e. 展示手工制作完成的成品画面。

（3）选择自己喜欢的模板，并对素材进行精细调整。

（4）导出制作完成的视频，并发到班级微信群。

第七步：视频制作，巡视指导

请学员用刚刚拍摄好的视频素材动手制作；老师在下位进行巡视观察，为学员解惑、指导，重点提醒学员有关注意事项。

第八步：展示作品，点评欣赏

因时间关系，下课前请几位学员展示制作好的视频，老师进行点评与总结；也请制作完成的同学陆续将作品发到班级微信群，学员可欣赏；点评视频的亮点与可改进的地方：

（1）各景别之间的切换是否流畅，镜头语言的表达是否完整；

（2）视频制作时，镜头衔接的连贯性与故事叙事是否完整。

第九步：教学小结，布置作业

对今天的上课内容进行小结和归纳，并布置作业。请学员在回家后，以"一顿晚餐"或"闺蜜小聚"或"逛公园"等题材，按照今天上课学习的几种景别拍摄方式,拍摄并制作一段短视频,要求作业视频中:用上至少 3 种不同类型的景别及一段空镜,时长控制在 15 秒至 1 分钟之间。

六、结束语

随着科技的发展与进步,短视频的制作门槛越来越低。但想要制作出与众不同、画面丰富、故事完整的短视频,则需要学习一定的拍摄与制作技巧。这次拟采用两班联合授课,是我们教学中的一种大胆的尝试与创新。希望在保证学员安全的前提下(老年学员不宜组织校外采风拍外景),打破教室的局限,在校园内走进另一个场景,两个班学员互相交流学习,边学边实践,达到活学活用、立竿见影的效果;希望用镜头记录生活,用视频展示才艺,进一步提高老年朋友的文化艺术修养!

旅游地理课 "探寻红色记忆　感悟湖湘文化" 说课稿

杨文盛

各位老师：

大家好！我是长沙市老干部大学旅游地理教师杨文盛，今天我说课的内容是"探寻红色记忆　感悟湖湘文化"。下面，我将从教材、学情、教学目标、教学重点与难点、教法和学法、教学过程等六个方面来说说我本次课程的教学设计。

一、说教材

长沙市老干部大学校本课程《旅游地理》（共 4 册），是 2008 年由我撰写并开始使用的。"红色旅游"的定义首次出现是 2004 年底。当时全国各大院校的旅游地理教材都没有这部分内容，随着思政教育地位的加强，我开始以专题形式补充到课堂教学中。

（一）教材内容与地位

（1）红色旅游资源是中国特有的一类人文旅游资源；

（2）红色旅游的教学是旅游地理课程中重要的思政教育内容；

（3）红色旅游渗透在华夏山水人文旅游的经典线路中；

（4）湖南的红色旅游资源丰富，长沙是一座没有围墙的红色历史博物馆。

（二）课标要求

（1）了解红色旅游的定义和意义。

（2）了解湖南的经典红色旅游线路和景区，感悟湖湘文化的内涵。

（3）打卡网红长沙的红色地标和烟火气。

二、说学情

我的授课对象是长沙市老干部大学旅游地理班的学员。这里的学员们都是经过了多年党的教育和培养，为祖国和家乡的经济建设贡献了力量，有家国情怀，有一定的红色旅游知识储备的人，但存在碎片化知识较多、概念不明确、系统知识有所欠缺、记忆下降等情况。

针对以上情况，我制定了解决策略，即利用学员对于新知识具有强烈的好奇心和求知欲的心理特征，补充感性材料、历史细节和故事的同时，深入浅出地引导学员理解湖南红色旅游体系的构成及内在联系，帮助学员理清线索，感受红色旅游带来的心灵熏陶。

三、说教学目标

本课的目标包括：

（1）通过提问、讲授等方法，学习红色旅游的定义和意义，加深对红色文化的认识，自觉提高自身的文化素养。

（2）通过学习红色旅游体系，能掌握较为全面的关于湖南红色旅游景区的基本知识和基本理论，使学员的红色旅游知识结构更趋合理。

（3）通过运用历史图文资料、创设情境、合作探究等方式，掌握长沙红色旅游景点、历史文化、人文、经济、习俗等知识储备，深层次感受长沙红土地的烟火气。

本课的核心目标是通过红色旅游资源的学习，增强学员爱党、爱国、爱家乡的精神内核。

四、说教学重点与难点

（1）重点。通过对湖南和长沙丰富的红色旅游资源及主要线路的了解后，加深对红色旅游的定义和意义的认知，感受家乡的美丽，激发热爱之情。红色，是共产党人最鲜明的底色；绿色，是新时代高质量发展的主色调。湖南是红色沃土也是绿色家园，双色旅游才是红色旅游的内涵。

（2）难点。湖湘文化中的红色元素。湖湘文化作为一种极富特色的地方文化，在三湘四水之间孕育并延续千百年而不竭，湖湘文化基因主要有：心忧天下、敢为人先、实事求是、经世致用的实干品性等。湖南红色革命领袖和革命先辈就继承并发扬了这种敢为人先、勇于担当的精神。

五、说教法和学法

（1）教法。包括问题探究法、讲授法、情境教学法、多媒体辅助教学法等。

（2）学法。包括归纳学习法、读书指导法、合作探究法等。

六、说教学过程

（结合 PPT 课件截图进行说明）

1. 新课导入设计意图

通过提问和答题的形式导入新课，吸引学生的注意力，准确把握红色旅游的定义。

2. 红色旅游的意义设计意图

通过习近平总书记的重要讲话、学校党建活动的图文资料展示等方式，亲身感受红色旅游的意义，推进旅游学习中的社会主义核心价值观的教育。

（1）红色旅游体系的组成设计意图。通过课件中展示的相关材料引导学员了解我国和湖南的红色旅游体系是由面—线—点的层次结构组成，重点在线上。通过学员回顾自己的旅游经历完成点上的学习互动，活跃课堂气氛。

（2）湖南精品旅游线路部分设计意图。通过设置情境和展示旅游路线图，跟着当年主席的求学之路去参观学习，增强学员的历史体验感，加深记忆，突出教学重点。

（3）设问和展示图片的设计意图。通过设问和展示图片的方式，引导学员认知：红色，是共产党人最鲜明的底色；绿色，是新时代高质量发展的主色调。湖南是红色沃土，也是绿色家园，体悟双色旅游才是红色旅游的内涵，体现了旅游地理的学科特点，进一步增强学员的家国情怀。

（4）长征国家文化公园部分设计意图。以设置问题情境为主线，层层设疑，情境教学与问题探究式教学相结合，提高学员分析问题、解决问题的能力，增长知识，体现学科特点，突破教学难点。

（5）打卡长沙红色地标部分设计意图。教材设计是通过中国—湖南—长沙由大到小的地理区域来了解红色旅游的分布，长沙是学员最熟悉的地方，通过讲授、抢答、朗读、视频、数据资料等方式来巩固知识和拓展思维，感悟湖湘文化的内涵，达到课堂学习的高潮，增加学员的自豪感。

（6）网红长沙部分设计意图。我结合今年中国旅游日的主题，让学员进一步体会到国家开展红色旅游的目的是让大家不忘来时路，珍惜美好生活，而生活是绚丽多彩的。用烟火长沙的图片、文字和语言结束新课教学内容。

（7）课堂小结设计意图。口头小结本节课主要内容外，通过名言感悟湖湘文化的精髓，课后作业的设计是作为本节课学习的拓展练习。

归纳教学提纲：探寻红色记忆，感悟湖湘文化。分为四大点：红色旅游的定义和意义、我国红色旅游精品体系的组成、湖南红色旅游资源丰富、长沙是一座没有围墙的红色历史博物馆。

（8）归纳总结设计意图。通过归纳总结，加深学员对本课所学内容的记忆，使学员形成知识体系，培养学员的旅游地理学科素养。

七、结束语

本节课我从教材内容的撰写到教学过程的设计和图片文字等课件的制作，力争体现老年教育的原则和旅游地理学科教学的特点。我有意将一组选择题穿插其中，达到让学员加强互动，活跃思维，加深印象，提高趣味性的作用。在教学中，我将红色旅游资源有机渗透到锦绣山河的美好旅程中，使学员把握旅游的本质，感悟湖湘文化的内涵，增强爱党、爱国、爱家乡的情怀，感受红色旅游带来的心灵熏陶。

声乐课《在那遥远的地方》教学设计

张 科

一、教学目标

（1）通过本课学习，使老年朋友能初步建立歌唱意识，做到松弛不松懈、从容稳定地发声。

（2）学会歌曲《在那遥远的地方》的第一段，并将生活常态带入运用到作品中。

（3）重温经典，情感充沛地唱好这首民歌。

二、教学重点及难点

教学重点：歌唱意识的建立与运用。

教学难点：《在那遥远的地方》这首歌曲，音域相对较高、乐句较长，大多数老年朋友在歌唱时会觉得难以驾驭，甚至无法完整演唱。在过程中可能会出现一些问题，比如：局部肌肉群紧张，吃力；气息短，无法自如地完成乐句；音乐位置高、浅、喊叫；吐字不清晰准确。

三、教学方法

讲授法、演示法、情境导入法，等等。

四、教学过程

1. 教学示范，作品欣赏

教师示范。老师先将这首歌曲弹唱一遍，让老年朋友重温经典，唤醒对作品的记忆；同时起到活跃课堂气氛，激发学习兴趣。

2. 练声训练，调整状态

结合歌曲中的旋律片段作为练声曲目，有效地帮助老年学员找到声音的状态，且起到熟悉教材的效果，并为下一步突破难点埋下伏笔。

（1）开牙关唱旋律片段。

（2）唱 ang。

3. 建立支点，稳定位置

（1）要求学员深呼吸，建立支点，用叹气的方式找到声音的位置。（老师演示）

（2）老师示范，将一支粉笔放在地上用力地踩扁，引导出歌唱中气息和歌唱位置应持续运行方向。

（3）强调上颚及牙关的抬起。结合咬字打开口腔，注意打开口腔和张开嘴的区别（如嚼米饭、咬苹果等）

4. 反复练习，加强巩固

将生活常态带入歌曲的第一段，反复练习，分集体与个人抽检，老师及时点评。

5. 课堂小结，作业布置

本节课的主要内容是找准目标—选择语气—叙述内容。

歌唱是一门易找难保的艺术学科，利用生活常态比拟，建立正确的歌唱意识更有利于我们松弛、自然、情感充沛地唱出属于自己独特风格的好声音。要求大家回家后多练唱，运用今天所学的这些知识、技巧，将这首优美的歌曲《在那遥远的地方》唱得更能打动人。

声乐课《映山红》教学设计

刘兰花

一、教学目标

1. 知识技能方面

（1）通过多次朗诵歌词，区分平舌、翘舌、前后鼻音的正确发音。

（2）通过朗诵歌词，纠正演唱中的咬字与归韵，纠正长沙口音。

（3）学习倚音，自由延长记号，渐弱渐强记号，mf，mp，p，ppp 等音乐标记符号，并熟知运用。

（4）学习高低音气息的转换并能很好地运用。

2. 价值观与情绪情感的培养

（1）培养学员对红军的崇高敬仰，抒发爱国情怀。

（2）培养学员把自身的情绪情感与歌曲相融合，达到曲心合一，完美演绎。

二、教学重点及难点

（1）教学重点：节奏的练习和掌握；音乐记号的学习；歌曲处理和情感表达。

（2）教学难点：注重歌曲中平舌、翘舌、前后鼻音的发音；倚音的细腻柔软性表达。

三、教学方法

如示范、对比、演绎、演练等方法。

四、教学过程

1. 观影感受，示范演唱，激发兴趣

歌曲《映山红》是影片《闪闪的红星》的插曲，这首歌用通俗易懂的语言和悦耳动听的旋律，诠释了人们对红军英雄的热爱与不舍，对未来的憧憬与向往。上课时，老师谈话导入，先询问学员的观影感受，激发学员情绪；然后老师范唱，引发学员们学唱的兴趣。

2. 搭好气息，校准音节，朗诵歌词

老师先示范朗诵歌词，强调搭好气息，然后带学员准确朗诵歌词。在本首歌曲的歌词中会有一些后鼻音音节，比如"更""明""风""红""映""岭"，它们跟前鼻音音节，比如"音""今"发音有很大不同。后鼻音发音一定要经过鼻腔，前鼻音发音则往齿间走。本曲歌词中还有一个"春"字，这是一个卷舌前鼻音音节，由于湖南本土方言的影响，学员可能会很容易读错（老师都一一进行示范对比读音，以示区别）。歌词朗诵在本课中需要重复几遍，才能让学员分辨清楚正确读音。

3. 三者合一，节奏训练，唱会旋律

进行歌曲主旋律的乐谱训练。老师指导学员打节奏唱旋律，做到手、口、眼三合一。

4. 抬笑肌，快吸慢呼，准确练声

老师首先带学员练习歌唱表情和气息，要求抬笑肌，露出第一排牙齿。（老师示范正确与错误的歌唱表情）歌唱时气息分为快吸快呼、快吸慢呼、慢吸慢呼（老师分别示范，并示范正确和错误的吸气呼气方式，教学员练习正确的呼吸方式），因本首歌曲属于中速稍慢的速度，所以气息要求快吸慢呼。然后根据本曲的特点，老师用开口音"ya"和闭口音"yi"的练声（示范正确和错误的发音）。

5. 多层演绎，巧抓重点，抒发情感

老师将歌词带进旋律逐句带学员演唱，熟悉之后，再用钢琴给他们完整的演唱伴奏。学员的演绎可以小组唱，以及合唱形式来进行。

本曲的重点在于每一句歌词中的"盼"字，这是一个开口的边口音，要把它唱好就必须把声音挂在鼻咽腔，然后搭上气息，准确吐字。（老师示范正确和错误的演唱）再就是每句中的倚音，无倚音的演唱情感欠缺、直白，有倚音的演唱使得乐句柔美动听及深情。（老师示范有倚音和无倚音的演唱效果）最后注意最高音气息的控制。（老师示范最高音这一句）

五、总结

（1）对照本课教学目标小结完成情况。

（2）肯定学员的积极态度和学习效果，并提出希望。

六、作业布置

（1）回家对镜练习歌唱表情。

（2）复习巩固本歌曲的正确演唱方式，将情感融入歌曲之中。

电钢琴课《蓝色多瑙河》教学设计

彭 锦

一、教学目标

1. 知识目标

通过本课的学习，让老年学员初步了解圆舞曲的风格特点。

2. 技能目标

通过练习，使学员运用正确的手形准确地弹奏乐曲的不同演奏特点，即跳音与连音的技巧练习。

3. 情感目标

在作品的学习和弹奏过程中，感受钢琴的趣味性，从而增强对乐曲的喜爱。

二、教学方法

如新课导入法、示范弹唱法、快速识谱法、演示引导法、互动教学法。

三、教学重点和难点

（1）重点：了解不同的调式，了解 C 调、G 调的转调特点，熟悉调号的使用。

（2）难点：五线谱音高、音低在琴键上的具体位置。

四、教学步骤

1. 导入课题，激发兴趣

多媒体播放《蓝色多瑙河》让学员欣赏，激发兴趣。介绍这首曲目的创作背景、音乐风格及弹奏要求。

2. 乐理讲解，曲式分析

教师示范演奏曲目，通过示范，让学员初步了解三拍子是圆舞曲的特点，每小节第一拍是重拍，速度有快有慢。

这是一首圆舞曲的节奏，乐曲欢快、轻盈、优美。第一到七小节是引子。A 段是 C 调，右手的单音是主旋律，要弹得优美，双音要弹得轻巧，它表现了一种喜悦的情绪。B 段在 G 调上进行，右手双音和单音都是旋律，但双音要弹得轻盈。

C 段又回到 C 调，注意 Grazioso 记号（优美、优雅），D 段为 F 调，速度变化较大，旋律要弹得柔和些。全曲左手的力度为强—弱—弱，踏板的动作要干净。乐曲上还有很多反复记号，弹奏时要按照乐谱反复，保持乐曲的完整性。

3. 识谱练习，分段演练

本课最难的环节——识谱。先带着学员找到乐曲中三个不同 do 的音符：一个是低音谱号第二间的低音 do；第二个是中央 C 下加一线的中音 do；第三个是高音谱号第三间的高音 do。教大家快速识谱法，让学员在琴键上反复、快速地找到这三个音符的位置，并反复弹唱。

本课最重要的环节——变调。首先教大家把 C 调与 G 调的调号标记出来。重点练习 A 段，主要弹奏 135 和 726 跳音接重音，跳音弱，重音强，然后练习 B 段，跳音的句子要强，而没有跳音的句子就弱。

最关键的环节就是分手弹奏，教师在讲台上弹奏，同学跟着教师的节奏进行打拍子，然后带着学员分手、分句、反复演练，直到熟练程度。

4. 课堂演练，分组弹奏

第一步：把学员分成四组，分组演奏，其他三组学员欣赏。

第二步：通过分组弹奏过程中发现问题老师及时纠错，再带着组员分句演练。

第三步：每组选出一位学员进行一对一辅导，纠错，并及时给予鼓励和表扬。

第四步：全班学员跟着教师一起弹奏并录制教学视频，让每一位学员在这个学习的过程中得到各自不同程度的感受。

5. 课后总结，布置作业

这是一节程度较高的钢琴课，学员们都有一定的钢琴基础和五线谱基础，但是对于识别调式方面还需要加强乐理知识的学习。

五、布置作业

（1）要求学员练琴时多看教学视频，跟着老师分手练习重难点。

（2）分段弹奏单音和双音跳奏，突出圆舞曲的特点；弹奏乐曲《蓝色多瑙河》，按照课堂上学习内容分步骤进行反复练习，在练习的过程中切记要慢练。

模特课 "运用帽子进行动作造型" 教学设计

马利萍

一、教学目标

（1）知识目标：学习初步地运用帽子进行造型与身体各部位造型的方法。

（2）技能目标：统一步伐，身心并用，动作流畅。

（3）情感目标：培养学员热爱生活的情感与高雅的气质。

二、教学重点难点

（1）手持帽子行走中，很好地运用胸式呼吸，腰要立稳，保持收紧腰腹。

（2）展示道具帽子的灵活性与胯部动作的移动，形成完美的结合。

（3）音乐节奏卡点。

三、教学过程

1. 开课问候，简介内容（视频 1：28 秒）

问候大家，简介教学内容：基本掌握拿帽子的手形及转动帽子的造型动作；掌握胯部的律动，重心的转换；帽子造型与胯部律动相结合，达到流畅。

2. 热身运动，调整状态（视频 2：5 分 58 秒）

播放一首轻音乐的旋律，然后带领学员活动头、颈、肩、胸、胯、脚踝等身体各部位，边喊口令边讲解要点。

3. 基础练习，巩固旧知（视频3：2分23秒）

（1）体态练习

双腿并拢，双脚并拢，朝前一点位站立，颈部立稳，脖子往上拔起，双肩下沉，后背下压，同时收紧腹部、臀部，大腿内侧夹紧，双手放在大腿两侧

（2）基础脚步练习（视频4：2分44秒）

①四小节拍练习：双手叉腰准备，先抬左脚，吸气提胯抬大腿，并且屈膝，膝盖内扣，脚离地抬起一点点，脚尖朝下，收紧腹部（第一节拍）。小腿往前一点位踢出，脚背有点绷着，膝盖打直，脚尖朝前方一点位，小腿与后面的小腿有一点小交叉，腹部更加收紧一下（第二节拍）。脚尖稍微往上翘一点，脚跟先落地，后面的右脚脚跟抬起，重心从脚跟传至脚尖，脚尖点地（第三节拍）。髋（胯）平移往前送一点点，重心传至前面左脚，上身保持直立（第四节拍）。

②两小节拍练习：熟悉了前面四小节拍练习后，练习两小节拍。第一节拍、第二节拍的动作合为一拍。提胯，抬脚，踢脚（这里为第一节拍）。提醒学员们要收紧腰腹，气息是快吸慢出，保持平稳站立。然后左脚落地推胯，重心从后传至前脚（这里第二节拍），提醒学员们上身保持直立。

③一节拍练习：就是把前面的四节拍的动作合为一节拍完成，两脚交替往前行走，上身保持直立、提胸、立腰、送胯。

④小结（视频5：30秒）

4. 新授示范，道具演练

（1）先把道具帽子的动作造型完整示范一遍（伴上音乐），强调这是一组休闲步伐和帽子的台前造型，动作要干脆有力。（视频6）

（2）讲解手拿帽子的手形以及转动帽子的分解动作。（包括拿帽子的手形、帽子的方向、转动帽子的手形动作运用）（视频7、8）

（3）讲解脚步在台前定位时，两脚平行开立，重心在左脚推左胯，右脚脚跟抬起，脚尖点地。反之，转换重心到右脚推右胯，脚跟抬起，脚尖点地。（视频9、10）

（4）把帽子在身体的左边、胸前、头顶的造型动作结合起来，与胯部的

律动一起把卡点做到位，要做出干脆利落，有种酷酷的感觉。上部转身要留头、留肩、留眼神。（视频 11 ~ 14）

（5）结合音乐练习连贯动作，努力达到潇洒大气，动作流畅，眼神镇定，气息沉稳。（视频 15）（这是这节课的重点部分）

5. 答疑解惑，师生互动

学员有疑惑可在群里提出来，老师进行解答；学员在家里看了视频学会了连贯动作，可及时拍短视频发到群里展示，与大家一起分享，老师当场进行语音点评。（这是这节课的结束部分）

6. 总结全课，布置作业

即将下课，老师对今天的微信群教学情况进行总结；要求学员们在家有时间继续观看教学视频，多练习运用帽子进行动作造型，体会怎样做会更流畅更优美，并且将本次所学的运用帽子进行动作造型展示的短视频拍摄下来，传到班级群里，大家课余也可一起互相学习。

中医按摩课"小腿酸痛和足跟痛的中医康复小技巧"教学设计

刘　峰

一、教学目的

（1）了解小腿酸痛或足跟痛的主要症状；

（2）掌握阿是穴、太溪穴的定位及自我按摩操作；

（3）能够完成小腿部的自我拉伸方法；

（4）能够演示出"背后七颠百病消"的动作。

二、教学重点

学会自我按摩，掌握阿是穴、太溪穴位及小腿部正确拉伸及康复的动作要领。

三、教学难点

（1）阿是穴位的准确定位及有效操作。

（2）正确的小腿拉伸方法及七颠法。

四、教学过程

1. 了解症状，明了机理

小腿酸痛是指轻者仅觉小腿胀，压之轻度痛，重者小腿痛剧烈，不能走路，拒按，常见原因主要有寒冷刺激、肌肉连续收缩过快、出汗过多、疲劳过度和缺钙等。

足跟痛指足跟一侧或两侧疼痛，不红不肿，行走不便。又称脚痛，是由于足跟的骨质、关节、滑囊、筋膜等处病变引起的疾病。（排除外伤、骨折、结核、肿瘤）

传统中医认为，排除外伤、骨折、结核、肿瘤，小腿局部常年经受风、寒、湿邪的侵袭，导致局部卫气与外邪交织，瘀阻不通，不通则痛，这是由于脏腑虚弱所致。尤其是足跟局部的疼痛，是肾虚的典型症状。年长体衰者，更应补益肝肾、强壮筋骨

2. 找准穴位，按摩演示

阿是穴：又名不定穴、天应穴、压痛点。这类穴位一般都随病而定，多位于病变的附近，也可在与其距离较远的部位，没有固定的位置和名称。它的取穴方法就是以痛为腧，即人们常说的"有痛便是穴"。阿是穴的含义是由《内经》发展而来，但"阿是"这一名称首见于《千金要方》。它们是既无具体名称（所有的穴点都称阿是穴），又无固定位置（无论何处的穴点均称阿是）

太溪穴：人体穴位之一，是足少阴原穴。其位于足内侧，内踝后方与脚跟骨筋腱之间的凹陷处，也就是说在脚的内踝与跟腱之间的凹陷处。《九针十二原》说："肾也，其原出于太溪穴，太溪二。"

3. 指导操作，规范纠正

按摩法：盘腿正坐，用双手拇指指腹按压太溪穴，按压时先按顺时针方向旋按 20 次，然后再按逆时针旋按 20 次。按揉时力度保持适中，每次按揉 5 分钟左右，每天 2 次。

小腿部按摩手法包括拇指揉法和弹拨法，具体操作为：双手拿捏小腿部，双手拇指重叠揉拨阿是穴。

4. 讲解拉伸，演示示范

找到一面墙，离墙几厘米，一只脚踩在墙上，脚跟在地面保持 10 ~ 15 秒，然后换边。

5. 模仿操作，检查指导

《黄帝内经》曰："春三月，此谓发陈，天地俱生，万物以荣，夜卧早起，广步于庭，被发缓行，以使志生。"

6. 示范操作"背后七颠百病消"的方法

学练要点：上提时脚趾紧抓地面，尽力抬起，两脚并拢，百会穴轻轻上提，双手自然放于身体两侧。

呼吸：提脚跟时吸气，落下时呼气。

功用及机理：调和气血，平衡阴阳。利用上下颠足使得脊柱以及全身关节韧带得以轻微伸展和抖动，并有效刺激足三阴、三阳经以及督脉，从而达到气血调和，全身放松。

7. 指导练习，感受效果

意念：攒足气力，踮起脚尖，把生命加高，让视线跳出局限，看到新的视界，同时不忘做好脚踏实地的准备。

8. 音乐伴随，反复操练

自我按摩，自我拉伸，自我康复。

总结：通过这堂课的学习，我们老年朋友熟悉了阿是穴、太溪穴及小腿部正确拉伸及康复的动作的流程。相信只要大家能够坚持这样做，就能够取得预防和治疗康复的效果。

最后给大家布置一个作业：回家后再反复练习今天所学的阿是穴、太溪穴位的自我按摩、小腿部正确拉伸及七颠法操作的整个流程，每天一次，持续坚持做，练习过程中若存在问题可下堂课进行反馈咨询。

从活动主持人的角度谈谈"说、授、评"公开研究课

贺佳妮

　　学校的公开研究课教研活动开始于 2004 年，逐渐形成了每学期开展两次、每年四次的惯例。从 2014 年至今，我参与了这个活动 11 年，其中连续担任了"说、授、评"公开研究课活动的主持人 8 年，与教研室专家、同事们一起，见证着活动一次次顺利举行，见证着老师们一步步成长，见证着学校的老年教育研究工作向上发展，坚实前行。回想这些年的"说、授、评"，一次次充满激情的说课和授课，一次次精彩的点评和发言，一篇篇娓娓道来的述评文章，让人难忘。在我们把"说、授、评"公开研究课活动的教学成果结集成书之际，我想谈谈它那些值得书写的特别之处。

　　这是一个呈现集体智慧的活动。

　　该活动最开始由教研室老专家薛根生老师发起，后由老专家陈志丹老师负责。同时参与这方面的教育教研专家还有黄祖训、黄庆达、刘莲、张汉芳老师，以及兼职教研员张伯邑、袁俐、张定浙老师等，他们均为教育教研专家，在大、中、小学教研领域深耕多年，深知公开研究课活动对于教师成长的重要性，对开展这类活动有着丰富的经验。直接参与和部署这项活动的还有管理人员贺佳妮、李玉兰、谭睿、胡玮等。

　　活动前，学校的教研团队先要选出授课人选，一般是有丰富教学经验、有特色教学风格的年长教师或有一定教学特色、值得培养的年轻教师。先由教研团队和教师商定授课的选题、内容、班级、授课时间等，再由教研团队辅导或协助教师撰写说课稿，录制说课视频，撰写教案，制作课件、试教，每个环节均需要反复两三次。各位教研专家的主导和把关，使此项活动保持

了专业性和高水准。以 2021 年 10 月，瑜伽老师陈伊琳执教《瑜伽体式》一课为例，为了录制好说课视频，教研团队派出 5 位老师听课 3 次，大家一起提意见、想办法，逐词逐句精心修改说课稿。最后，该说课获得首届"全国老年大学优秀教师说课观摩活动"的优秀奖，陈伊琳老师被大会选为现场说课教师。连续三届全国说课观摩活动，教研团队都用同样的热情和精益求精的态度，打磨了近十位老师的说课，均获得了优异的成绩。

活动流程一般分为三个部分：说课（听评课者观看教师预先录制好的说课视频，对本节课教师的设计有所了解，10 ~ 15 分钟），听课（教师授课 60 分钟，听评课者做好记录，填写听课表）；评课（听评课者在主持人引导下自由评课发言，最后由教研室派一位专家进行主评，90 ~ 120 分钟）。

活动后，由教研团队整理评课意见，再由陈志丹老师撰写此次活动的述评文章，较为详细地介绍整个活动的情况，在《枫叶》《教学动态》等内部刊物发表。2019—2023 年，我们将述评文章集结成《长沙市老干部大学老年教育公开研究课述评荟萃》一书，先后三次更新印制近千册，在多次会议和同行参观时成为颇受欢迎的交流用书。学校管理人员、教研团队先后对"说、授、评"公开研究课活动进行理论研究，文章先后在《老年教育》杂志发表和获得全国理论征文奖 20 余次。

"说、授、评"活动开展 20 余年，共有 60 多位教师参加活动，有王德安、喻志萍、杨文盛、李健美等人成长为明星教师，王德安、李宪魁、刘峰、马丽萍等教师成长为系主任，柳佳、李青松、陈伊琳、杨润芝、刘艳平、刘兰花、罗毅等老师参加全国说课比赛获得优秀说课教师称号，杨文盛、张科等教师代表学校参加了省级、中南地区公开研究课活动。

正是有这么多教育研究者、教师倾情投入热情、智慧，持续深入地打造、打磨这项活动，才能一次次呈现出精准明晰的说课、精彩高效的课堂以及妙语连珠的评课，才能最终使我们的课堂教学研究跃上一个个新的台阶。

这是一个交流热烈的活动。

这个活动交流热烈，首先是参与面较广，参与"说、授、评"公开研究课活动的评课人员，有以下几个方面的代表：一是校领导和教育教研管理人员；二是学校的专职教研员和外聘兼职教研员；三是各区县的教师代表；四是该系系主任和全体教师及其他系教师代表；五是学委会成员；六是学员代表。大家聚在一起谈体会、谈感受、谈见解、谈建议，评课室充满了浓浓的研讨气氛。

其次，评课者会讲述此次听课的收获。授课教师扎实的专业功底、精心的教学设计、恰当的教学流程、丰富的教学方法、灵活的教学处理以及充满激情的语言，对学员的赏识与表扬，与学生的热情互动，学员的高参与度、高完成度等，评课者均会不吝言语进行表扬，并表示可以学习和运用。

再次，评课者会提一些建议。对于教学，各人都有自己的思想、风格、处理方式，通过评课，除学习长处，还可以分享该课堂的思考，把不足找出来提出改进。在自由发言的环节，为节约时间，主持人还需提醒评课者：与别人重复的观点略说；有建议价值的意见可以详说；对本系、本学科具有普遍性、适用性的观点，再举一反三来说。

最后，教研室会由一位专家进行全面综合的评价，从授课教师的课前、课中、课后学员收获等方面进行综评，起到教研专家助推教师专业成长的积极作用。

以 2023 年 7 月在全省老年教育工作者培训班上展示的"说、授、评"公开研究课为例，由音乐系张科老师执教《在那遥远的地方》，张老师的课堂运用生活化比拟来教唱歌，他说的用"咬苹果"的动作来打开口腔和"踩烟头、踩粉笔头"的动作让气息持续下沉，让大家在生活化的场景中理解领悟歌唱的技巧。听课的教师也十分有感触，来自湘潭、永州、岳阳等老干部大学的同仁们纷纷发言，一致肯定张老师教学内容选取适当，比拟方式浅显易懂，教学氛围融洽和谐。发言者个个热情高涨，既能虚心学习他人优点，也能大胆提出课堂的不足，继而取长补短、共同提高。

每次评课，限于时间，总是意犹未尽，有很多评课者还没有机会表达自己的见解，不得不说是一种遗憾。也正是因为这样的遗憾，更引发所有参与者的课后反思，推动着教学质量的进一步提高。

这是一个成长性的活动。

这个活动是成长性的，首先表现在它自身持续不断地更新，2004—2009年是尝试阶段，2009—2019 年是"授课、评课"为主的活动，从 2020 年起，加入"说课"环节，即教师在公开课之前，录制说课视频，先向听课者说"学情、教材、教学方法、教学过程"等六个方面的内容。加入说课环节之后，活动形式更加丰富，听课者对授课者的设计意图更明了清晰。

其次，在"说、授、评"公开研究课的基础上，我们又开展了"百堂促教"听评课活动。即通过每个学期听评推门课一百堂的形式，促进教师教学质量、学员学习效果的双重提高。"百堂促教"听评课活动由学校教育教研专家、管理人员、系主任走入教师的课堂听课和评课，也充分鼓励教师之间互相听评课学习。每位教师都有被听课和评课的机会，也有向优秀教师学习的机会。这种听评课的形式更加自由，参与面也更加广，发现教学问题、总结教学优点等更及时。"百堂促教"听评课活动开展以来，学校的常规教学更加规范，学员反映教师的授课态度、授课水平均有一定的提升。

再次，"说、授、评"公开研究课的范围、形式，每年均有一定程度的创新。如2022年举行两次线上活动，尝试采用直播形式听评课；2024年继续升级直播设备，进行线上活动，进一步扩大活动的参与面。在2018年中南六省会议、2023年省级会议、多次市级会议中，"说、授、评"公开研究课进行了展示；2023年还出现了两位教师同堂执教、两个学科合作教学的新尝试，均收获了很好的效果。

最后，学校多次邀请区县（市）管理人员和教师参加活动，加强了办学资源的共享，扩大了听评课活动的影响，带动了更多的教师投入教学研究当中，发挥好了市级老干部大学的示范引领作用。从2020年起，先后有天心区、雨花区、岳麓区、浏阳市等区县（市）也开展了"说、授、评"公开研究课活动，取得了很好的反响，推动了新时代长沙地区老年教育工作，获得了新的发展。

总之，在20年的实践探索中，我们依托现有阵地和资源，积极尝试，开拓创新，"说、授、评"公开研究课这个教研品牌越擦越亮，越来越实，未来我们也将在此基础上进一步推动教学研究工作，促进学校办学质量行稳致远，进一步提升。

独树一帜，绽放精彩

——从首次线上"说、授、评"公开研究课说起

刘　莲

　　2023年伊始，中国老年大学协会向全国推荐办学模式典型案例，长沙市老干部大学的"覆盖全市的'说、授、评'公开研究课"有幸获得表彰，成为引领全国老干部（老年）大学高质量发展教学模式的一股清流。

　　网络环境下的信息技术给老年教育带来了新的机遇与挑战，信息技术飞速发展改变了知识的传播方式，长沙市老干部大学"说、授、评"公开研究课过去在校长贺佳妮、教研室老主任薛根生以及教研员陈志丹、黄庆达老师的坚持下开展了10余年，成为市老干部大学教研的一个品牌。

　　随着各种外部条件的发展，基于网络的"云课堂"成为教学常态。由此这一回更是来了一个创举，从线下教研活动改为了线上，新平台、新环境、新机制、新评价、新模式的"五新"教研公开课在网上举行。

　　2022年11月2日，长沙市老干部大学首次采用线上模式开展了面向全市各区县（市）的"说、授、评"公开研究课活动，担任这次说、授课任务的是模特教师马利萍。

　　这堂公开研究课特别吸睛，亮点频频：

　　其一，马利萍老师在长沙市享有极高的美誉度，马老师身材高挑，曾荣获2006年世界环球小姐比赛湖南赛区季军、第35届环球洲际小姐国际大赛亚军等殊荣。这次网络课堂有直播、有录播，参与度高，师生隔屏相见，云端师生互动，气氛热烈。

　　其二，教学手段新颖。网络环境下的信息化教学手段极其生动地展示了短视频，直观形象、特写镜头，拉近、推远、全景、局部、行进中360度转

体，舞台前定位造型；"云秀场"视听觉冲击力，是一次美的感受与震撼……

其三，学员特别喜欢马老师的模特课训练。站着亭亭玉立、走起来优雅自信，模特本身就是走在潮流前端美丽的一道身影。走模特是一种高雅的艺术与运动，能陶冶情操、提升气质、锻炼身体。让学员在美的享受中得到锻炼与健康，以优雅的姿态面对暮年的岁月。

其四，因为是线上教研活动，免去了各区县老年大学领导教研员路途的奔波劳累，尤其是浏阳离长沙市80余公里，且能让当地老年大学更多的老师在自己学校收看。他们在大屏幕前观摩、学习、交流，并且立马借鉴模仿；网络课程被重复播放，诲人不倦。

这次"说、授、评"研究课的内容是《运用帽子进行动作造型》，很好地体现了优美形体动作与美妙音乐融合，非常治愈人心，"低眉浅笑拂柔纱，旗袍锦素迷万家。帽舞半掩含羞媚，轻盈漫步展芳华"，融思想感情与艺术的表现形式。当旗袍添加帽子，旗袍如画，帽子如玉，帽舞摇曳，锦上添花。马老师步态婀娜，妩媚可人，一颦一笑尽显端庄贤淑，半遮半掩若现含羞温婉。"云课堂"瞬间变得不只是外在美的表达，更是演绎升华出恬静雅致的内在秀丽。

马老师执帽造型编排新颖、动作造型示范优雅，由浅入深由易渐难，音乐植入贴切，浸润心田。学员渐入佳境，激发出强烈的学习欲望。师者新思路，学者新实践：总—分—总的教学方法，将重点、难点提纲挈领，点—线—面步步分解，清晰明了。帽舞协调，提高了学员的共鸣；楚楚动人，让学员达到共情，激发了对美的感受和表现。

尤其是本节课采用了信息化多种媒体的教学手段，推出的15段短视频展示了教学的全过程。高质量的视频展示，以帽子为点，对捏、握、夹等执帽手法和推、绕、立、架、靠、倒等手腕运行轨迹，到台前定位提腕压腕，腰胯脚步变化，眼神移动，形成模特从头到脚的身姿曲线。模特行走中表情、步履、摆臂几方面结合，呈现给人以立体的美感，这时，画外音娓娓道来——这堂课活了！

这样的云课堂看得清、听得懂、易模仿，跟着马老师学走秀真是一种享受，学之于身，感之于心。学员被激发了学习的兴趣，这种兴趣转换为网下自觉训练的动能，效果立竿见影。有学员用视频立即提交作业给马老师，汇报学习的成效，老师立马给予点评、指正、鼓励；师生双向激励，学友相互鼓舞，线上线下互为依托，预设教学目标优质高效达成，学员学习积极性调动起来了——这堂课有成效！

这是新形势下线上教学的典范课堂，为推进老年教育现代化前进了一大步。这次在线上进行"说、授、评"教研公开课是我们老干部大学教育教研的一个全新尝试的课题，在全国老年教育线上课堂教研课中开了先河，对推进老年教育云课堂的应用研究具有里程碑意义。

云课堂突破时空界限，覆盖面宽，受众面广，优质教育资源远程共享，极大地改善了老年教育供需失衡的现状，大幅度地缓解了"一座难求"的局面，网络环境下的"说、授、评"公开研究课使老年教育的课堂更有效率，更充满生机与活力。

课堂没有刻意呈现信息技术，但因为使用了信息技术，镜头拍摄流畅大气，音乐配合的节奏卡点、帽子造型和胯部的律动和谐，屏幕呈现的动作特写清晰，达到了最佳声像效果。虽然没有刻意去讲究课程结构的整合，却恰恰体现了教与学的完整融合，正可谓"蓦然回首，那人却在，灯火阑珊处"。

教育信息化手段促进了老年教育改革的裂变与重构。我们虽不能一下用尽所有新技术，却可以尽可能发挥各项媒体技术的性能，探索现代教育技术在老年教育领域中的应用路数。我们享受着"互联网＋老年教育"带来的便捷，与时俱进、开拓创新，努力开发研究新的教学方法，积极努力营造浓厚的全民学习、终身学习的社会氛围。

党的二十大报告明确提出推进教育数字化，建设全民终身学习的学习型社会、学习型大国。长沙市老干部大学将努力争取帮助老年学员通过学习融入社会，跟上时代发展，成为主动学习者和健康生活者。在文化养老的新时代、新征程中，用数字化钥匙帮助老年人打开终身学习的大门，为老年教育做出新作为、贡献新力量、取得新成绩、达到新高度。

兼职教研员参与 "说、授、评" 公开研究课的感想

张定浙

2018 年，我被长沙市老干部大学聘为兼职教研员，参加了 "说、授、评" 教研活动 10 余次，每参加一次，感到既助力了任教老师成长，也提升了自己。真的非常感谢长沙市老干部大学的信赖和厚爱，为我们这些退休老教师搭建了一个贡献余热的平台，丰富了我们的退休生活。能在有生之年，还为老年教育做点实事，确实感到很幸运，也很快乐。6 年的兼职教研员工作，虽然没有做出显著的成绩，但感悟还是有点。现在我一吐为快，和大家分享快乐，并求教于各位老师、学员、同事和领导。

一、说课是创新

说、授、评教研活动，20 世纪 90 年代在基础教育比较发达的地区就开始出现。2019 年 11 月，《教育部关于加强和改进新时代基础教育教研工作的意见》中正式提出开展评课和说课活动，但是对老年教育活动从未提出过具体要求。长沙市老干部大学 2020 年提出开展 "说、授、评" 教研活动，以提升教学质量。这是一项重大的创新活动，但如何说课、说什么，当时大家并不明白。第一次教研活动，执教者虽然有这个环节，但评课者多数并没有评 "说课"，而是忽略了这个环节。在经过几次教研活动之后，大家才逐步明确：说课是说、授、评教研活动的重要环节，是执教者把设计的执教方案说给大家听。教师有什么样的教学思想、教学功底、教学技艺，就能设计出什么样高度的教学方案。评课者可以从执教者说课中了解执教者的教育思想、教学底蕴，了解其教学设计是否合理，是否有创新意识……一般来说，说课主要包括教材分析、学情分析、教学目标、教学重难点、教学方法的选择等

方面。可喜的是，最近几次的说课，已经达到了说课要求，无论是周婷的音乐课《小河淌水》的说课，还是杨文盛的旅游地理课"探寻红色记忆，感悟湖湘文化"的说课，都达到了炉火纯青的程度，内容全面，而且言简意赅，表达清晰，成为说课的典范和标准。

二、授课是基石

一节课好不好，除了设计精美、精准，关键是要看如何把设计变为现实。可以说，授课是高质量优质课的基石，涉及的内容包括教学效果、教材处理、教法纯熟、课堂结构合理紧凑、仪表端庄、语言优美流畅、教态亲切自然、板书工整规范、时间控制精准、课堂互动活跃等方面。一句话：把精心设计的授课方案完美地变成现实，这就是一堂非常成功的优质课了。真正要达到这样高度的课确实有难度，但也不是高不可攀，只要锚定目标、精心设计、完美表达是完全可以实现的，没有最好，只有更好。

三、评课是探究

评价是对事物的价值进行判断的过程，即价值判断，是人类一切实践活动的有机组成部分。在说、授、评教研活动中，评课是最后环节，目的是互相学习、交流经验，提高教学质量。具有导向、鉴别、激励、反馈等功能。如何评课，总的原则就是实事求是，不仅要分析一节课的优缺点，更重要的是落实创建高质量课堂教学中共同研究一些问题。2024 年 5 月 8 日，在听完周婷老师的《小河流淌》音乐课时，我在评课时充分肯定了周老师这节课的成功之处，强调音乐本身强弱规律做得确实好。但如何从综合知识的运用，还有改进的空间。音乐是很强的跨学科课程，它涉及诗歌、朗诵、美的欣赏等知识，如何充分利用这些知识的融合，似乎还可以加强。这节课的内容是一位少女思念阿哥，如果反复用少女对阿哥的思念之情来朗读这首歌词，达到理解少女的心情，那么学员对这首歌强弱规律的处理可能更真切，运用得会更自然。同样，杨文盛老师上的课也是一堂十分出色的课。但是老年教育没有统一教材，一般都由执教者自行选择或自编。这节课紧密联系湖南红色文化实际，也是十分好。但我评课时提出，标题表述中的"记忆"是否改为

"印记"更好。因为记忆是指在脑子里保留过去的事物印象,红色记忆就是保留中国共产党领导下进行革命和建设的印象。印记是指把印象深刻地保持着,红色印记代表着一种思想和信仰,是中国共产党人一代代奋斗和付出的结晶,记载了人民的信仰和希望,代表着革命的力量和方向,是凝聚人民意志的象征,因此教材标题表述为"寻找红色印记,感悟湖湘文化"是不是站位更高、思想性更强。我的这一发言,引发了大家的思考。一般说,评课的内容就是对执教者教育思想和课堂教学中各个环节处理和效果的评价,但并不是面面俱到,而应评其特点,评出上课者的信心。评出教学的方向,让执教者、听课者都分享成功的喜悦,正如苏霍姆林斯基所说,"成功的欢乐是一种巨大的情绪力量"。我们应该抓住这股力量,激励老师们不断提升教育思想,提高教学艺术,提高教学质量。

长沙市老干部大学是优秀教师的"孵化基地"
——参与"说、授、评"教研活动有感

陈 焱

"说、授、评"教研活动在长沙市老干部大学开展得有声有色，作为兼职教研员的我也参与了数次教研活动，向优秀的老师们学习，与同行们讨论交流经验，获益颇多，下面从教学研究的角度谈一点感想。

一、"说、授、评"活动拓展了老年教育提质的空间

活动第一步是播放授课教师的说课视频课件，从教材简介、学情分析、教学目标、教学重点难点、教学方法及教学过程六个方面向听课的老师介绍这次课的教学预设。短短15～20分钟说课要求老师说清楚教什么、怎样教及为何这样教的理论依据等，需要老师教学思路清晰，提炼概括能力强，有创新和挑战意识，对所授课程有深刻的理解及对所教学员有充分的了解。第二步是为学员授课。这个环节考验老师对课堂的控场能力，包括时间安排、灵活互动、教学目标完成度及处理随机问题，需要老师向学员及听课老师完整地呈现课堂，与说课内容契合并展示教学成果。第三步是评课环节。老师们会对整个说授过程的呈现进行细致点评，交流，可以说是百花齐放，同时也考验着授课老师的心理素质，因为没有人是完美的，而追求课堂的完美也是老师们不变的理想。完成整个过程要求老师平时有大量的阅读积累、对教材有深入的思考、反复地磨课，长此以往必然在教学理论与实践上有长足的进步，这样的教学也必然能更好满足老年朋友的需求。

二、"说、授、评"活动为老年教育的创新提供了平台

四年过去了，随着教研活动的深入，如何创新，如何让课堂更好满足老年朋友的需要，一直是老年教育工作者思考的问题。老师们以"说、授、评"活动为平台，多方交流合作，探索尝试更新颖的教学方式。无论是多媒体技术更广泛地应用于课堂，还是在课堂教学中融入游戏元素，甚至不同类型的班级联动上课等，都力求创新。老师们无论什么年龄，都积极地应用多媒体技术，从各种角度努力向学员更直观、形象地呈现课堂内容。有的老师在课堂中加入游戏的元素，活跃了课堂气氛，不仅学员与老师之间，还有学员与学员之间都通过游戏的互动有了更深入的交流，课堂呈现出理性与情感的和谐共舞。有些老师更是灵感迸发，以不同类型班级联动上课的方式将课堂内容付诸实践，这方面，手机短视频班的刘老师和手工制作班的柳老师为我们呈现了一个全新的视角，教学成果令人惊喜。

三、"说、授、评"活动为老年教育工作者提供了深入交流的平台

活动的第三个部分是评课阶段，由校领导、兼职教研员、学委代表、其他院系老师们及兄弟学校的同行们畅所欲言，每个人从不同的视角充分表达对整个课堂的理解，展现出课堂值得学习的地方、有待提升的部分、对今后教学有启发的闪光处等，大家都共同受益。有的老师在活动结束后，仍意犹未尽，继续深入交流着。评课也让授课老师不断地转换视角，从老师到学员再到教研员，更立体多维地看待精心准备与呈现的课堂教学过程，有共鸣、有启发、有沉思。

作为教研员的我，也在听课过程中不断感受着"我喜欢这个过程吗、能集中注意力吗、学懂了吗"，也不断思考着如果我是授课老师如何安排这堂课、重难点都解决了吗、学员反应如何。与此同时，也要以教研员的视角从整体到细节考虑教学过程与说课是否一致、教学方法学员的接受度如何、教学目标是否全部完成、老师是如何既融入课堂与学员一体又保持清醒时刻观察着课堂的。这样的转换与思考体验魅力无穷，正如校领导总结的那样：老

师们可以继续潜心投入千姿百态的教学实践中,在发挥个人特长的同时,凝聚集体智慧,"教无涯,研不止",将我们的教研活动打造成老年教育优秀教师的孵化基地,为全市老师提供一个良好的学习和交流平台,为全市老年教育事业的发展增添更多光彩!

关于"说、授、评"公开研究课活动的心得体会

虢　利

　　"说、授、评"公开研究课是老年教育师资培训赋能的重要抓手，也是我校开展教学研究的起点。作为一名有基础教育教学经验的老年教育工作者，我认为"说、授、评"三项研究活动中，"说课"环节尤为重要。教师通过说教材、说学情、说教学目标、说重难点、说教学方法、说教学过程，完整地呈现了老年教育课堂"是什么""为什么""怎么教"的问题。

　　进行"六说"之时，就是教师进行教学研究的开始。教师结合既定的教学内容、面对的教学对象、需要实现的教学目标、采用适合本堂课教学内容和学员实际情况的教学方法，反复思考在教学过程中可能存在的问题，进行合理的思考预设和可能生成的其他问题的处置预案，然后根据教学设计开展教学实践，最后呈现教学效果，以及它与前期教学设计之间的关系等，形成了一套完整的教学研究闭环，我们从中能解读到教师的教学理念和教学思维，也能全面了解教师对教材、学情的掌握。因此，"说课"的时间虽然只有短短的十分钟，却是教研活动中非常重要并且不容忽视的一环。

　　以音乐系声乐教师周婷"处理好强弱关系　学唱云南民歌"课程为例，在说课中，教师围绕"如何处理好强弱关系"这个重点，从歌曲中充分挖掘存在强弱关系的知识点，结合老年学员对节奏及气息的把握都不太稳定的学情，设计歌曲节拍练习环节，同时适当地引导学员进行气息处理和声音控制，帮助学员正确理解和处理歌曲的强弱关系，感受歌曲强弱的必要性，初步学会表达歌曲的强弱。综合学情和教学目标，教师明确教学难点是用腰腹部肌肉控制气息，科学掌握歌曲中强弱音表达方式。为达成教学目标，采用讲解示范法、演练指导法、对比纠错法、鼓励教学法等方式进行教学。教师教学

设计的各个环节均体现了围绕"如何处理强弱关系"这个教学目标进行教学研究的过程。通过"说课",让参与者知其然也知其所以然,实现从"听课者"向"研究者"的角色转化,从而更好地对教学效果进行合理的预判和分析,达到研有所思、学有所获的目的。

以"说、授、评"促队伍成长

杨 新

自 2018 年进入老干部（老年）教育工作队伍以来，我每学期都参加了学校举办的"说、授、评"公开研究课活动。每一次活动都让我印象深刻，受益匪浅，让我对老干部（老年）教育教学的本质有了更加深刻的理解。

一、"形""型"兼具，意义非凡

公开研究课通过说、授、评三个环节，让每一位主讲教师及活动参与者都深入了解教育教学的基本理念和方法，提高了教学效果。通过活动形式为全市老干部（老年）教育工作者搭建了交流平台和联系桥梁，形成了交流与探讨，有效促进了教师专业素养的提升和教师队伍的整体素养，起到了示范引领的带动作用。通过专家评课，让每一位参与者深刻体会到老干部（老年）教育教学的重要性和复杂性，以及与基础教育的共通性和差异性，认识到各自在教学中的不足和短板，达到了稳步提升学校教学质量的目标。

二、"说""授"并行，互学互鉴

说课是教师对教学设计和教学思路的详细阐述，不仅讲述教案内容，更展现了教学理念、教学方法和教学目标。这就要求教师深入研究教材，精心备课磨课，思考如何更好地激发老年学员的学习兴趣和主动性。同时，也要求在说课中注重逻辑和条理，让老年学员能够清晰地理解本次课的教学思路，也让参与的同行在说课中学习借鉴了经验和做法。

授课中既要让老年学员在有限的时间内掌握知识点，又要激发老年学员的学习兴趣和主动性，更要处理好课堂秩序和师生互动等问题，这都需要教师具备丰富的教学经验和技巧，需要教师采用丰富的教学方法和手段，来激发老年学员的学习兴趣和主动性。同时，也让教师体会到老干部（老年）教育教学的难度和挑战。

三、"品""评"结合，教学相长

评课环节是"说、授、评"公开研究课活动的关键环节。在评课过程中，我们可以听到专业的品评，既有对教师优点和亮点的肯定，也指出了课堂中的不足和需要改进的地方。这些专业评价有效促进了教师的成长，也为教师今后开展教学工作，甚至是教务管理者开展教学管理工作奠定了基础。评课环节，也让大家明白教学相长的道理，只有不断地反思和总结，才能不断地提高。

四、"教""研"共进，行将致远

"说、授、评"公开研究课活动不仅是教学形式和方法上的创新，更是教育理念的转变和升华，它强调教师的主体地位和主导作用，注重老年学员的主体性和主动性。同时，促进了教师队伍之间的交流与合作，推动了教师个人专业素养的提升，进而有效地提高了学校教育教学质量。因此，在老干部（老年）教育中开展这种教研形式，我们应该坚持守正创新，并在行业领域范围内大力推广和普及，争取更多更大的研究成果。

在听课中学习，在评课中成长

——参加长沙市老干部大学"说、授、评"教研活动感悟

王泽东

作为一名老年教育"新生"，每次"说、授、评"活动对于我来说都是难得的学习机会。从一开始对"说、授、评"活动"一知半解"，到深刻了解学校"说、授、评"教研活动对老年教育课堂教学研究、促进教师提升教学技能的重要意义，即使参加的次数不多，也深切感受到了学校教研工作的扎实。

活动前经常看到教研室的各位老专家同事带领"说、授、评"的教师在网络直播教室多次打磨说课视频，由学校领导、教育教学专家和工作人员在课程内容、讲课进度等方面与教师开展研讨，"手把手"地引领年轻教师熟悉教研流程、掌握教研方法，参与的每个人都可以开阔视野，从更多角度理解内容、看待问题，在思想碰撞和内容研讨中激发智慧。

2023 年下学期的第二次"说、授、评"公开研究课活动我印象尤为深刻。这一天的课程是"切换景别在视频中的实操与运用"，由手机短视频制作教师刘晶晶执教，课题为，趣味折纸教师柳佳及其学员作为手机短视频制作班的"模特"，协作开展课堂教学活动。那天手机短视频制作班与趣味折纸班联动教学，以校内拍摄的方式，既保障了课堂教学安全，又满足了手机短视频制作等实操课程的拍摄场景需求。当学习如何拍摄短视频的学员遇上了需要展示自己折纸技术的学员，课堂氛围瞬间妙趣横生。活动结束后还听到很多参与的学员饶有兴趣地在讨论课堂内容，我在想，这可能就是老年教育工作者不断努力、不断创新的意义所在吧！

当然，作为一名老年教育工作者，我也更加深刻地认识到，老年教育有

其独特的规律性和特殊性，老年教育是爱的事业，是温暖人心的过程。有温度的老年教育，不仅是给予老年学员更多的爱和人文关怀，更要给从事老年教育的教师更多的引领和帮助，每一次的"说、授、评"活动都是一次"老带新"的过程，也让我实现了"在听课中学习，在评课中成长"。

"说、授、评"拓思路 互学互鉴促提升

马利萍

"说、授、评"活动是一次拓展思维、突破自我、提升成长的过程。授课教师从授前、授中到授后精心准备、精细打磨,进一步提高了对老年教育课堂教学的认识。

一、授前环节

备课是保障教学质量的根基。"凡事预则立,不预则废。"备课是教师最基本的教研工作,也是教师最基本的业务能力,是保障教学质量的根基。一堂成功的课,一定是符合科学原理,符合老年教育教学规律的。授课前,在专家老师的指导下,严格按教学设计去备课,同时赏阅其他优秀老师的教案,根据自身班级的学情及特点确定教学目标,区分新授的重点与难点,建立起解决教学问题的策略方案。通过认真打磨教案,加深对备课的重要性及必要性的认识,让自身教学理论水平有较大提升,同时也能够积累一定的教学经验。

备课主要涵盖三个层面。一是基础理论,包括模特基本形体课程、模特T台表演基本课程、镜头表演能力训练、其他饰物道具运用、队形变换配合、时装展示等知识,要精选适合老年群体的内容。二是单次课堂教学,要将基础理论与实践有机结合,将专业理论知识点贯穿于模特教学中。三是统一流程。根据"说、授、评"活动的规范性,设定舞蹈类课程的通用课堂教学流程,依次开展热身、基本功训练、上堂课内容复习(巩固)、本次新授、课堂练习、分组检查学习效果、教师本次课程总结等步骤,保障授课过程完整科学。

二、授中环节

说课是设计的关键。说课是要明确教什么、怎么教、为什么这样教，是对一次教学的完整设计。设计、录制视频需要投入较大精力，反复打磨，认真做好说课的"六流程"：一是教材分析要定位精准；二是学情分析要客观真实；三是教学目标要表述准确；四是重点难点要把握到位；五是教学方法要因人、因材施教；六是教学流程（过程）要清晰完整。

新授要勤耕不辍，精业笃行。新授作为教学的基本组织形式，是"说、授、评"教学研究活动中最重要的环节。成功的新授需要紧紧围绕教学目标，突出重点，突破难点，传授知识技能，要让老年学员在快乐的课堂氛围中掌握好应知应会的知识或技能，并热爱上这种教学模式、教学方法。

三、授后环节

评课是听课教学研究活动后的延伸，是对教师影响、引导、指正、赋能的过程。为了深化课堂教学改革，需要对教学目标、执教老师"说、授"进行客观评价。评课过程中，教育专家的评课理论更有高度，改进更有举措；教师同仁的评课情真意切，互学互鉴，会更看重教师教学的基本功、教学成效以及学员的投入度、互动率。通过评课，本人对于模特课堂教学有了许多思考：

（1）好课，备出来。要坚持不懈做这个事，同时学习借鉴其他老师优秀的备课思路和备课笔记。

（2）巩固对"六流程"的学习，在今后长期教学中要形成比较成熟可行的教学设计方案。

（3）备好课，再出发。课堂教学要营造出适合中老年人学员的教学氛围与方法，快慢、难易、程度深浅把控，掌握好学员学习状态。

（4）教学语言尽可能形象，将深奥的知识点讲得通俗易懂，风趣幽默，让学员易懂、易记、易复盘。

（5）保持模特基本功持续性练习，坚持必有回响。

（6）老年模特课堂有异于服装模特 T 台演绎，忌过于单一。借鉴部分舞蹈元素、肢体语言，使课堂生动丰富，激发学员兴趣与积极性，有利于专业的提升。

（7）模特讲究"形""神"并重，适当补充 T 台表演课程，镜头感能力的训练。如眼神、表情、神态、步态和韵味感，创新使用了一套"米"字形眼神训练操，帮助学员增强镜头感。

（8）课堂中注意劳逸结合，音乐旋律慢、中、快模步切换，防疲乏感，分组练习可调剂学员休息。

以学员的视角来设计教学

刘艳平

参加第三届全国老年大学优秀教师观摩课活动后，我对说课有了更深刻的理解。如果要用一条线将所有收获穿成一串珍珠，那么这条线就是"学员视角"。"学员视角"是指在教学设计时，要从学员的角度出发，考虑他们的需求和期望。这种理念要求我们在工作中始终保持谦逊和尊重，不断努力去了解学员的学习风格、背景和目标，以便为他们提供最贴心、最有效的帮助。在教学中如何贯彻"学员视角"，可以从以下三个方面着力。

一、尊重老年人的"慢"：把内容讲细，再讲细

回想我刚踏入老年教育教学领域时，未充分考虑到学情，忽略了老年人的感知和接受能力，课程节奏太快，没有充分地给予老年学员吸收内化的时间，教学氛围虽然热烈，然而到第二次课时，许多学员已记不住上一次课的内容。我反复思考用什么样的方法能够让老年学员对所学内容，尤其是教学难点理解得更充分，学得更透彻。通过参加这次全国老年大学优秀老师观摩课，我茅塞顿开，在"隔代教育"课的教学中，"讲慢"和"讲细"是非常重要的技巧。对于老年人来说，他们可能没法像年轻人那样快速地接受新的信息，因此，我们需要耐心讲解，让他们有足够的时间去理解和吸收。同时，我们也需要细致讲解，确保他们能够透彻地理解并掌握所需的知识和技能。

为了实现"讲慢"和"讲细"，我们可以采用多种不同的方法。其一是围绕一个知识点，从不同的角度去剖析。比如，当我们讲解"和善而坚定"这个态度时，我们可以采用体验活动、制作象限图讲解、学员分享、小组讨论等多种不同的形式和角度来带领学员们层层递进，不断探究。

体验活动可以让学员们亲身体验"和善而坚定"的态度,从而更好地理解这个概念。我们可以设计一些简单的活动,比如让学员们排队等待领取物品,或者在小组中合作完成任务。在这些活动中,我们可以引导他们表现出和善而坚定的态度,从而加深对这种态度的认识和理解。

制作象限图讲解可以帮助学员们更清晰地理解"和善而坚定"这个态度的内涵和意义。我们可以将这个态度分解成不同的方面,比如"和善"和"坚定",并将它们分别放在象限图的两个轴上。这样,我们就可以更直观地展示出这个态度的各个方面以及它们之间的关系。

学员分享和小组讨论可以让学员们更加积极地参与到学习中来。我们可以让学员们在小组中分享自己的经验和看法,让学员从不同的视角去了解与反思自己所理解的"和善与坚定"。

通过不同的方法和角度,"讲慢"和"讲细"可以"在隔代教育"这门课程中发挥出最大的作用。学员们可以更加深入地理解所需的知识和技能,更好地应用到平时的隔代教育中去。

二、借助老年人丰富的生活经验:将知识点联系到实际生活中

在教学过程中,经常会遇到一些比较难掌握的知识或要点,如何让老年人更好地理解与运用这些知识点,有时会成为我们教学中的难题。尤其在"隔代教育"课的教学中,学习新观念新理念,需要打破老年学员几十年来的思维模式,是一个逐步重建的过程。如何让知识体系与思维模式的重建更轻松,更易于被接受?

教师不妨尝试将专业的知识点与实际生活联系起来,使抽象的知识变得触手可及。这不仅可以提高学员们的学习兴趣,更可以让他们在愉悦的氛围中掌握技能,享受学习的艺术。

"隔代教育"课堂教学中,在提到专业的知识概念时,可以通过引入生动的生活案例、开展与学员的互动、营造愉悦的课堂氛围来加强学员对知识概念的记忆和理解。这种教学方式对于提高学员的沟通技巧和人际关系能力具有积极的影响。

三、注重与老年人的互动：示范教学与情感的运用

在教育领域，情感运用是一种非常关键的教学策略。通过将情感融入教学过程中，教师可以更好地激发学员的学习兴趣和动力，提高他们的学习效果。比如，许多老年人在与孙辈相处的过程中，时常流露出对自己带孙能力的质疑：我的方法是不是太陈旧了？现在的年轻人恐怕不认同；孙子更听他爸妈的，而不听我这个老人的。

然而，老年人所拥有的智慧和宝贵人生阅历，是年轻一代所无法替代的。在孩子的成长过程中，老年人能给予孩子一些父母无法给予的东西，如温暖、安全感以及对传统价值观和家族文化的传承。这些都是塑造孩子健全人格的重要元素。但是老年学员许多时候并未看到隔代教育的真正价值。

让老年人看见自己的价值与重要性，将成为隔代教育课堂上非常核心的一个课题。而激发他们自尊、自信等积极情感，则被设计在了两年制课程的第一课。课程中，将请老年学员梳理自己在隔代教育上的优势，并分享曾经在家庭教育上的成功经验，从而激发他们想去做、有信心去做的积极情感。

此外，在讲解隔代教育的理念和工具时，尤其是讲解案例时，情感的融入与感染力非常重要。如讲到自己亲身经历的事件时，将焦虑、害怕、失落等各种不同的情绪进行表露，引起学员共鸣，而在介绍成功经验时，喜悦之情又能溢于言表，让学员感同身受。通过教师本身情感的投入与表达，感染求知若渴的老年学员，打消他们的顾忌，鼓励老年人接纳新的教育理念和方法，并敢于去尝试、实践。

"说、授、评"教研活动心得集萃

教研室

编者按

自"说、授、评"公开研究课活动开展以来，我们看到和感受到的，既是一场场优秀的教学实践，也是一次次观点的碰撞和交流。各位教师通过精心设计的教学案例，生动地展示了如何将新理念、新方法融入老干部（老年）教育课堂教学中，激发了活动参与者对老干部（老年）教育创新发展的热情与思考，带动了对教学理念和方法的进一步探讨与发声。此外，自 2020 年中国老年大学协会举办全国老年大学优秀教师观摩课活动以来，长沙市老干部大学先后选送了 10 位教师参与活动，面向全国百余所老干部（老年）大学代表进行现场展示、经验分享，斩获"全国老年大学优秀'说课'教师"等佳绩，充分展现了"说、授、评"公开研究课活动在教师培训方面取得的突出成效。

长沙市老干部大学　袁昕波

"说、授、评"活动是学校近年来提高教育教学质量的一次非常成功且具有意义的举措，为学校发展及新教师成长起到了积极推动作用。自 2021 年以来，我组织、参与了三次"说、授、评"活动，感触颇深，收获满满。这一活动为授课教师们提供了一个展现自我、提升能力的优质平台。在"说课"环节，教师清晰地阐述教学目标、重难点以及教学方法的选择依据，让我们对课程有了更清晰的认识，只有对教学有全面且细致的思考，才能更好地引导老年学员学习。"授课"阶段则犹如一场精彩的演出。看着教师在讲台上各展风采，或生动讲解，或巧妙引导，或积极互动，让我切实感受到了教学的魅力与艺术。每一个教学细节的处理，每一个环节的衔接，都体现着教师的专业素养和教学智慧。而"评课"环节更是思想碰撞的盛宴。教育教学老专家、专职教研员、全市教师代表从不同角度对授课内容进行分析评价，提出的建议和观点既诚恳又具有建设性。这不仅让授课者能够获得宝贵的反馈，也让我们每一个参与其中的人都有了新的思考和启发。

长沙市老干部大学　邓丽莎

作为长沙市老干部大学财务工作人员，多次参加学校开展的"说、授、评"教研活动后，最大的感受是拥有了新体验、学习了新知识。"说、授、评"是沉浸式、全过程的教学教研活动，通过老师说课环节，我了解到提炼教学目标和教学重点的重要性，短短几分钟的说课，可以一探老师心中教学设想，有助于老年学员快速掌握知识点；通过说课环节，我感受到针对老年群体由易到难、层层递进课程设计的科学性，把一个知识点以通俗易懂的方式掰开揉碎讲解，更利于老年学员吸收；通过评课环节，我看到及时复盘、教学相长的专业性，从事老年教育的同行们一起点明课程教学亮点，直指需要改进加强方面，思维火花的碰撞让每个参与评课的人都受益良多。"说、授、评"是让人受益匪浅的互学互鉴教研活动，如切如磋，如琢如磨，我们每位从事老年教育的人，都能从中汲取养分，从而更好地培育更优质的老年教育课堂。

长沙市老干部大学　袁丹

"说、授、评"活动作为学校教研的品牌活动，从最初的听评课升级成现在的"说、授、评"活动，增加了说课的环节。对于非师范专业的我来说，起初不明白为什么要说课，参加了几年的活动才发现，说课是教师钻研教材、探讨教法、不断提高教学水平的一种有效形式，也是促进教师专业化发展的有效途径。在说课视频的打磨过程中，我们的老师用流畅的语言表达、从容的教态展现精彩的教学分析，为授课打下了坚实的基础，构建了完整系统的框架。得于心，践于行，授课的过程更是老师展示风采的良好契机。"水尝无华，相荡乃成涟漪；石本无火，互击而生灵光。"在评课环节大家各抒己见，从不同层面、不同角度对课堂教学进行点评，阐述自己的感受、反思与认同，知无不言，言无不尽，在交流中碰撞出智慧的火花，在互相学习中共同进步。"说、授、评"活动，是教师展示风采的舞台，同时也搭建了一个交流学习的良好平台，让老年教育在课堂展示中熠熠生辉，在交流互鉴中共促发展。

剪纸教师　马雪琴

"说、授、评"公开研究课应该作为教师个人自觉提高教育质量的重要环节，"说、授、评"的理念应贯穿到日常教学中。每堂课中以"说课"形式启发学员，抛砖引玉；授课过程做到讲授、演示、板书、答疑解难、巡视逐个指导纠正等步骤完整。注意由易到难、注意激发学员的学习兴趣；教学中引导学员"评课"，请班委配合开展评课议课活动，让学员提出意见，可当面提，也可以在微信班级群等渠道评议教师当日的授课，帮助教师及时调整教学方式、教学进度，实现课堂教学质量的提升。

声乐教师　张科

"说、授、评"教研活动对青年教师的成长非常重要且有意义。一是能提高专业素养。"说、授、评"要求青年教师不仅要有扎实的学科知识，还需具备良好的语言表达和逻辑思维能力。这促使青年教师不断深化专业知识的学习，同时加强教育学、心理学等相关领域的理论修养。二是增强课堂管理能力。有效的课堂管理是提高教学质量的重要条件之一。通过"说、授、评"的实践，青年教师可以学会如何组织课堂、调动学员积极性以及处理突发情况，从而更好地掌控课堂教学进程。三是促进个人成长与职业发展。定期的自我评价和反思有助于青年教师认识到自身的不足，激励他们持续学习和进步。此外，通过参与"说、授、评"教育研究，青年教师可以积累丰富的教学经验，为其教师生涯的发展奠定坚实的基础，为提升青年教师的教学水平和专业发展提供新的视角和方法。

交谊舞教师　胡蝶

多次参与"说、授、评"教研活动，反复思考技能型课程教师授课的亮点特色，愈发认识到课堂教学示范的重要性。作为交谊舞教师，要认真做好几次整体示范，帮助学员留下较规范的初印象，然后循序渐进，一个小节一个小节地讲分解动作，使老年学员容易看懂、学会。讲解时注意语言清晰、形象，突出要点，并注意因材施教，对不同程度的学员提出不同的要求，及时辅导纠正学员的姿势，给予鼓励，使每一位学员学有所获，以期收到最理想的课堂教学效果。

古筝教师　吴娟

说课不能是乏味的，一定要有它的艺术性。选题必须有吸引力，是能引起学员们兴趣的课题；内容上要关注说课的对象，对于老年朋友要通俗易懂；说课过程一定要时刻紧扣主题，要明确指出教学重点在哪，难点该如何解决，这节课说完之后要达到什么要求。授课中最重要的是方法。比如课题该如何引入，多媒体该如何运用；比如可以采取其他学科的关联法引导学员去关注，对比学习，从而引发他们的思考，最后就能留下深刻的记忆；比如及时发现学员课堂表现的亮点，抓拍录制下来让学员们回家也能感受课堂的氛围。评课能够有效实现互学互鉴，不同学科的教师从不同方面学习授课教师的优点，探讨不足与改进之处，将"说、授、评"活动的作用落到实处。

中药学教师　罗毅

在老年教育课堂教学中如何才能做到如庖丁般游刃有余？必定是事先对授课对象、教材、教学目标、教学重点难点进行深入研究，然后再根据实际情况采取针对性的教学方法、教学手段。只有这样，才有可能做到"以无厚入有间，恢恢乎其于游刃必有余地"。

好的授课，离不开好的备课，而"说课"就是把这个备课过程、授课思路完整地呈现给大家。明白了授课、备课、说课三者之间的关系，就能反过来运用说课思路指导备课。

譬如我在备课"中药学"的时候，必须考虑到老年学员脑力下降、中医基础知识缺乏的实际情况，这是学情。那么，如何调动学员兴趣，提高教学效果呢？我会灵活采用讲授法、问答法、练习法和启发法等教学方法，加强互动，尽量创造出一个轻松的学习氛围，这是依据学情而制定的教学方法。可见，说课能启发备课，促进授课，并最终提高教学效果。

瑜伽教师　陈伊琳

授课和说课的要求不同，授课主要解决教什么、怎么教以及学什么、学多少、怎么学的问题；说课则不仅解决教什么、怎么教的问题，还要说出为什么这么教的问题，即这样进行设计的意图，这是说课的核心问题。

说教学过程是精华、高潮所在，因为通过这一过程的分析才能看到说课者独具匠心的教学设计，它反映着教师的教学个性和风格，通过对教学过程设计的阐述，才能看到其教学设计是否科学、合理。

电钢琴教师　杨润芝

"说、授、评"是一次与同行的友好切磋，学习相似课程教师在教学中的方法举措，如灵活处理歌曲情感，唱谱时带着情感读字词，在诵读过程抑扬顿挫，注意高低音位置，演奏时注意情感的运用；"说、授、评"是一次提升驾驭课堂能力的试炼，不断打磨技能型课程难点突破这一教学过程中非常重要的一环，紧紧扣住教师示范的重要性，教授每个片段都要全方位示范、纠错，将复杂的事简单化，简单的事做到极致。

手工布艺教师　柳佳

观摩优秀教师的"说课""授课"示范后，我思考了作为年轻教师如何与年龄差距较大的老年人交流。对于因教师年轻，不跟着教师进度，甚至是扰乱课堂的学员，既不能批评也不能否定，最好的方法就是用最专业的知识、用学员最容易理解和接受的方式，营造良好的课堂教学氛围，让学员在学习过程中获得愉悦感和成就感，在家人、亲朋面前展现学习成果时得到赞美和认可，提升对学习的兴趣和主观能动性。

述评篇

"瑜" 悦身心 "伽" 倍美丽

——述评陈伊琳老师的瑜伽公开研究课

陈志丹

瑜伽起源于印度，经过几千年的演变，形成了一套理论完整、切实可用的养身健身体系。这项运动主要通过体式、意念和呼吸等方法来达到使人体进入一个良好状态的目的。坚持练习，在心理、生理和情感等方面，都能起到良好的作用。如瑜伽的体位、呼吸、调息和冥想对治愈疾病有极为有益的物理和身心效应。正确的瑜伽练习能够降低体内毒素，调节人的情绪，解除精神压力，增加人的内在能量，达到内外兼修的目的，从而全面提升身心素质。这项运动特别适合中老年朋友修炼。

陈伊琳是长沙市老干部大学瑜伽课老师。一直以来，陈老师潜心学习专业知识，跟随多国以及中国名师系统地学习过哈他瑜伽体系、高温瑜伽、艾扬格理疗瑜伽、舞韵瑜伽、流瑜伽、阴瑜伽以及球瑜伽。陈老师来长沙市老干部大学教授这门课程已有十来年，她能根据不同年龄老年学员的要求编排相对应的课程，善于启发学员用心去感受和接纳瑜伽，很受学员们的欢迎。学校已开设四个瑜伽班，还"一座难求"，于是又在线上增开了瑜伽网络班。陈老师的线上教学同样受到学员的一致好评，撰写的论文《舞蹈类课程线上教学模式探讨》被评为中共长沙市委老干部局 2023 年主题论文评选一等奖。文章还在长沙市老干部大学《教学动态》2023 年第二期上登载，受到教育专家和老师们的好评。2009 年至今，她曾受邀参加 CCTV-3、湖南卫视移动频道、湖南女性频道、湖南教育电视台、长沙政法频道等多家电视台编排、录制瑜伽、舞蹈等节目，是政府所属单位部门指定的资深瑜伽培训导师及专业赛事评委。

2023 年 9 月 1 日下午，学校对 140 名教师进行开学前的集中培训，举办了"说、授、评"教研活动，担任说、授课任务的就是瑜伽教师陈伊琳。

陈伊琳老师这次说课的主题是"开发潜能，内外兼修，愉悦身心"，教学的主要内容是三种基础体式学习。

活动开始，在报告厅大屏幕上，首先播放陈老师说课视频。她从教材简介、学情分析、教学目标、教学重点难点、教学方法、教学过程等六个方面向听课的老师介绍这次课的教学预设。在学情分析时陈老师谈到，本课的授课对象是老年学员，她们已经学习了本教材中的理论基本知识和初级体式，具备了一定的理论知识和专业基础能力，易于融入本课堂的学习氛围。但是由于老年人的身体和生理情况，她们在练习的过程中还是会有些吃力，比如注意力不集中，关节的灵活度不够，腿部的肌力和肌耐力不够等，所以陈老师选定的教学内容和制定的教学目标很实在，一是知识目标，通过瑜伽体式的练习，学员能掌握"颈部练习""肩放松功""战士二式"的练习方法；二是技能目标，通过瑜伽基础体式的练习，学员能较好地做到上体直立，肩放松，背部挺拔，勾脚和绷脚以及各个体式的规范；而情感目标是通过瑜伽体式的练习，能在瑜伽的音乐中去感受身心的放松，让学员身心愉悦，提高生活质量。陈老师为达成教学目标，突出重点突破难点，拟采用温故导入法、示范习练法、鼓励教学法、情境教学法、演练指导等方法；设置的教学模式也是她在老年大学教授瑜伽课时专为学员适应学习而量身打造的四步教学模式，即第一步，讲授演示，激情引趣；第二步，分解动作，实践操练；第三步，强调要领，引导规范；第四步，练习巩固，更趋完美。从陈老师的说课效果来看，清楚明了，教学重难点拿捏得准，教学步骤环环相扣，整个说课体现了老年瑜伽课的特点，最重要的是既说清楚了教什么、准备怎样教，还特别强调了这样教的理论依据，给参加活动的教师提供了一个高标准的说课范例。

开始上课了，陈老师按照说课的预设，先带领学员进行第一个步骤，用温故导入法来作为课的开始，即复习上节课已学习过的"平常坐姿和腹式呼吸"。学员以舒适的坐姿在瑜伽垫上盘坐，立直上体，双手以智慧手印轻搭于双膝之上，闭眼，腹式呼吸调息。在复习过程中，陈老师边巡视指导，边频频提醒学员要保持正确的坐姿且自始至终鼻吸鼻呼，保持大脑的清醒，这也为接下来的新授做了很好的铺垫。接下来，进入新授流程，学习"颈部练习""肩放松功""战士二式"三种基础体式。在教每一种体式学习过程中，陈老师都是先交代学习内容及这种体式的作用，然后进行动作讲解示范，再教学习方法。当学员实践操作时，陈老师一边巡视指导一边强调操作要点。陈老师的三个基础体式的选择体现了由浅入深、层层递进。第一个体式"颈部练习"比较容易掌握，学员学起来不费劲。第二个体式"肩放松功"有一定的难度，让双手在体后上下十指相扣，在极限的边缘伸展身体。陈老师强调一定要根据自己的身体状况量力而行。她先指导学员坐在瑜伽垫上练，熟悉动作后再站在瑜伽垫上左右手臂在体后十指相扣练习，老师示范讲解清楚到位，学员学得轻松自如。第三个体式"战士二式"难度加大，要以山立功站姿站在瑜伽垫正中央，双脚打开两肩半宽，双手放于身体两侧，整个身体也应在同一平面。由于老年人的身体生理情况，他们在练习中会出现腿没力、站不稳、站不久的情况，老师独具匠心，先请一位老学员来当"小"老师进行示范，而老师则在一旁就每一步动作进行详细讲解，每个细节的注意点都讲到。特别是让学员习练时，陈老师采用情境教学法，让学员找这种感觉：想象自己是一棵树，双臂放于身体两侧平举，像树枝一样往两侧无限延伸；再把注意力放到脚跟上，把双脚想象成树根，好像能深扎于地底；双脚稳定了之后，把注意力放在尾骨，从尾骨处开始到腰椎、胸椎、颈椎，最后到头顶，把这块想象成树干，再往天空的方向延展。这样做，身体会稳定很多，整个右腿的肌力和肌耐力也能在体式的保持中得到增强。通过这种方法，学员们立马就找到了这个体式的感觉，而且比之前练习的时候要轻松得多。从整个新授过程，可以看出陈老师用心用情，抓住了重点，也在教学难点上花了功夫，有所突破。最后，陈老师用语音引导学员们仰卧下来，用瑜伽放松休息术进行调整，以此完成这堂课的全部内容。在总结本堂课的内容时，陈老师不忘对所学内容进行梳理，布置作业。不忘表扬有进步的新学员，鼓励学员们持之以恒在家多加习练，达到开发潜能、内外兼修、愉悦身心的目的。看得出，陈老师在教学时，一直灌输着这样一种瑜伽思想。最后，依照瑜伽课的惯例，双手合十，师生相互感恩，结束本堂课。

活动进入第三阶段，对陈伊琳老师的说课、授课进行评议讨论，由校长贺佳妮主持。学校教育教研专家、与会教师研讨气氛热烈，发言踊跃，都争先恐后发表自己的意见和建议。大家一致肯定了陈伊琳老师教法得当，亲和力强，课程结构完整，教学衔接自然；舞蹈系主任马利萍、音乐系主任王德安表示陈老师的教学条理清晰、在教言教，对学员有较好的组织引导；音乐系教师肖云，综合系教师柳佳、黄国莉先后肯定了陈老师的教学达到了较好的身心修炼的效果。学校教务处主任黄庆达，教育教研专家陈志丹、张汉芳一致表示陈老师的授课方法实、过程精、标题新，四步教学法在教学中完整呈现，有效地完成了教学目标。教无止境，作为研讨，老师们也就如何提升课堂教学效果，结合自己的教学谈到一些思考、一些启发，也中肯地提出了一些建议和意见，如老师讲授的语言还可更精炼；课堂容量大，老年学员会很累；可在巩固练习时分组观看，既能找出别人的优点和不足来对照自己的学习，又能让部分学员得到暂时的休息……

活动结束后，参培教师意犹未尽，如张韧、罗海红、刘艳平、许琴、刘兰花、陈翠娥、吴娟、邓力樵、肖少田、何晓、胡蝶、刘卫红、马利萍、蔡菁菁、何青、吴明光、曹毅环、黄国莉、付贵祁等老师纷纷在教师群中结合自身教学实践与学科特点，分享参与"说、授、评"公开研究课活动的心得体会。

例如，模特班教师张韧谈到，听了陈伊琳老师精彩的瑜伽课，受益匪浅。陈老师说课的过程思路清晰，课堂设计合理，目标明确。授课方式以回课式导入，再用提问式来授新，授课循序渐进，详细到位，易懂易学，表达能力强，动作专业、到位、准确无误。课堂生动，我们不由自主地跟着做，也学会了陈老师所授的三个动作。课堂有亮点，请老学员上前示范，有榜样作用，也便于难点的突破，让学员更快更好地掌握了技能……

又如，交谊舞班胡蝶老师指出，陈伊琳老师的说课视频，画面清晰唯美、语音悦耳动听，很快将受众的身心带入了无比享受的意境中。教材的选择、学情分析，都做了详细的介绍和实际分析。教学有明确的目标，并指出本次课的重点和难点。授课中，跟着陈老师的讲解，一个动作一个动作地完成，感觉自己完全置身在课堂中，心身无比愉悦和放松。陈老师的授课带给我很多启发和帮助，作为交谊舞老师，以后我也会多引导和鼓励学员，平时在家休息或看电视时，也可以做一些站姿、架形、基本功等的练习，快速提高我们优美的舞姿。

小楷班教师吴明光表示，教与学，方法是手段，效果才是目的。瑜伽是舶来品，讲（完）梵我合一，和谐，修心。陈老师的轻言软语，简直就像一针致幻剂，不自觉中让人心灵虚静，至于忘我。再结合无声的肢体语言，形神既分离，又合一，让人的心灵得到宁静和净化，好！

写作班曹毅环老师也说到，很高兴观摩了陈伊琳老师的瑜伽说、授课，让人耳目一新。陈老师的说课条理清晰、节奏适当、声音委婉动听，让台上台下的老师之间产生了无声共鸣，从而达到了情景合一享受的境界，激发了老师们的兴趣和主动参与，也给人以如沐春风之感觉。陈老师的认真务实、思路缜密、落落大方的教学风格，让我收获满满，使我有更深层次的思考与认识。感谢陈老师的辛勤付出！感谢学校的精心安排！

……

而担任说、授课任务的陈伊琳老师上完课，听完专家老师的评议回家后又在教师群及时回复大家。她表示，每位老师的点评都在认真听、在看，回来的路上也一直在反思自己。这确实是一次难得的向老师们学习的机会，感恩学校提供这么优质的平台。非常感谢领导、老师们不吝笔墨，评语字字珠玑、句句精辟，提出的建议中肯又宝贵，是作为教师在课后的一大收获。大家的点评不仅让我对自己的不足有更清晰的认识，也为我提供了改进的方向和方法，让我知道自己还有很大的提升空间。

本次"说、授、评"活动在秋季开学前夕圆满结束，整次活动学习交流氛围浓厚，以研促教效果显著。岁月不居，时节如流，暑往秋至，新程开启。站在新学期的起点上，学校校长贺佳妮希望大家能以崭新的姿态和充沛的热情，持续提升专业素养和教科研能力，更好地服务老年学员。踔厉奋发，创造更卓越的教育成果；躬耕教坛，办好党和人民满意的老年教育。最后，党支部书记龙志斌肯定了这次教师培训会组织严密、安排科学、效果良好，寄语全体教师在新学期有新提升、新标准，学校也将为打造新进教师有责任、老年学员有期盼、年轻教师有榜样、年长教师有示范的全国标准示范校持续发力，以长沙市老干部大学的有为有位助力全市老干部（老年）教育工作再添风采。

乐为乐者润心田

——述评周婷老师的声乐公开研究课

陈志丹

"哎！月亮出来亮汪汪，亮汪汪，想起我的阿哥在深山……"从市老干部大学青少年宫分校音乐教室里传来一阵阵老年朋友深情婉转的歌声。驻足倾听，仿佛置身于明月高照、微风轻拂、溪水潺潺的动人情景之中，遥看一位彝族阿妹正站在河边唱着情歌，深深地思念远方的阿哥。原来，这里正在举办长沙市老干部大学 2024 年上学期第一次"说、授、评"公开教研活动。学校校委会、教研室教研员及兼职教研员、音乐系老师、学委会代表、各区县（市）老干部大学的同行共计 50 余人共同参与这次公开研究课活动。长沙市老干部大学声乐系教师周婷承担此次说、授课任务，课后进行评议，活动全程由主管教研工作的副校长李玉兰主持。

周婷老师是位年轻的 90 后，就读于湖南师范大学音乐表演专业，先后师从于詹桥玲教授、侯燕妮副教授。毕业后，通过层层考核，她进入湖南著名女子民歌"红叶组合"。在"红叶组合"，她曾多次参与各地方电视台的春晚演出；多次在新疆、香港、台湾等地进行交流演出；三次参加大型交响音乐会。2016 年，她与张也老师一同前往法国进行"中法文化交流"演出；2017年，在参与录制中央电视《群英汇——湖南专场》中，她领唱的《鸡咯咯鸭嘎嘎》分别获得湖南省"群星奖"和中共中央宣传部"五个一工程"奖；她还曾被评为央音全国青少年艺术展演"优秀指导教师"。周婷老师担任长沙市音乐家协会会员、湖南群文声乐委员会会员，作为一名中共党员，看到身边有许多喜爱唱歌的老年朋友虽有唱歌的热情，却缺乏歌唱的一些知识技巧，她毅然选择到老年大学去授课。周老师音乐素养良好，声音甜美亮丽。目前她在长沙市老干部大学、开福区老干部大学、天音雅声艺术团等单位任声乐教师，每天的课程都是排得满满的。在老年声乐教学中，她全身心投入，尽己所能，用歌声滋润老年朋友的心田，让他们感受音乐的快乐，非常受学员们的欢迎，曾多次评为老年大学的优秀教师。在她的教授下，老年朋友看着自己歌唱水平一步步明显提高，无不对她啧啧称赞。

活动开始，首先播放周老师的说课视频。周婷老师这次说课的主题是"处理好强弱关系　学唱云南民歌"。她从教材简介、学情分析、教学目标、教学重点难点、教学方法、教学过程等六个方面向听课的老师介绍这次课的教学预设。在学情分析时周老师谈到，本课的授课对象是老年学员，随着他们年龄逐渐增大，部分身体器官出现衰退，对节奏及气息的把握和控制都不太稳定。虽然他们已经学习了校本教材上的一些歌曲，基本的乐理知识能理解与运用了，但对如何处理歌曲中的强弱关系还存在不足，所以唱歌的表现力比较平，体现不出层次和感染力，致使歌曲的演唱缺少律动感。基于对教材的理解和学情分析，周老师设立了知识、技能、情感等三个方面的目标。为达成教学目标，突出重点，突破难点，拟采用如复习巩固法、演练指导法、对比纠错法、鼓励教学法等方法。从周老师的说课效果来看，清楚明了，教学重难点拿捏得准，教学步骤环环相扣，整个说课体现了老年声乐课的特点，最重要的是既说清楚了教什么、准备怎样教、拟采用哪些方法，还特别强调了这样教的理论依据，给参加活动的老师们提供了一个很好的说课范例。

周老师声乐课授课的内容是学习歌曲《小河淌水》。从教学设计到教学的各个环节都符合教学规律。开始上课了，周老师先带领学员进行第一个步骤——练声开嗓，复习导入。她要求学员歌唱时注意身体的正确姿态；歌唱时运用"腹式呼吸法"，强调"善歌者必先调其气"的理论，要求学员慢吸慢呼，每次的吸气都保持在腰腹部，为下面强弱处理的教学做好铺垫。练声时，周老师结合歌曲中用得多的韵母进行练习，这样能有效地帮助老年学员在唱歌词时更好地咬字归韵。接着复习巩固上次课学习的彝族民歌《我的情歌》，她既充分肯定学员的演唱有进步，对共性的问题也能及时指出，加以纠错，使学员很自然地过渡到了新课的学习。

接下来进入新授流程，教唱云南民歌《小河淌水》。小周老师先放《小河淌水》的音乐原声带，让老年朋友欣赏歌曲，感受小河淌水的美景，享受大自然的美妙和宁静，领略阿妹对远方阿哥深情的思恋之情，从而激发学习歌曲的欲望。然后介绍这首优美民歌的背景及云南民歌的风格特点。这样的介绍，让学员加深了对歌曲的了解。接下来是学唱歌谱。老师先讲这首歌曲的几种节拍，重点讲解节拍的强弱规律，从而把强弱运用到唱谱上。周老师讲到，歌曲中的强音往往是为了表达作品的强烈感情而设置的，特别要引起重视的是，强音不是喊叫出来的，好的强音是用科学的方法唱出来的；而喊叫则是未经训练或错误的演唱方法所致，这种声音会严重影响歌声的美感。而弱音往往比强音更难唱，因唱弱音时气息的控制比唱强音时难度更大。在她的带唱下，大家都能基本唱会曲谱并在一定程度上把握节拍的强弱。然后教唱歌词。老师通过分段教唱的方式，运用多媒体课件的演示，结合长沙方言的对比，逐步按节拍带读歌词，讲解每一句歌词的咬字、归韵，并再一次强调为什么要强弱处理及怎样处理强弱关系，并分别对比示范有无强弱的演唱，让学员进行区别。接着老师让学员带着问题关注老师范唱《小河淌水》，再次提醒学员在歌曲中如何处理强弱关系。最后让学员全曲演唱。强调在唱强音时一定要运用好气息；高位置的发声要结合良好的咬字吐字技巧来唱。进入复习巩固这个环节，周老师有条不紊地先梳理今天所学习的强弱关系以及在歌曲中运用的效用，并将唱这首歌应注意的 7 个要领用多媒体课件标出来，然后分组让学员带入情感进行演唱。两大组的学员特别来劲，演唱时，他们有的手在不停地划拍；有的脸上表情深沉；有的边唱边击桌面打节奏。两组演唱不分上下，都唱得异常投入，老师适时进行点评并带头鼓掌。而当请出各两位爷爷奶奶让他们进行对唱表演时，更是将课堂教学推向了高潮，台上台下，老师学员笑逐颜开，整个课堂都沸腾起来！记得《全国老年大学五个十工程——10 所地（市）老年大学纪实》一书中，长沙市老干部大学长篇纪实文章的题目是"他们在这儿无比快乐"。这个场面正好印证了周婷老师的声乐课，学员们在课堂上感到无比的快乐，他们全心地投入，用心地唱歌。在歌声中，他们忘记了白发、忘记了烦恼，换来了积极、愉悦、向上、乐观的心态。整堂课展现的是和谐、生动、活跃的画面，教室里充满了欢声笑语。学员们学有所获、学有所乐，这就是老年教育所要追求的高效课堂，这样的教学，完全达到了让每位老年朋友满意的效果。在整个新授过程中，老师都是强调学员要带着问题学、带着问题看、带着问题唱，也就是让学员科学用脑，智慧学习，这样才能达到事半功倍的效果。可以看出，周婷老师具有高超的课堂把控能力，她教给老年朋友的是歌唱方法与技巧；带给他们的是满满的称赞与关爱；她映在脸上的是激情与活力；在阳光般的笑容中展现着她的音乐教学魅力。在老年声乐课堂中，她真正做到了用心用情。不论是教谱、教歌词还是全曲演唱，周老师都能紧紧扣住强弱关系，教方法、练技巧，各环节无缝对接，教学难点就在愉悦的学谱、学词及一遍遍歌曲演唱中迎刃而解。课将结束，周老师小结本次课的学习内容，包括节拍的强弱规律、难点节奏、咬字的归韵等，再次加深学员的印象。随后布置作业，要求大家回家后多练唱，运用今天所学的这些知识、技巧，将这首优美的云南民歌《小河淌水》唱得更能打动人。

活动进入第三阶段，听课的老师对周婷老师的说、授课进行评议讨论。在副校长李玉兰的主持下，学校教育教研专家、各区县（市）与会教师研讨气氛热烈，发言踊跃，都争先恐后发表自己的意见、建议和体会。首先是校长贺佳妮发言，她代表学校感谢与会代表积极参与活动，感谢周婷老师的辛勤付出，并表示此次活动组织严密，周婷老师的课堂教学设计严谨，详略得当，重点突出，与学员配合默契，课堂氛围好，值得大家学习。接着长沙市老干部大学教研员张汉芳老师从心理学角度和大家分享她独特的见解。她说"说、授、评"公开研究课这种活动是目前对教师心理建设最适宜最有力的平台。说、授课教师能发挥精神引领作用，他们说、授的课应该具有优质性、前瞻性、示范性、导向性。一次较为完整的说、授课，往往能体现教师正确的教育理念、高超的教学技能，有极强的说理性和感染力。她认为周老师在课堂上的精神引领，就具有导向性、示范性，有高超的教学技能；她春风化雨温馨的情感，有极强的感染力，让学员都投入其中越唱越好，这和周老师平时孜孜不倦的教诲是分不开的。这样的教研活动大家都来评课，有见地、客观地评价，是能够推动更多老年教育工作者来提升课堂教学效益的。长沙市老干部大学学委会副主席陶建华评价非常精准。她对周老师的这次授课很有感触，认为小周老师的课是成功的课，是值得大家相互学习的课。她谈到周老师上课始终情绪饱满，看得出学员都非常喜欢这位年轻漂亮有专业素养的老师，预设的教学目标顺利完成，重难点有所突破，课堂掌控能力强，收放自如。陶主席认为歌曲有灵魂，有感情，在学唱这首歌时，老师还可进一步挖掘这首民歌的内涵，边唱边展现画面感，想象阿妹站在河边苦苦思念阿哥的情景。还有兼职教研员张定浙、袁俐、各区县（市）的音乐教师都从不同角度充分肯定了周老师的教学效果，一致认为这样的声乐课，主题突出、特点明显。他们肯定了周老师教学各个环节完整规范，教声乐知识、学唱云南民歌，让学员在学中乐，在乐中学，具有鲜明的愉快教学色彩，整堂课师生融洽，掌声、歌声、笑声贯穿全课，学员在生动、轻松的学唱中展现了愉悦的心情。他们认为周老师在教学中不吝啬表扬和夸奖，总是伸出大拇指夸大家都是最棒的，这样能够建立起大家学好声乐的信心，从而增进学习动力。参加这次活动的老师们也就如何深入推进老年教育，让课堂教学更符合老年朋友的需求提出了一些值得探讨的地方。如这节课弹奏的《小河淌水》是一首优美、舒缓的云南民歌，老师在情感的处理上还可要求学员唱出更深层次的思念之情。当然，一堂课的成功与否在一定程度上取决于学员的反馈。由于时间关系，周老师班的一位学员参加完评议后写了这么一段话对周老师的教学进行评价。他说："小周老师根据我们班学员的实际情况制订了教学方案，从识简谱开始，教我们对每首歌的曲谱如何分小节；教我们如何正确唱曲谱；教我们如何练声掌握正确的发声方法；教我们如何运用气息，运用正确的发声位置来演唱，改变了老年学员'白嗓子'唱歌的习惯。她还教学员带着情感读歌词，用标准的语言来表达，不厌其烦地一个字一个字地抠，一句一句地教，真是既当声乐老师，又是普通话老师，让我们现在也能有模有样地唱歌了。执教我们一年多来，周老师总是非常亲切，哪怕是指出你歌唱学习中的不足，也能让你听了感到非常开心，亲和力十足，她就是我们这些爷爷奶奶的良师益友！"这就从一个侧面反映出老师平时的教学效果与工作态度。学校教务处主任黄庆达作了综合评价。她说我们学校开展"说、授、评"活动的目的就是要培训教师，规范和提升老年课堂教学的质量，让老年教育工作者掌握教学规律，真正成为受老年朋友欢迎的教师。她肯定了周老师的课是一堂成功的公开研究课，具体体现在：一是课很完整。从教学结构来看，是符合教学规律的；从声乐技能型课来看，也是完全合理的。二是课有特色。老师教学精神饱满，教给学员的不只是会唱这首歌，更多的是让他们在歌唱中享受开心和快乐。教学目标的达成度很高，一堂课下来，学员们能有意识地处理这首歌曲中各节拍的强弱，并且以不同表演形式将这首脍炙人口的云南民歌唱得有滋有味。但教学是严谨的，由于有些主观和客观原因，对这首歌曲不同版本的选择、处理给听课老师造成了一点误会。所以在教学中，细节同样重要，没有最好，只有更好！当然，瑕不掩瑜，周婷老师的这次说、授课完全达到了预期的效果，是一堂老年声乐的优质技能型课。最后，龙志斌书记对这次活动做总结，表示要进一步强化"说、授、评"教研品牌优势，让优势更具特色、更有实力、更出实效，有效提升教师课堂教学能力，让教师有"远景"、有价值、有地位；要进一步扩大"说、授、评"辐射范围，以市校带动区县、以本部带动分校、以主动引导被动，形成全市"一盘棋"的向上合力；要进一步推动"说、授、评"成为教研惯例，让全市老干部（老年）教育教师能够获得更好成长，教学质量能够更加优良，课堂教学能够更具活力，为全市老干部（老年）教育事业的发展充电赋能、增光添彩。

"以教促研谋发展，明责聚力开新篇。"主持人李玉兰说得好，此次活动的召开，为新学期老年教育教研工作的开展提供了有力支撑。教无定法，贵在得法，有了更多的理论支撑和学习积累，相信在老年教育教学研究的道路上，有更多的教师会在各自的专业岗位上努力钻研，勤于实践，不当教书匠，争当老年教育的行家、专家！

让爱随着琴声缓缓流淌在老年朋友的心中

——述评杨润芝老师的电钢琴公开研究课

陈志丹

　　在长沙市老干部大学，有这样一群教师，他们有爱心，把老年朋友视为小学生一样精心呵护；他们有耐心，不厌其烦地解答学员提出的各种各样的问题；他们有责任心，针对老年人记忆力减退的特点，不断改进教学方法，深入浅出，以求达到最佳的教学效果。其中就有深受老年朋友喜爱的电钢琴班任课教师杨润芝。

　　杨老师十多年前就在长沙市老干部大学担任班级主任。后来学校根据学员的需求，增开了电钢琴班，杨老师欣然应聘当上了长沙市老干部大学的电钢琴教师。虽然非科班出身，但是她孜孜不倦地勤奋自学，多次去中央音乐学院进修，2016 年她在北京进修获得《钢琴教师岗位能力培训证书》、2018 年获得中央音乐学院远程教育学院《全国音乐教师专业水平等级证书》。多年的教学，促进了她的理论水平和教学经验日益精进，已经出色胜任电钢琴教学的工作。更因为她对这份工作的热爱和多年电钢琴教学的实践，深知老年人学习钢琴的不易，所以对待老年朋友充满了爱，她的耐心、细致、认真、贴心，获得学员们的一致赞誉，都称她为具有人格魅力和艺术魅力的教师。她还是多所小学的特色课程教学教师、市图书馆公益钢琴课教师。她是湖南省音乐家协会键盘学会的会员，多次担任湖南省少儿钢琴比赛和中老年键盘比赛评委；也曾远赴湘西支教音乐，获得优秀公益教师的称号。目前，她不光在市老干部大学教学，还在雨花区、开福区老干部大学任教电钢琴。

　　2023 年 4 月 26 日下午，学校举办了本学期第一次"说、授、评"公开研究课活动，此次活动由音乐系电钢琴班教师杨润芝执教，授课内容为电钢琴弹奏经典歌曲《送别》。校务委员会全体成员、音乐系教师、学委会代表、教育教学专家、兼职教研员等 40 余人参与说、授及评议讨论，学校副校长贺佳妮主持活动。

首先，参加活动的代表通过视频观看杨润芝老师的说课。杨老师从教材、学情、教学目标、重点难点、教学方法和教学过程等六个方面对听课的老师说了这节课的教学设想。在说到学情时，杨老师就自己所教的学员情况进行了客观的分析。她说，在老年大学，学习钢琴的学员大致可分为这几类：有的学员年轻时非常喜欢钢琴曲，现在退休有时间了，想来弥补自己年轻时留下的遗憾，重新开始学习，圆自己的音乐梦想；有的学员家里有晚辈在学习钢琴，想自己先学习好钢琴将来可以辅导孙辈；还有的学员退休了想学习一门特长来陶冶情操丰富自己的晚年生活。而他们的学习目的不同，弹奏水平程度也各不相同：有的会弹奏简单的歌曲；有的还是零基础。年龄层次不同，有的刚刚退休才 50 岁，有的都快 80 岁了，这就给教学带来了一定的难度。所以杨老师在这课的教学设计中，准备采用几种教学方法，如温故知新法、鼓励教学法、示范带练法、互动教学法、巡视纠错等，拟通过这些方法来激发学员的学习兴趣。因为这是技能型课程，老师在教学中将有意注重他们的技能训练，加强师生、生生之间的互动，鼓励他们轻松愉快地投入学习弹奏中去。杨老师对本课的教学目标定得非常实在，如知识目标是让学员了解附点四分音符节奏时值；技能目标是要求学员能用"同音换指"指法灵活弹奏；情感目标是使学员在弹奏中收获学习的快乐，树立信心，提高弹奏水平。

开始上课，杨老师先按照惯例复课，分别请两位学员上讲台为大家弹奏上次课所学习的车尔尼的练习曲，检验学员在家按照老师布置作业的要求弹练的效果。两位学员都能较熟练地完整弹奏，引得学员们一片掌声。杨老师既充分肯定了两位学员的弹奏水平，同时也指出了个别还需注意的细节，并带领学员又复习巩固弹奏了一遍。接下来杨老师进入了新授。首先老师通过多媒体播放原声视频《送别》，简单介绍这首曲目的创作背景、音乐风格。因为这是一首经典老歌，老年朋友绝大多数都熟悉，自然引发了共鸣，不由得跟着哼唱起来，想学习弹奏这首曲目的兴趣一下被激发，老师顺势提出了弹奏的要求。接下来便是乐理讲解、节奏练习—分句唱谱、分手弹奏—课堂演练、巡视互动,直至全课结束时老师梳理总结、提出希望并布置回家弹奏的作业,可以说是环环相扣,层层递进,整个教学过程一气呵成。特别是在具体教学同音换指弹奏时,通过多媒体大屏幕,老师在琴键上充分演示、讲解,学员在座位上学练。因为这是本课的教学重点和难点之一,老师又适时下到学员位上巡视点拨,不时还表扬和鼓励那些有进步的学员。弹奏每首钢琴曲,最难掌握的就是主和弦的双手配合,杨老师也将这个步骤作为每次课的重点。在学员左右手分别练会这首曲子的基础上,再怎样用双手完整演练这首钢琴曲,杨老师采取了循序渐进的游戏方法。她先通过让学员双臂举向前上方,左右臂同时不同拍反复练习,再回到键盘上边念口诀边配合进行弹奏。这样一步一练,步步为营,最后合成,学员逐渐学会了这首曲的双手配合,演奏得也更投入自如了。当下课铃即将响起,学员们随着老师的引领,先分组弹唱,然后全班齐奏,《送别》这首歌曲优美的旋律在电钢琴教室的上空久久回荡……

课后,参会代表进行活动的第三项议程——评议讨论。在贺佳妮副校长的主持下,听课的老师一个接一个进行了热烈的评点,纷纷谈了自己的感受、体会及意见。像学委会主席钟新莲、副主席陶建华、兼职教研员张定浙和袁俐、教务处主任黄庆达、教研室教研员刘莲、系主任王德安以及学员代表都评价杨老师的说课是课前的预设,和上课达到了一致,反映了老师课前是下了功夫的。钻研教材、制定符合学员实际的目标、预采用的教学方法及多媒体手段等,目的就是促进教学目标的顺利达成。说课的内容非常完整,对本课诸如教学目标、教学方法、教学重难点等几个环节全部涉及,言简意赅,说课的理性贯穿于上课的感性教学之中。从授课来看,大家一致认为这是一堂很成功的课。一是教学流程科学规范。杨老师牢牢把握教学特点,由检查复习到新课讲授再到训练巩固;有讲有练,讲练结合;师生互动,相得益彰。二是技能训练重点突出。这是一堂纯技能课,全程体现了电钢琴的操作实践。在操作训练中,杨老师牢牢把握本课的教学目标,将知识目标技能目标和情感目标渗透在教学的全过程。如附点四分音符节奏时值的训练,杨老师带领大家击掌练节拍,强调节奏和节拍的区别,学员练得饶有兴趣。如重点难点中同音换指的弹奏训练,老师也是不厌其烦,通过大屏幕反复示范弹奏,规范标准的指法让学员看得见，听得明。加之学员弹奏练习时，老师下位巡视、点拨，技能训练的目的落在了实处。三是教学具有亲和力。杨老师在课堂上非常尊重学员，教学语言亲切自然，指导学员不忘充分肯定他们的优点，对于技法上的错误，老师总是先肯定优点，再委婉地指出不足，整堂课师生融洽，掌声、歌声、琴声贯穿于全课，学员在生动、轻松的学练中展现了愉悦的心情。四是本堂课信息化教学手段运用好。多媒体展示了音频、视频，文字、图像。特别是直播展示一段杨老师的示范弹奏的投影，直观生动，可以看到右手娴熟的指法，左手配合熟练，音乐弹奏优美，达到了联弹双手协调性，提高了学员的共鸣、共情能力，激发了对美的感受和表现。音乐系的老师更是收获满满，因为时间关系没来得及在现场发言的老师，在系主任王德安的鼓励下，联系自己的教学纷纷在音乐系的微信群留下了他们的感言，如"杨老师有着清晰的教学思路，整个教学过程围绕教学目标，环节紧凑，重难点突出，学员参与感强，是一节非常棒的示范教学课！"又如，"杨老师上课有耐心，细致入微，条理清晰。从选材、学习计划、备课都能看出其十分用心。教学语言通俗易懂，由浅入深，循序渐进，师生之间互动有序。是非常有收获的，我们触类旁通，有启发。"还有老师评价，"杨老师先通过视频歌曲引导大家一起唱，产生了共鸣，然后讲解重难点，不断演示带唱与学员互动，直到学员掌握。再通过带练巡视纠错，让学员们掌握得更规范。也有老师这样说道，杨老师在教学中不吝啬表扬和夸奖，说大家都是天选的钢琴人，所谓老小老小，孩子需要鼓励，咱们的老年人其实更需要鼓励和夸奖，这样能够建立大家良好的自信心，从而增加学习动力。通过听这次公开研究课，受益匪浅，再次感谢杨老师精彩的示范教学，让我们也能收获很多宝贵经验……"当然，参加这次活动的老师们也就如何深入推进老年教育，让课堂教学更符合老年朋友的需求提出了一些值得探讨的地方，如这节课弹奏的《送别》是一首优美、舒缓的曲子，老师在情感的处理上还可要求学员弹奏的节奏趋于缓慢，要表达出一种依依不舍的情绪；因为是60分钟的课，课堂容量稍偏大，教学略显匆忙；老师的语速也稍快了；在多媒体的操作使用上还可以做到精益求精。但是，瑕不掩瑜，杨老师的这次说、授课完全达到了预期的效果，是一堂电钢琴的优质技能型课。最后，校领导龙志斌对在这次活动中杨润芝老师的辛勤付出及与会老师们的积极参与给予充分的肯定，并寄语全体教师要注重课堂教学效果，注重提升教学能力，注重学员至上的理念，做到课前要备课，课堂有技巧；同时，他表示学校将继续重视教研工作，重视对教师的培养，为建设中国老年大学标准示范校提供有力支撑。

本次"说、授、评"活动圆满结束了，正如主持人贺佳妮副校长所说，通过这次教研活动，从说课、听课到评课，达到了以讲促评，以评促教，增强了我们老师的业务素质，达到了改进课堂教学方式和提高教学质量的目的。同时大家在一起相互学习相互借鉴，对如何让老年教育教学适应老年朋友的需求将会起到推波助澜的作用。

经络腧穴来帮忙　提高正气护健康

——述评李健美老师的微信群中医按摩公开研究课

陈志丹

　　微信课堂改变了传统教学方式的信息传播途径。传统教学是点与面的传播途径，以教师为主导体，面对面或点对点在教室里进行班级授课。而在微信学习中，教师与学员在不同的环境，处于互相分离的状态，主要依靠多种媒体形式的资源来交互呈现，即通过微信发送文字、图片、语音、视频等多种形式进行表达和传播。微信作为最活跃的社交平台，为人们搭建了一种信息传送的通道，作为新兴的教学媒体，微课给教学提供了更多的便利。新型冠状病毒感染疫情防控期间，长沙市老干部大学大部分时间都是在各班微信群中上课，而线上"说、授、评"教研活动也应运而生。在第一次成功举办的基础上，2022 年 11 月 29 日，学校面向全市各区县（市）老干部（老年）大学举办了第二次线上"说、授、评"公开研究课活动，此次活动由保健系中医按摩教师李健美执教，授课内容为运用经络腧穴来提高人体正气。全市各区县（市）老干部（老年）大学管理人员和教师代表，长沙市老干部大学保健系教师、学委会代表、教育教学专家、兼职教研员等 50 余人参加活动，学校副校长贺佳妮主持活动。

　　"经络穴位推拿，辨证按摩有法；教学直入心田，健美送给大家。"按摩班教师李健美曾经是长沙市按摩医院康复治疗师，2014 年代表湖南省参加全国职业技能大赛取得优异成绩，个人的专业技术得到高度肯定和赞扬。她于2010 年进入长沙市老干部大学任教，运用自己的聪明才智，丰富的教学经验、娴熟的推拿技艺，为诸多渴望养生保健、活出生命质量的老人们送来了健康、自信和美丽，主讲的中医按摩课程深受老年人的喜爱和欢迎，学员们都亲切地称她为"最美李老师"。健美老师先后获得学校"优秀教师""明星教师""人气教师"等称号。2018年,她的课件《老年按摩术》系列视频被评为第五批全国老年远程教育优秀视频教材。从2021年3月起,她录制的3分钟穴位保健按摩视频,还在公交、地铁、磁悬浮列车上滚动播放。

李老师这次说课的主题是运用经络腧穴来提高人体正气。首先,健美老师在"说、授、评"微信群里,用直播的方式向全体参加活动的老师说课。她从教材、学情、教学目标、重点难点、教学方法、教学准备和教学过程等七个方面向听课的老师述说了她对60分钟线上课程的教学设想。在说到学情时,李老师分析,国内已进入老龄社会,老年人身体会出现不同程度的不适或慢性基础病;所教的这个班学员的年龄普遍在50~80岁之间,学习程度、接受能力、理解能力也参差不齐,有的反复学习按摩推拿好几年,有的接触这门课程才一两年。开展线上微信群教学以来,在李老师的教授下,学员们系统地了解了推拿按摩的基本知识,也掌握了一些常用的按摩手法和基本穴位。因此,这次课李老师重点教授常用的穴位,并结合老年人的生活实际、身体状况,还结合如何加强自身抵抗力,采用适合他们的内容即运用经络腧穴来提高人体正气进行授课。李老师对本课的教学目标定得非常实在,知识目标是了解什么是中医学的正气,正气在人体中所发挥的作用;了解人体正气不足时的具体表现;学习一些扶助提高正气的生活方式。技能目标是掌握督脉循行走向及作用;学会大椎、神阙、关元、足三里、三阴交穴的定位及穴位操作方法。情感目标是增强自我保健意识和防护意识,以积极乐观的生活态度扶正祛邪,强身健体。上课前,李老师先将上课的流程发到群里,让学员了解本次课的主要学习步骤。开始上课,参加听课的老师通过微信进入了授课班级微信群。李老师从复习—新授—学员反馈—老师点评—课后总结、作业布置,可以说是一环套一环,层层递进。而李老师预先录制好的21个教学短视频则贯穿于整个教学过程,一气呵成。特别是在具体操作穴位时,通过短视频的播放,可以看到李老师采取了两种教学方法:一是她一边在自己身上找准穴位,演示给学员看,一边教授学员找穴位的方法及操作方式;另一方面,为了便于学员在家给家人操作,她还特意请一位男学员来当模特,教大家怎样为别人进行这几个穴位的定位和按摩。每个视频都有文字演示及人物操作具体穴位的特写镜头，学员看得清楚明了。在微信群里，李老师虽然不能直接和学员面对面，但是她通过短视频教学、文字提示、语音交流点评、数字反馈互动及时了解学员的学习状态，及时进行指导完善，达到了微信群课堂的最佳教学效果

说、授课结束后，开展第三阶段的评课讨论。首先是副校长贺佳妮发言，她谈到李健美老师的专业素养过硬，包括技术技能扎实、临床经验丰富，这是前提；她认为李老师教学设计符合老年人实际，教学流程清晰，节奏紧凑，重点部分和辅助部分的讲解强弱得当；同时老师的教学准备充分，从短视频的展示来看，运用效果都很好；微信群中师生互动，及时签到、及时反馈答疑、上传作业视频等都能及时了解学员的学习状况，看得出平时良好的师生关系。当然，贺校长也提到，开展这样的教研活动，展示学科课程，和学校的支持是分不开的。比如，学校有适合老年按摩教学的教学大纲和自编教材、学校专家的指导、班级主任、管理人员下沉到班级微信群，关注每次线上教学，这都为如何上好优质老年教育线上课提供了服务。贺校长还强调了线上教学视频"短小精悍"的重要性，不宜过多，要运用恰当，为学员直观学习、把握重点和难点服务。学校教研室教研员刘莲老师肯定了李老师"功夫在课外"。她认为老师注重技能示范演示，抽象理论形象化，复杂穴位直观化。老师一边示范，一边讲解，鼓励学员学习、自悟、体验。李老师化难为易，化繁为简，引导学员在感情和行为上积极参与，增强了学习的兴趣，从而提高了课堂教学效率。教务处主任黄庆达表示本堂课为大家提供了另一种类型的技能型课，非常成功，非常接地气，对听课的老师们如何上好线上的课有很好的启迪作用。整堂课结构完整，教学节奏紧凑，说、授课衔接好；讲、练结合好，既遵循了课堂教学规律，师生又交互性强。黄主任也提出了建议，如说课时，对教材的选择使用还可结合学员的实际谈谈怎样确定和灵活运用的；而短视频的制作选用还可以更加精准。各区县（市）老干部（老年）大学管理人员与教师代表、长沙市老干部大学保健系教师、学委会代表、兼职教研员等通过文字形式发来点评30余条，大家充分肯定了李老师课前准备充分、说课条理清晰、重点突出、教学设计与实践紧密结合、师生互动到位，并纷纷表示此次授课是一堂可感可知可见的实效课，借鉴性强，接

地气，值得推广学习。

最后，校领导龙志斌肯定了各区县（市）老干部（老年）大学领导重视、组织严密；市老干部大学精心准备、注重实效；教学中师生积极投入效果好。这次活动目的明确，对全市统筹好线上老年教育工作有重要的指导价值。

线上教学，给长沙市老干部大学老师和学员带来了新的挑战和新的学习机会。网络的优势与便捷，不可能完全代替线下教学中老师与学员面对面的互动与沟通，但微信群教学确实开拓了授课方式的新领域。而在科技水平日新月异的今天，还可以有更多的探索与完善的空间。如何将线上线下教学很好地结合、互补，将成为老师们不断探索的课题。

手工改造旧 T 恤　环保时尚魅力添

——述评柳佳老师的手工布艺公开研究课

陈志丹

　　长沙市老干部大学综合系的剪纸、钩织、串珠、手工布艺等班都很受女性学员欢迎。每年的校园文化艺术节，都有大量她们的作品在教学楼的学习橱窗、一楼大厅的展台上展出，前来观看的学员络绎不绝，新学员热情高涨，争相报名。

　　你看，每周一上午，5 楼手工布艺教室总是热闹非凡，学员们聚在一起，忙着制作布艺作品。任课老师柳佳穿梭在学员座位间，不时比画着、讲解着，大家都沉浸在愉悦的手工布艺制作之中。

　　手工布艺，指的是传统意义上的布艺，即指布上的艺术，是中国民间工艺中一朵瑰丽的奇葩。2018 年，长沙市老干部大学根据老年学员的需求，特意从省老干部大学请来柳佳老师任教手工布艺这门课程。柳老师毕业于湖南师范大学，她心灵手巧，因对民间布艺制作情有独钟，辞去了小学教师的工作，专门成立心手艺工作室，专注美观实用的手工布艺品的设计、制作和教学，是长沙手艺盟创始人。2022 年 6 月 6 日下午，长沙市老干部大学在柳佳老师任教的班级举办了本学期第二次"说、授、评"教研活动，学校副校长贺佳妮，综合系教师、学校教研教务专家、兼职教研员、学委会代表、学校管理人员及各区县（市）老干部大学代表共计 60 余人参与了这次"说、授、评"公开教研活动。

　　柳佳老师此次说授课的主题是"旧物改造，变废为宝"。首先，柳老师向各位老师说课，她从教材、学情、教学目标、重点难点、教学方法和教学过程等六个方面述说了她对整堂课的教学设想。这是个新班，通过大半个学期的学习，学员们基本掌握了布艺基础知识、基本针法和技巧。为更好地激发学员们的观察力、创造力和想象力，在课程中，柳老师特别设计了几节旧物改造的教学内容。这节课就是旧物改造的第一堂课，制作环保袋。柳老师考虑到老年学员大多都经历过从无到有的艰苦年代，还保持着勤俭节约的良好传统，选择最贴近生活的 T 恤衫，工具只要一把锋利的剪刀，对闲置又不舍得丢弃的旧衣服——T 恤衫进行废物利用。柳老师认为，对于刚入校不到一学期的学员来说，利用旧 T 恤衫改造成环保袋，操作相对简单，重复性动作较多，便于记忆，不仅能很好地锻炼她们的手、眼、脑的灵活度，还能让她们体会手工的乐趣。材料和工具都是从生活中来，作品再用到生活中去，既能变废为宝，又简约时尚，环保实用。因为这是典型的技能型课，柳老师将教学过程的设计分为四个步骤：实物展示，激发兴趣—视频演示，分步讲解—实际操作，巡视指导—成品展示，小结点评，这样的设计很符合老年学员循序渐进的学习和实际操作。

接下来，柳老师进行课堂教学。老师先开门见山问学员家里的旧衣服是怎么处理的，然后给学员们展示自己用旧 T 恤改造好的环保袋。学员看到漂亮实用的环保袋，眼前一亮，跃跃欲试，都想动手制作。老师因势利导，通过大屏幕播放演示"环保袋的制作"视频，自己同步讲解。每播放、讲解完一个步骤时，老师会暂停视频，引导学员进行操作，她下到座位上巡视指导，发现问题，及时讲解、纠正。在巡视过程中，柳老师看到学员们很用心地制作、很有创意的时候，便不时给予鼓励和表扬，让学员们做得更上心。学员基本制作完成后，柳老师很随意地请几位学员在座位上将她们做好的环保袋向全班学员展示、介绍，老师及时进行点评。临近下课，柳老师将环保袋的制作全过程重新梳理了一遍，加深学员的印象。最后还不忘进行拓展，布置大家回家后还可以采用不同形式，继续装饰不同图案的环保袋袋面；也可想想旧 T 恤衫或其他旧衣服可进行怎样的改造，使之物尽其用。

说、授课结束后开始第三阶段的评课讨论，由长沙市老干部大学副校长贺佳妮主持。在她的引导下，参会人员纷纷对柳佳老师的说、授课进行评议、研讨。大家畅所欲言，将听课的所想、所感、所悟进行交流。首先是综合系主任李青松发言。作为年轻的男教师，他感到这样的课很有趣味性，看到一个个漂亮、美观的环保袋做出来，很羡慕！他夸这是一堂成功的课，老师先将环保袋的制作视频带到课堂，配合老师一步步讲解，学员们都看得清楚听得明白，特别是重点、难点部分进行强调，非常有效。李老师还认为课堂气氛调动得好，学员的学习氛围很浓，一节课下来，将旧 T 恤衫变为了环保袋，个个都乐呵呵的，很有成就感。手工布艺班的班长，感谢学校为老年学员提供了这么好的平台，请来技艺超群的柳老师教她们制作各种美观实用的饰品，使她们每堂课都上得轻松愉快。每次都是高高兴兴来，收获满满地回去，又期待着再次来上课，感到很满足。学委会宣传部部长廖虔虔深有感触地说，参加这次活动，"脑洞"大开，能举一反三，让我们在生活中发现许多旧物可以进行改造，变废为宝。她还认为这些爷爷奶奶们勤俭节约，通过自己的劳动创造美，物尽其用，也为自己的儿孙做出了榜样，所以对柳老师教大家掌握这些技巧，美化生活，非常佩服。芙蓉区一位编织老师深有同感，她用四个字概括全课，即看—说—剪—系，让学员手脑并用，整个课堂都生动起来了！长沙县老干部大学的柳颖萍校长评价说，这是一次成功的课，有四好：一是选题好，抓住了老年人舍不得丢东西的心理，变废为宝，让材料源于生活中的废品，从而又变为作品用于生活，激发了老年人的兴趣；二是方法好，老师引入门循序渐进，学员边看视频边听老师讲解，操作步骤有条理；三是细节强调得好，如环保袋制作中编织流苏是难点，怎样剪怎样系结，老师都交代得很清楚；四是效果好，老师对自己的作品展示起到了好的示范作用，学员学会了后当场向大家展示作品也非常美，有成就感。柳校长建议还可根据 T 恤衫不同的式样采用不同的创意。长沙市老干部大学教研员张汉芳对柳老师的这次课评价很高，夸老师整堂课融会贯通，行云流水，节奏把握得好。老师时刻将学员放在心上，和学员打成一片，带领着他们创造美、享受美，利用旧 T 恤进行二次加工，本身就体现了一种环保新时尚。还有学校兼职教研员张定浙、袁俐，综合系其他老师代表都从不同角度充分肯定了柳佳老师的说课和授课，也提出了中肯的意见和建议。教务处黄庆达作了综合评价，她认为这次说、授，包括评课，是成功、圆满的。前面的说课是教学的设计，越设计得好就越能达到说、授课的高度统一。柳老师的课是技能型课，设计的四个步骤和制作的四个环节都清楚明了，说课和授课是一致的。老师注重教学的趣味性，开课引入简洁，一下就让学员产生了兴奋点。老师采用的教学方法，通过短视频播放，老师讲解，提高了课堂教学效率。黄主任还指出这节课的题材好，一课一得，老师用了心。制作环保袋的步骤层层递进不复杂，学员方便操作易掌握，学习积极性调动起来，达到了事半功倍的效果。课将结束时，如果让每组学员派代表到讲台上展示各自的作品，老师当场点评肯定，那将会激发更大的学习热情。

最后，贺佳妮代表学校感谢各区县（市）老干部（老年）大学对这次"说、授、评"公开研究课活动的支持，肯定了本次课对技能型课程具有突出的示范作用，并表示学校将在贯彻落实"强省会"战略中继续发挥好"说、授、评"公开研究课活动对区县（市）的指导辐射作用，加强以研促教体系建设，进一步推动全市老年教育教师队伍素质与课堂教学质量实现"双提升"。

创设情境　加强互动　体验感悟　益智赋能
——述评刘艳平老师的隔代教育公开研究课

陈志丹

"哎，您听说没有，长沙市老干部大学开设了两个研究生班。"

"真的？是学什么专业？我也想报名！"

可不是嘛，长沙市老干部大学从 2019 年就开设了隔代教育班，教程两年，教爷爷奶奶、外公外婆学习怎样用科学的方法来培育孙辈，所以大家戏称为"研究孙"班。

由于各种原因，国内相当一部分小孩由祖辈抚育、监管、看护，所以定义为隔代教育。隔代教育是中国的一个突出现象，这是一种特殊的家庭教育方式。随着时代的变迁和教育对象本身的变化，怎样运用科学的方法来教育后代，是摆在孩子祖辈面前的一个重要课题。长沙市老干部大学根据国情的需要、社会的需要和家庭教育的需要，及时开设了该类课程，并聘请专业的旅小鱼团队来教授这门课程，以满足老年朋友的需求。

如何让老年学员保持与时俱进的学习态度，学习新观念，接受新事物，了解新方法，特别是努力掌握孩子的身心特点，采取科学的、孩子们乐于接受的方法来进行教育，旅小鱼团队进行了深入探讨。他们依托《阿德勒心理学讲义》《正面管教》《发展心理学》等书籍，将老年人心理、儿童心理与家庭教育方法有效结合，制定了一套两年制 64 课次、实用性与时效性相结合的隔代教育系统课程。

为了将这种教学探索进行交流、推广，让更多老年大学教师学习借鉴，2022 年 5 月 10 日下午，长沙市老干部大学在隔代教育班举办了本学期第一次"说、授、评"教研活动。学校负责人贺佳妮，综合系教师、学校教研教务专家、兼职教研员、学委会代表、学校管理人员及各区县（市）老干部大学代表共计 60 余人参与了这次"说、授、评"公开教研活动。

担任这次说、授课任务的老师是旅小鱼团队的刘艳平老师。刘艳平老师毕业于湖南师范大学教育类专业，是国家二级心理咨询师，美国正面管教协会认证家长讲师（CPDPE），荣格曼陀罗绘画心理训练师。她开办过 80 余场家庭教育正面管教公益讲座，还在多所中小学开展情境互动式心理课。2019年，刘老师代表旅小鱼团队来长沙市老干部大学任教隔代教育班，一直采用分组互动式情境教学，让学员亲身体验如何教育孙辈，很受学员欢迎。

刘老师这次说授课的主题是如何在隔代教育中有效鼓励孩子。首先，刘老师向老师们说课，她从教材、学情、教学目标、重点难点、教学方法和教学过程等六个方面对听课的老师述说了她对整堂课的教学设想。在说到学情时，刘老师分析，在隔代教育中，一方面，祖辈们用在养育孙辈上的时间、精力较充沛，出于对子女一代缺乏照顾的补偿心理，倾向于用"孩子喜欢听的话"夸孩子，过度关注，过度迁就；另一方面，部分老年学员因个性与生活经历的影响，习惯于用指责与批评的方式，虽意识到应该"鼓励教育"，却不知道具体该如何鼓励，只会用"你真棒""你太厉害了"这样空洞的句子。因此，她本课将主要采用"体验式教学法"。通过教师创造实际或模拟情境，使学员在亲身经历与充分参与中，获得个人感悟和经验，建构知识、提升认识、发展能力。课上，将以学员为主体，注重学生的参与实践与情感投入，而教师仅作为一位"带领者"，主要起引导与梳理的作用。课中运用角色扮演、头脑风暴、教师示范、分组练习等方式进行教学，营造轻松愉快、有利内化的课堂氛围。

刘老师是这么设想，也是这么实施的。上课时，刘老师运用"四步教学法"循序渐进地开展教学。她从认知层面入手，以互动体验为核心，以分组练习收尾，实现理论—体验感悟—实践的过程。上课伊始，情境导入，"猜猜我是谁？"老师讲出这个人的几个特征，让学员猜，学员一下就猜出来是刘老师本人。然后刘老师通过相应的问题设计，引导学员认识到这就是"贴标签"。并请学员思考：在隔代教育中有哪些行为是在给孩子贴标签？给孩子负面评价是在贴标签，进行正面评价也是贴标签吗？老师将学员引入下一步体验式教学中，邀请 15 位学员分别扮演两类用不同方式教育孙辈的祖父母，其中 1 人扮演孩子。刘老师请 14 位"祖父母"念出提前准备的纸条上的话，请"孩子"自然反应。询问"孩子"与"祖父母"的感觉、想法与决定；学习"描述式鼓励"并讲解"描述式鼓励"的两大态度与三个步骤。一个态度是"关注正面互动"。老师出示一张试卷，问大家看到了什么，通过大家的关注点体验"关注正面"这一理念。另一个态度是"一个行为不当的孩子是缺乏鼓励的孩子"。接着讲三个步骤，步骤一：关注正面（即使更糟糕的情况，也有值得称赞的地方），或每一个小进步——看到孩子不当行为背后的动机与需求。请学员在 PPT 上找到这样的话。步骤二：清晰描述具体行为——指着鼓励一组的话语问："哪些话是在清晰描述孩子值得鼓励的行为呢？"请学员说出来。步骤三：用一个相应的品质做总结，如"我看到你在小朋友排队时主动维持秩序，这叫作有集体荣誉感"。如何对孩子进行"描述式鼓励"？刘老师按照平时的学习方式，进行小组练习。刘老师先出示练习情境：你带孙子去超市购物，说好一次只买一样零食。你看到他在零食柜前拿起一种零食又放下，再拿起一种零食又放下，如此反复，10 分钟了还没选好零食。请用合适的话语鼓励孩子。然后请所有学员以小组为单位，进行"头脑风暴"，老师下到各组进行指导答疑，最终每组形成一句全组认可的"鼓励"话语。最后根据上课时间，邀请 1～2 组派代表展示本组的"鼓励"话语。课将结束，刘老师根据多媒体课件的板书，适时梳理小结，并布置学员回家的体验作业，鼓励学员在生活中练习，注重课堂所学在生活中的运用延伸，使学员在对孩子表扬和鼓励方式的体验中教育方式有新的改变。

　　说、授课结束了，参会人员开始了第三阶段的评课讨论，由副校长贺佳妮主持。这次评议讨论的参与人数很多，短短 90 分钟，就有 14 位老师和学员代表发言。他们一个接一个畅所欲言，或指出优点，或找出亮点，或提出疑问，或反思自己，或提出建议，讨论热烈而有序，研讨的氛围十分浓厚。首先发言的是兼职教研员袁俐，她认为学校开设"隔代教育"这门课程，把住了时代热点，很有必要。2022 年正逢开始实施《中华人民共和国家庭教育促进法》，将家事变为国事，把孩子的成长摆在重要位置，这样就使家庭教育变得有章可循、有法可依了。她评价老师的教学四步法到位，感知《现象入手》—归因—拓展（类型、步骤）—践行（举一反三），教学步骤清晰。对于说课，袁老师提出还可在说教材时加强逻辑性，对使用的教材有更明确的表述说明。开福区老干部大学教务处主任陈红对这次活动赞不绝口，他认为每次参加长沙市老干部大学的"说、授、评"活动都有收获、有启发。对刘艳平老师这次说、授课，他评价为三个字——高、巧、实。高，表现在格局高、定位高及教学水平高。选择对学员进行隔代教育培训，是当前的热点，很及时；内容选择适度，教授学员学习怎样有效地鼓励孩子，小中见大；课有难度，老师能引导着层层递进，有效破解难度。巧，一是设计巧。他认为整个说课、上课各环节设计完美科学，达到了有效推进。二是应用巧。刘老师课上的教学方法多种，特别是课堂体验式教学，让学员操作演练，给人耳目一新的感觉。实，一是流程实。说课环节，以及教学的几个步骤一环套一环非常实在。二是目标实。知识技能、情感目标实在，老师能换位思考，了解学员的需求。陈主任也提出了建议，认为课上的游戏还可设计得更科学，使之达到水到渠成的效果。教研室刘莲老师发言，她夸奖刘艳平老师的"体验式教学"有实效。在课堂上创设一个真实的模拟情景，提供一部分学员直接参与到可触摸、可客观评价的真实场景体验。从描述性鼓励层层递进，到赋能性鼓励，使课堂活起来，使理论变为易记易操作的实践。她还认为刘艳平老师最大的优点在于将隔代教育赋予了崭新的理念：即如何关注孩子的正面行为，并且给予正面鼓励。没有了家长愤怒的面孔；没有了老师严厉的目光。孩子在纠正行为中反而得到了鼓励，心灵得到了放松，避免了孩子叛逆的心理障碍发生。现场模拟场景再现：各抒己见的方式，很生动也很形象，汇聚了大家的智慧，学员都有所触动。通过表扬和鼓励，建立起了一个祖辈和孙辈沟通心灵的绿色通道。还有学委会代表廖虔虔、隔代教育班学员代表纷纷发言，对刘老师的教学给予充分的肯定和赞许，都认为受益匪浅。各区县（市）的教师代表都踊跃发言，研讨气氛非常活跃。长沙市老干部大学教务处主任黄庆达作了综合评点。她首先肯定这次"说、授、评"教研活动的成功，为刘艳平老师的辛勤付出、为大家在百忙中抽出时间来参加活动，积极参与并争相发言表示感谢！黄主任认为这是一堂成功的课，具体体现在以下四个方面：一是教学过程完整，对老师的培训，对学员的指导是有帮助的。

二是教学方法多样，不是单一的讲述，有互动、有体验、有约定，这是刘老师的特点。三是用理论指导实践的课，教育理论是通用的，教育的对象不同，思想感情不同，就会导致教育有偏差，所以要克服祖辈对孩子教育上的顺应或者是溺爱。四是这是一节共情的体验课，有孩子的角色扮演，有爷爷奶奶的角色体验，整个过程强调了学员自己的感受，使得学员更加投入其中。围绕隔代教育中的鼓励与表扬，通过老师引导，学员找出鼓励和表扬的共同点和不同点进行比较，并展开系列情境体验及分组讨论，让学员知晓什么是鼓励，为什么要鼓励，以及怎么样鼓励孩子，真正达到了内化于心，外化于行，体验触发改变这一目的。当然，这堂课也有提升的空间，如在难点的突破上还要下功夫，情境的创设上还可设计得更完善。总之，瑕不掩瑜，这是一堂值得大家学习借鉴的优质课。

最后贺佳妮总结了此次活动。她感谢老师们为老年教育付出的心血，这种既严谨又活跃的教研精神值得发扬。她曾经几次听刘艳平老师的课，她认为刘老师所任教的隔代教育课程吸取了心理学阿德勒个体心理学理论和简·尼尔森的《正面教育》理论，在课堂教学中，刘老师一直坚持采用情境教学法，通过角色扮演、分组互动讨论等模式，将育孙方法传授给老年朋友，这在老年大学教学中吹进了一股春风，打破了传统教育的桎梏，改变了广大老年学员的思维方式。刘老师思路清晰，表达流畅，与老年学员配合默契，亲和力极佳，真正实现了知识和情感两条信息流的建立、融合和通畅。

"教研相长，笃行不息。"贺校长谈到，"说、授、评"教研活动为老师们搭建了学习、提升的平台，老师们参与其中，在交流研讨的碰撞中，充分享受着老年教育课堂教学研究带来的魅力。相信在教与研携手，学与思并肩的探索中，老师们能更加行稳致远，进而有为！

教大家玩转智能手机　让课堂充满生活气息

——述评李青松老师的智能手机公开研究课

陈志丹

"我要学习，我要成长，我要获得小李老师的点赞"，随着李青松老师的领诵，多功能厅一百来位老师迅速转换角色，进入了课堂学习的最佳状态。

2021年11月9日下午，长沙市老干部大学组织的"说、授、评"教研活动在中共长沙市委老干部局主办的全市老年教育工作者培训会上拉开了序幕，全市各区县（市）老干部大学领导、管理人员、近百位老师代表参与学习活动。

担任此次说、授课的老师是长沙市老干部大学综合系主任李青松。他在长沙市老干部大学任教已十余年，始终把自己定位于一个和老年朋友共享课堂的伙伴。在课上，他真情投入学员的活动之中，倾听他们的意见，解决他们的疑难，指导他们操作并及时评点、激励他们，课堂教学朴实、用心且生动。他的手机24小时开机，及时回答学员们的各种问题，学员都夸他为"全天候"老师。

活动开始，大屏幕先演播李老师的说课视频，他说课的题目是"巧引导　抓细节　讲连贯"，说课的内容是手机照片上传到QQ相册。李老师的说课视频自然流畅，PPT做得很有特色。说课过程中，李老师对教学的几个板块进行介绍，如教材简介、学情分析等，他介绍分析得恰如其分、合情合理。李老师制定的教学目标包括：①知识目标：学习把手机中的照片传到QQ相册中的方法；②能力目标：通过学会把手机中的照片传到QQ相册中，增强使用手机软件的能力；③情感目标：通过学习，增强使用智能手机的信心，加强人际交往。这些都很实在，具有实用性和时效性。那么如何教呢？李老师拟采用六个步骤：联系实际巧引导—注重操作给思路—示范引导重细节—巡回检查找问题—再次演练解难点—加强巩固求拓展。这充分体现了技能型课的教学程序（或者说是一种模式）。特别是借助手机视频演示来教大家怎样一步步操作；在如何解决难点中，李老师设置的照片查看权限的各个步骤，都很符合老年人学习的特点，亦步亦趋，层层递进，强调各个环节中的细节；讲求每一步的连贯，是符合老年课堂教学规律的。

李青松老师上课生动有趣、诙谐幽默。上课伊始，他鼓励大家认真学习，以获得小李老师的点赞，很快就把大家带入了课堂情境。他首先利用聊天的方式引出了大家迫切需要解决的问题：手机空间不足，相片多了怎么办？小李老师带大家来想办法解决。这样一下就激发了学员的学习欲望。接下来，李老师按照他说课的设想，教大家怎样按照步骤传送照片到 QQ 相册。李老师遵循了技能型课程的特点和学员年龄的特征，充分运用多媒体辅助手段，采取边教边练的教学方法。一节课下来，老师示范、演示、引导；学员动脑、动手、练习。在李老师的耐心指导下，学员基本学会传送相片到 QQ 相册了。李老师趁热打铁，进行传送 8 张相片到 QQ 相册的比赛，当老师宣布比赛要领后，大家都紧张投入传送中。一个、两个、三个……太快了，不到三分钟，大家几乎全部传完，个个举手示意，都想得到李老师的点赞，多媒体厅沸腾起来了。李老师下到学员中巡视检查，及时进行表扬点赞，发现问题后再集中讲解。特别是针对本课的难点，怎样设置权限，以防隐私泄露，李老师教给了大家四种简便易行的操作方法，帮助大家快速解决了传送相片的担忧及顾虑。即将下课，李老师展望 5G 技术的加持，鼓励大家玩转智能手机，掌握未来的生活之道。

担任这次活动的主持是长沙市老干部大学副校长贺佳妮。在她的引导下，各区县（市）听课的老师纷纷对李老师的说、授课进行评议、研讨。老师们都畅所欲言，将听课的所想所感所悟进行交流。首先是教研室陈志丹老师发言，她先向大家介绍李青松老师，特别对他的说课视频赞誉有加，因为这个说课视频，上个月由学校选送，参加了在湖北宜昌举办的全国老年大学协会第二届说课比赛，李老师还荣获"优秀说课教师"和网上"说课明星教师"的殊荣。从整个说课来看，李老师自然大方，讲授演示清晰明了，PPT 穿插在其中，既说清了怎么教，又强化了为什么这样教。特别是解读了操作实践的各个步骤，让学员在课堂上尽量掌握传送技能，回家再复习巩固。陈老师认为，李老师的现场上课生动有趣，印证了他的说课设想，取得了预期效果。具体说有几个特点：一是这是一节课型特点鲜明的技能型课。李老师示范演示，引导学员动脑动手，学练结合，方法运用得当，符合老年人的学习特点。二是课程的设计科学合理。老师从学员的需求出发，引导学员提出问题：手机的内存不足怎么办？老师带大家来解决问题，导出今天要学习的内容。因为是学员的需要，目的明确，学员有兴趣学习。整个教学过程层次分明，实践操作，互动活跃，学习竞赛，气氛融洽。三是体现认知的基本规律。李老师从感性到理性，由浅入深，循序渐进，发现问题，及时指出；共性问题集中讲解，整个教学环节体现了温故知新、质疑解难的原则。四是老师教学态度明朗。课堂上，李老师始终以晚辈的谦和微笑面对大家，轻松幽默地讲授每一步，由浅入深，不急不躁，真正让人感到这是无压力的学习。陈老师也提出了李老师的课还有提升的空间，她认为，老师的语言还可更精炼，学员的练习还可加强，课结束时的拓展还可更扣住主题。在评议研讨的一个半小时就有各区县的十几位老师发言：有的谈学习体会；有的联系自己教学谈想法；有的提出了进一步优化的建议……整个多媒体厅充满了浓浓的研讨氛围。来自雨花区的袁杰等老师赞扬李老师准确把握了老年教育的学员情况；天心区罗玲等老师从学员和教师两个角度肯定了李老师的教学效果；岳麓区罗迎军等老师称赞李老师的教学既提升了学员的学习信心，又激发了学员的学习动力；芙蓉区丁孟霞、长沙市老干部大学李云辉等老师欣赏李老师教学重点突出，课程结构严密，问题设计巧妙；开福区佘炼、浏阳市张银珠等老师表示李老师把课堂安排得生动活泼值得学习，"说、授、评"的教研形式很值得推广。而教研室刘莲老师的评议，更是引发了大家的共鸣：李青松的课有激情、有智慧、有效率。刘老师指出在达成目标的过程中，李老师根据学员反馈，发现大家普遍担心泄露隐私照片后，进一步教授了如何设置相册权限，深化了教学内容；同时，李老师适应教学需要，运用信息化手段，有声像、有视频、有实操，让学员轻松愉快地学会了上传照片，是一堂教学内容和形式融洽、实用性强的好课。学员在课堂中学到了实实在在的东西，进一步锻炼了实践的能力，进而发展到有良好的、积极的情感体验，产生进一步学习的强烈需求，推动了他们自主学习的积极性和主动性。刘莲老师表示，"教育不是灌输，而是点燃火焰"，希望广大老师把老年教育的课堂变成点燃师生的求知激情和教学智慧的殿堂。教育的本质意味着一棵树摇动另一棵树，一朵云推动另一朵云，一个灵魂唤醒另一个灵魂。期望通过一次次教研活动推动各团队的发展与成长，大家一起携手，担负起时代赋予老年教育的神圣使命。

最后，校领导龙志斌做总结发言。他首先充分肯定了担任此次说、授课的李青松老师教学方法灵活，语言诙谐幽默；课上耐心细致、内容量身定做，准备也很充分，是一堂成功的课。龙志斌从大局着眼，强调了公开研究课的意义、价值取向及最后达成的课堂效益；希望各县（市）区老干部（老年）大学树立研究意识，浓厚研究氛围，创新教学研究的多样化形式。全体教师要不断提升教学水平，涵养教学态度，提炼教学方法，推动全市老年教育质量不断攀高。

"水尝无华，相荡乃成涟漪；石本无火，互击而生灵光。"一次研讨，一次成长，通过教研活动，老年教育工作者将继续在教学研究中丰盈自我，提高自身的专业素养和教学水平，在各自的教学专业领域不断创新，不断提升，让老年教育课堂教学更适应老年朋友的需要。

玩手机的爷爷奶奶遇上了会跳的青蛙

——述评刘晶晶老师的手机短视频公开研究课

陈志丹

画面一：趣味折纸班的学员用五颜六色的纸折出了活蹦乱跳的青蛙，她们四人一组在课桌上按动青蛙的尾巴，让青蛙蹦跶跳跃，一个个脸上都洋溢着孩童般的笑容……

画面二：教室的多媒体电脑上正播放着趣味折纸班学员折青蛙的一个个短视频，手机短视频班学员们坐在座位上看着自己的制作成果，体验感、成就感溢于言表……

"说、授、评"教研活动在长沙市老干部大学开展已有四个年头，随着活动的深入，如何创新，让老年教育的课堂教学能更好地满足老年朋友的需求，正是老年教育工作者一直思考的问题。作为尝试，周一上课的手机短视频班刘晶晶老师和周一上课的手工布艺班柳佳老师一拍即合，设想采取联动上课，以手工布艺班学员为"模特"，手机短视频班到手工布艺班进行拍摄体验，将课上的理论操作步骤付诸实践。这无疑是一个大胆的创意，行不行得通？两位老师的想法得到了学校领导的大力支持，像这样的技能型班，在保证学员安全的前提下，打破教室的壁垒，在校园内走进另一个场景，两个班学员互相交流学习，边学边实践，达到活学活用、立竿见影的效果，这何尝不是一件好事？几经磨合，逐步成熟。

2023年11月24日下午，学校举行本学期第二次"说、授、评"活动。这次活动是以手机短视频班刘晶晶老师的说、授课为主，柳佳老师的趣味折纸班"打配合"。以趣味折纸班学员学习制作"会跳的青蛙"全过程，为手机短视频班学员切换景别在短视频中的实操与运用提供素材进行说、授课。

学校校委会、教研室教研员及兼职教研员、综合系老师、学委会代表，还特邀请各区县（市）老干部大学的同行共计 80 余人来参与这个别出心裁的公开研究课活动，课后进行评议，活动全程由主管教研工作的副校长李玉兰主持。

刘晶晶老师这次说课的主题是"用镜头记录生活，用视频展示才艺"，教学内容是切换景别在短视频中的实操与运用。

活动开始，首先播放刘老师的说课视频。她从教材简介、学情分析、教学目标、教学重点难点、教学方法、教学过程等六个方面向听课的老师介绍这次课的教学预设。在教材简介时，刘老师谈到手机短视频课程使用的教材是她自己编写的，之所以自己编辑教材，原因有三点：一是手机短视频是近几年才有的新鲜事物，市面上很少有系统讲述相关类型的教学书籍；二是手机短视频是在手机上进行操作的，而现在科技发展日新月异，手机的更新换代太快，教材更新频率太高，她所编撰的 PPT 教材会根据技术革新和网络热点，每半年更新一次；三是购买的书籍和网上的教程都是针对年轻人进行教学的，很少有针对老年人制作的教材。考虑到老年人身心理特点及在手机操作上的实际问题，因此编辑的课程内容相对会更注重基础性，步骤会更详细明确，指向性也会更强。

说到学情分析和本课程制定的教学目标，刘老师结合自己班实际情况进行分析，体现了老年教育的特点，即学习的对象是老年学员，而老年学员的构成比较复杂，年轻点的学员有五十出头的，年纪大的也有八十岁的。虽说都是退休人员，但是年龄差距其实相当大，她们班甚至有女儿和妈妈一块来上课的。因此在教学设计上就需要充分考虑到学员的年龄特点。刚退休年纪偏小的，或者是对手机学习和操作熟练的学员，会希望学习到比较"高级""炫酷"的复杂操作与技巧；而年纪偏大的学员，或对手机操作非常生疏的学员，只希望能"随便拍拍"，做出个视频出来就好。考虑到不同学员的不同需求，刘老师在课程设计上制定的知识技能目标分别为"基础目标"与"进阶目标"。因为本次课的教学内容是通过学习景别切换这个拍摄的技能，让学员制作的短视频成片体现更加完整的叙事表达及更加丰富的画面；让学员拍摄制作的短视频能积极地记录生活、表达自我。因此，在授课时，刘老师会主要讲解和示范操作基础目标中的内容，但在基础操作讲解完成后，也会提出并讲解部分更具有难度的进阶操作内容。制定的情感目标则是通过拍摄与制作技巧的进阶学习，让学员拍摄出更多样化的视频画面，从而增强自信、增加生活体验感与创作成就感。刘老师为达成教学目标，突出重点、突破难点，拟采用以下几种方法，即演示指导法、对比教学法、情境教学法、多媒体辅助教学法及分层教学法。

设置的教学步骤分为两课时。第一课时，刘老师在自己教室主要向学员讲解短视频中景别的类型，让学员了解规律并示范演示老师自己制作的短视频，从而区别作用，强调拍摄短视频的各个步骤及注意的细节。第二课时，刘老师带领学员到趣味折纸班教室，现场观看趣味折纸班学员在柳佳老师的指导下，怎样将五颜六色的纸片按照步骤折成一个个会跳的青蛙。刘老师要求学员根据上堂课所教的知识技能，进行现场练兵，拍摄各种不同景别的视频素材，还建议操作速度快的学员，另外拍摄一些照片或现场花絮。

从刘老师的说课效果来看，教学重难点拿捏得准，教学步骤环环相扣，整个说课体现了课程设置依据了老年人的身心理特点，最重要的是既说清楚了教什么，准备怎样教，还特别强调了这样教的理论依据，给参加活动的老师们提供了一个很好的说课范例。刘晶晶老师的说课课件，是目前我们看到的多媒体说课课件做得最好之一。图文并茂、动静结合、逻辑性强、步骤流畅，既紧紧扣住了教学，又体现了老年学员平时的课堂学习画面，还配上了说课字幕，让听课的老师耳目一新，清楚、明了授课老师预设这次课的全过程，真正起到了直观、形象的辅助作用。

开始上课了，刘晶晶老师带领学员来到趣味折纸班，要求学员分别按照规定位置呈 U 字形围绕在趣味折纸班学员的周围。首先，刘晶晶老师回顾了第一课时学习怎样切换景别内容的知识点及操作步骤，提出这节课应该从哪些方面入手，对注意事项也进行了一一交代。趣味折纸班的柳佳老师就走上讲台开始正式上课了。她教学的内容是学习折"会跳的青蛙"。柳老师让学员读绕口令：一只青蛙一张嘴，两只眼睛四条腿……一下将学员的兴趣激发起来。导入新课后，柳老师一边通过多媒体课件演示，自己一边一步步讲解折青蛙的每个步骤，两个班的学员都忙碌起来：折的折、拍的拍，两位老师穿插在学员之间，或讲解或示范，整个教室一片繁忙，好不热闹！不到 20 分钟，一个个活蹦乱跳的青蛙面世了，柳老师将学员分成四人一组，让大家尽情地玩起来，红的、绿的、黄的青蛙在桌面上蹦蹦跳跳，手机短视频班的学员忙得不亦乐乎，拍这边，录那边，真是手忙脚乱。素材已拍摄了不少，趣味折纸班学员的任务也已完成，手机短视频班学员回教室开始后阶段的学习实操。

刘老师先将刚拍摄的视频素材做制作示范，再一次讲解短视频制作的步骤与重难点，并在多媒体一体机大屏幕上展示老师示范时的视频制作流程；请学员用刚刚拍摄好的视频素材动手制作；老师下位进行巡视观察，为学员解惑、指导，重点提醒学员有关注意事项。下课前，学员的短视频陆续做好，刘老师挑选了有代表性的三个短视频在教室大屏幕上展示，配上音乐，再现了制作青蛙的全过程。刘老师及时点评其亮点与可改进的地方，学员和教室后面听课的老师，不时发出阵阵赞叹声！即将下课，刘老师对今天的上课内容进行了小结和归纳，她梳理了各种景别之间的切换拍摄技巧，强调镜头语言的表达；视频制作时，镜头衔接的连贯性与故事叙事是否完整；并布置作业，请学员回家后，以"一顿晚餐"或"闺蜜小聚"或"逛公园"等为题材，按照今天上课学习的几种景别切换技巧，拍摄并制作一段短视频。下课了，学员还意犹未尽不愿离去，围着老师展示着自己的杰作……

活动进入第三阶段，来自各区县（市）老干部大学的代表及学校兼职教研员、教育教研专家、教师、学委会、学员代表对刘晶晶老师的说、授课进行评议讨论，参与听课的老师们就这次非常独特的说、授课纷纷发言，谈体会、谈感受、谈见解、谈建议，整个会议室充满了浓浓的研讨气氛。他们对说、授课的刘晶晶老师展现出来的高水平、高素质高度赞扬，既让上课老师在学习交流中成长，又让听课老师在思维碰撞中提升。首先是校长贺佳妮带头发言，她首先欢迎各区县（市）老干部大学的同仁莅临参加这次活动，大家坐在一起学习交流，能使老年教育课堂教学不断完善，教学水平不断提升。对两位老师的课，贺校长认为柳佳老师教学轻松自如，整个折纸过程充满了情趣，让老年朋友享受了开心和快乐！而刘晶晶老师不论是说课还是上课都是那么流畅自然，充满了活力，很受学员欢迎。刘老师的基础目标和进阶目标设置得特别好，这就体现了心中有学员，能根据老年学员的心理特点因材施教，值得各学科老师借鉴。但是刘老师的语速偏快，老年学员因为年龄关系，会有点跟不上节奏，所以学员回应得比较少。其实，在课堂上多一点提问，多一点互动，也能从另一方面检验学员的学习效果。接下来，兼职教研员张定浙发言，他最大的感受就是一个"新"字。他认为这种课型新颖，两个班同时上课，资源共享非常好；思想也新，与时俱进，让老年人也能用智能手机来拍短视频，丰富了老年人的退休生活。对刘老师的说课，张老师认为说得很全面，特别是对学情的分析很到位，并能根据学员的具体情况自编教材；根据学员不同的年龄程度制定基础目标和进阶目标，这都是很符合老年教育规律的。而兼职教研员袁俐对转换场地两个班同时上课很感兴趣，认为这是创新地打破了教室、课程间固有的模式，根据老年大学的特点（组织老年人去外面写生不安全）灵活运用，各取所需，各有所获，是个好方法。这能给两个班学员操作展示机会，让学员放飞自我，达成体验感和成就感。长沙市老干部大学教研室刘莲老师对这次的说、授课也是赞誉有加，她认为刘晶晶老师是长沙市老干部大学年轻有为的老师，有功底、有想法、有创意、有激情，更有潜力。刘老师谈到刘晶晶老师教学思路新颖，对教学内容的处理恰当，时间安排合理，体现了剪辑景别重难点的把控；刘老师的教学手段运用得体。手机短视频是当下最红火的信息载体，是未来的主流，让老年朋友学会这门技术，能使他们与时俱进，适应潮流。同时采用跨班拍摄素材的模式，在老年大学的教学中具有创新意义。各区县（市）的代表都纷纷发言，他们都认为长沙市老干部大学开展"说、授、评"教研活动把各区县都带动起来了，是引领者。特别是这次活动的形式不拘一格，体现了教研的不断创新进取，可能在别的老年大学还没有先例，这是根据老年大学的实际想出来的。这为各区县提供了样板，学了这个方法，在校内实践，就解决了不能带学员到户外的矛盾。还有学校学委会代表、学员代表、综合系老师也争先恐后谈自己的体会、想法及建议，真正体现了"教无涯，研不止"。教务处主任黄庆达首先概括这是一堂"实""新""活"的课，具体体现在：课很"实在"，柳佳老师班上做小青蛙，很快做出来了，有收获；刘晶晶老师班做的短视频也做出来了，两个班都有效果，这就是"实"。课很"新颖"。

课堂有创新，两个不同学科的课堂同时展现出来。柳老师的课是完整的，以一首儿歌引出，学员一下就知道要学做什么，激发了他们的兴趣。刘老师的完整体现在她创新了一种模式，以其他班为"模特"，为她所用，包括美术、摄影等学科都可以这样实操，这也避免了户外教学的安全问题，在学校同样可以实践操作这也是一种尝试。再就是一个"灵活"。这两个课都是技能型课，两个班的课任务明确、步骤清楚、明显，都灵活实现了自己预设的目标。同时，两个班在老师的引领下，生动愉快地创设了教学环境，整个课堂充满了欢声笑语。当然，作为一种公开研究课，还是有值得提升的空间。因为都是老年人了，老师语速太快，有可能导致学员思维跟不上；老师讲解过多，给学员消化、提问、回答的空间就有限了。当然，瑕不掩瑜，刘晶晶的说课、授课很完整；这种授课形式给其他学科老师提供了借鉴的方向，听课、上课的老师及两个班的学员都收获满满，是一次成功的说、授课。

本次"说、授、活动"活动圆满结束，主持活动的副校长李玉兰认为此次"说、授、评"活动是学校首次尝试课程联动的模式，由手机短视频制作班与趣味折纸班以校内操作拍摄的学习方式联合上课，既保障了课堂教学安全，又满足了手机短视频制作等实操课程的拍摄场景需求。希望老师们继续潜心投入千姿百态的教学实践中，在发挥个人特长的同时，凝聚集体智慧，形成教研共同体，在教中研，研中教，同教研，共成长！

最后，学校党支部书记龙志斌代表学校感谢各区县（市）老干部（老年）大学对"说、授、评"公开研究课活动的支持，肯定了此次活动教学有新模式、组织有新形式、学习有新收获，今后要继续将"说、授、评"教研活动打造成老年教育优秀教师的孵化基地，为全市教师提供一个良好的学习和交流平台，为全市老年教育事业的发展增添更多的光彩！

精准　精致　精彩

——述评杨文盛老师的旅游地理课

陈志丹

2024 年 6 月 11 日上午，长沙市老干部大学举办本学期第二次"说、授、评"公开研究课活动。这次活动为方便各区县（市）老师学习，学校又进行了改革创新，采取线上线下同步直播的形式，学校校委会、教研室教研员及兼职教研员、文史系老师现场参与全程活动；各区县（市）老干部大学的同行在线上观看直播。此次活动由长沙市老干部大学文史系旅游地理教师杨文盛承担说、授课任务，她授课的内容是"探寻红色记忆　感悟湖湘文化"。

杨文盛老师是湖南师范大学地理教育硕士，中学地理高级教师，长沙市地理教学能手，全国地理教材培训专家，曾任长沙市政协第十届、第十一届委员。2006 年她受聘到长沙市老干部大学任教，至今近二十年。在长沙市老干部大学，她首创了旅游地理课程，并撰写编辑了《老年实用旅游地理》（中国、世界）一套共四册。她撰写的老年课堂教学论文在全国老年教育刊物发表，并被评为学校教学论文一等奖，文章还多次登载在《长沙市老干部大学学报》和学校《教学动态》上。任教以来，她多次代表学校参加全国、中南地区、市老年大学协会组织的公开课展示，每学期还在学校网络课教室对各区县（市）社区进行教学直播。因她所教课程深受老年学员喜爱，多次被学校评为优秀教师、明星教师、最具人气教师。

杨文盛老师这次上的旅游地理"探寻红色记忆　感悟湖湘文化"一课，全课 60 分钟，是一堂精准、精致、精彩的课，具体体现在以下几点。

1. 精准

校本课程《旅游地理》（4 册）是她根据老年大学的需求自己编写的，

2008 年开始正式使用。当时全国各大院校的旅游地理教材都没有红色旅游这部分内容，随着思政教育地位的加强，杨老师与时俱进，开始以专题形式将这部分内容补充到了教材中，这堂课就是最好的印证。从说课来看，杨老师认真钻研大纲、教材，分析学情，做到有的放矢。如她从教材、学情、教学目标、重难点、教法、学法、教学过程等六个方面来说本次课程的教学设计；杨老师的说课不光是说怎样教授这节课，更是通过 10 个点的"设计意图"，向听课的老师强调为什么这样教，从而帮助老师了解这样教的理论依据，让大家明意图、受启发、获借鉴。再如从授课内容的设计安排，我们看得出老师教学的严谨。从红色旅游的定义到红色旅游的意义，再到湖南红色旅游精品的选择介绍，最后落脚到我们大家都很熟悉的长沙这个没有围墙的红色历史博物馆，这让我们看到杨老师是独具匠心，根据教学规律和老年学员的特点来把握这个精准度的。

2. 精致

顾名思义，就是精巧细致。从杨老师整个教学安排来看，教学步骤由四个方面组成，一是红色旅游的定义和意义；二是我国红色旅游精品体系的组成；三是湖南红色旅游资源丰富的具体体现；四是长沙是一座没有围墙的红色历史博物馆。整个教学过程一环套一环，环环相扣。特别是老师在课堂上带着学员一起探寻红色记忆，了解湖南六个国家级一级博物馆、五条红色旅游精品线路的同时，重点介绍长沙这座没有围墙的红色历史博物馆。整个教学过程有面有点，内容丰富，使学员对湖南，尤其是长沙的红色旅游资源有了全面的了解。杨老师在这节课上通过设问和展示图片的方式，引导学员认知红色是共产党人最鲜明的底色；绿色是新时代高质量发展的主色调，让他们感悟到了湖湘文化和双色旅游才是红色旅游的内涵，既体现了旅游地理的学科特点，又进一步增强了学员的家国情怀，也为学员展现了一个较完整的经典红色旅游线路图，同时还紧扣学习旅游地理的有关知识，使我们由衷佩服杨老师精巧细致的设计组合。

3. 精彩

从杨老师的授课全程来看，教学内容明确具体，教学方法丰富灵活，教学手段多样高效，教学语言亲切有趣：课堂上教师的智慧火花频闪，学员的求知热情高涨。从自然景观到人文景观，从地理位置到气候特征，从历史沿革到红色旅游，从文化传统到现代文明，侃侃而谈，收放自如，充分体现了她丰富的知识储备和游刃有余的课堂操控能力。杨老师的教学艺术生动而不呆板，不仅通过图片和视频展示了湖南红色景点伟人、先辈的壮举，还结合当地风光讲解了地理知识。课堂上，杨老师教学语言标准清晰，流畅悦耳且富有感染力，生动传神，能够把学员的情绪调动起来，师生互动积极，思维活跃，老师佳句频出，幽默风趣，让老年学员产生强烈的学习兴趣。如她设计了多种方法来调动学员的兴趣，有歌曲联想（电影歌曲《映山红》）、抢答填空、诗词诵读（《毛泽东诗词》）等，使整个课堂轻松活泼，情致盎然，洋溢着一种生命化课堂的气息。总之，在全程听课中能够感知杨老师对红色旅游资源状况非常熟悉，地理、旅游知识烂熟于心，信手拈来。语言的表达、普通话的标准加上老师对课的精心设计，整体效果行云流水，精彩纷呈。

活动进入评议阶段，听课的老师对杨文盛老师的说、授课进行评议讨论，而各区县（市）兄弟学校的老师则在活动微信群发表听课后的评价意见。在副校长李玉兰的主持下，学校教育教研专家、文史系教师学员代表研讨气氛热烈，发言踊跃，争先恐后各抒己见。如兼职教研员张定浙、袁俐，文史系主任钟海明、教研员刘莲都认为杨老师的说课堪称说课模板，值得老师们学习；教学方法的设计和教学手段的采用，恰到好处；教学中将碎片化的东西整合起来融合在系统的教学过程中，使学员的知识积累有序而增多；杨老师多媒体使用到位、师生互动到位、红色基因传承到位，特别是旅游地理课渗透的红色旅游资源，更是一种创新，适时应景，契合当下的思政教育。杨老师语言富有感染力，把学员的情绪都调动起来了，气氛活跃，整堂课充满了掌声、笑声，甚至歌声，达到了意犹未尽的效果。旅游地理班的学员代表对老师的课更是赞不绝口，夸杨老师教每一次课都能带给他们新的旅游地理知识。课堂上杨老师深入浅出，娓娓道来，没有空话，人文科学、自然科学的知识信手拈来。她顾及老年人的感受，采用多种方法进行互动，课堂上活泼精彩，大家都学得津津有味，只嫌时间过得太快！而文史系的曾令、赵子维、唐浩等老师都表示，原来老年大学的课还可以这样上，整堂课老师不是照本宣科，而是采用多种方法手段教学，很受启发，也产生了共鸣。在今后的教学中，他们表示将根据自己所教学科的特点和学员的实际进行创造性的借鉴。在此次活动微信群里，芙蓉区、天心区、开福区、雨花区、望城区、浏阳市、宁乡市等兄弟学校的管理人员和老师纷纷在群里留言发表观感，一致评价这是一次师生共学的浪漫之旅。杨老师的教学生动形象，借助图片、诗歌、红色歌曲等资源，采用选择、判断题等方式，使得教学形象生动。特别是杨老师的语言精练而有文采，充满了感染力，使得学习变得兴味盎然。他们还认为，这更是一次家国情怀、湖湘文化的情感熏陶，由衷感谢杨老师的精彩授课，感谢市老干部大学的精心组织。教务处主任黄庆达进行综合评议，称这是一堂成功且令人享受的课，表现在四个方面。一是说、授统一的课。说课的内容在授课中落实得好，堪称典范。二是教学过程完整的课。规范不随意，从导入、新授、总结、作业布置，逻辑性很强，设计安排精巧。三是各科知识有机融合的课。地理知识、旅游知识、红色历史、时政要闻都牵涉其中；四是师生互动、气氛活跃的课。老师语言表达入神，时时扣住本课重点、化解教学难点，恰到好处。当然，综合大家的建议，也提出，因为只有60分钟的课，整节课的内容较满，节奏上较快了点。老年人记忆力不如年轻人那么灵敏，可考虑节奏放慢一点，让学员（特别是年纪大的学员）跟得上，易消化。

最后，贺佳妮校长从如何在教学中渗透思想教育的角度，高度肯定了杨文盛老师以红色旅游为切入点的课程选题，以多形式的教学方法，有效实现了情感教育和价值观引导，深度契合学校"政治立校、党建引领"的办学方向，这也是今后学校在课程建设、师生培训上的重要着力点，助力进一步夯实老干部大学思政教育主阵地作用。

活动即将结束，主持这次活动的副校长李玉兰对参加这次"说、授、评"教研活动的线上线下老师们表示衷心的感谢！她认为，教以共进，研以致远。在老年大学开展教研活动，是教学质量提升的阶梯，更是从事老年教学的教师学习与专业发展的重要途径。一场知识和智慧交流的盛宴，必将推动教学与研究至更新的高度。希望老师们在各自的教学领域继续以研促教，在分享中感悟、提高，在实践中磨炼、收获，在老年教育的道路上不断前行！

微信群内 其帽飞扬
——述评马利萍老师的模特公开研究课

陈志丹

  帮助老年人努力发现另一个不同的自己，即使身处不一样的年龄，也能拥有不一样的风采。长沙市老干部大学从 2014 年起就开办了老年模特班，请来专业模特培训、编导马利萍老师任教，尝试将模特班做成一个引领老年人开启时尚健康生活的成长平台，鼓励老年群体不再被年龄定义和束缚，勇于表达自我，欣赏自我，活出精彩，用优美的身姿和快乐的心态创造和丰富属于自己的老年生活。

  在长沙市老干部大学，只要想学，50～80 岁都可以；只要想学，身高也不是问题。因此，模特班一经开办，就受到老年朋友的青睐，现在已经由一个班扩展到了五个班；老师也由一位增加到了三位，每学年新班报名，还真是"一座难求"！

  新型冠状病毒感染疫情防控期间，出于老年人的健康安全考虑，学校提倡线上教学，并探讨线上教学的形式，让老年朋友宅在家里同样能进行学习。长沙市老干部大学采取了多种方式，面向教师进行线上教学技能培训指导，老师们也群策群力，大胆尝试，在实践中积累了许多线上教学的宝贵经验。

  2022 年 11 月 2 日，学校首次采用线上模式开展了面向全市各区县（市）的"说、授、评"公开研究课活动，全市各区县（市）老干部（老年）大学管理人员及教师代表、长沙市老干部大学舞蹈系教师、校委会和学委会代表、教育教学专家、兼职教研员等 70 余人进到市老干部大学"说、授、评"微信群参加研讨，学校副校长贺佳妮主持这次活动。

  担任这次说、授课任务的就是舞蹈系系主任马利萍老师。马利萍老师从

1994 年开始从事模特行业，曾获长沙市潇湘杯模特大赛十佳、2006 年世界环球小姐比赛湖南赛区季军、第 35 届环球洲际小姐大赛亚军等殊荣；担任 2011、2012 年世界城市旅游小姐大赛湖南万家丽杯总决赛的模特培训老师及编导，担任 2000 年和 2001 年中国金鹰电视艺术节开幕式模特表演及领队，2019 参加北京乐退族全国教师培训获 "最美教师" 荣誉，2019 中国长沙国际超模大赛 "最佳指导老师"，2020 年担任长沙市快乐老年大学模特大赛评委及导师，2021 年担任长沙市老干部大学模特队指导老师，2022 年担任 IFA 国际超模大赛总决赛评委及导师。从 2014 年至今，马利萍老师一直在市老干部大学从事老年模特教学，并被聘为学校舞蹈系系主任。她教学工作敬业，专业素质精湛，舞台经验丰富，编导水平高超，是广大老年模特爱好者追崇的偶像。

马老师这次说课的主题是 "运用帽子进行动作造型"。马老师在 "说、授、评" 微信群里，用直播的方式向全体参加活动的老师说课。她从教材、学情、教学目标、重点难点、教学方法和教学过程等六个方面对听课的老师述说了她对 60 分钟线上教学的设想。在说到学情时，马老师分析，老年模特课程随着时代的进步得到快速发展，许多老年人希望自己进入老年后依旧拥有挺拔的身姿与气质。而学习模特表演能够延缓衰老，强身健体，愉悦身心，所以他们学习模特的积极性很高。而她们班的学员普遍在 50～70 岁之间，模特基本功也参差不齐，有的学了好几年，有的才刚刚接触模特训练。因此，她重点抓基础训练，并结合生活实际运用道具帽子展示，来丰富模特课的教学。她本课将根据老年朋友的身心特点，因材施教。在微信群教学过程中采用多媒体视频展示、数字互动、示范、对比、点评鼓励等方法，让学员建立模特走秀展示道具的信心，使每位学员都学有所获。

马老师对本课的教学目标定得非常实在，知识目标是学习初步地运用帽子造型与身体各部位造型的方法；技能目标是统一步伐，身心并用，动作流畅；情感目标是培养热爱生活的情感与高雅的气质。马老师是这么设想，也是这么实施的。上课前，马老师先将整个微信群上课的流程发到群里，让学员了解本次课的主要学习步骤。开始上课，马老师从热身—基础训练—新授一步步教起，包括最后的学员反馈、老师点评、课后总结、作业布置，可以说是一环套一环，由浅入深，层层递进。而马老师预先录制好的 15 个教学短视频则贯穿于整个教学全过程，一气呵成。在微信群里，马老师虽然不能直接和学员面对面，但是她通过短视频教学、文字交流点评、数字反馈互动，及时了解学员的学习状态；及时进行调整完善，达到线上课堂的最佳教学效果。

说、授课结束后，参会人员在市老干部大学的"说、授、评"活动群开展第三阶段的评课讨论，由副校长贺佳妮主持。这次评议讨论先是由教研室、教务处的三位老师直播点评，学校教育教研专家陈志丹、张汉芳都肯定了本堂课教学结构完整，教学节奏得当，马老师的教学形式新、内容实、方法活、效果美；教务处主任黄庆达表示本堂课是一次成功的微信课、技能学习课、说授统一和高效率的课。接着，各区县（市）老干部大学管理人员、教师代表、长沙市老干部大学舞蹈系教师、校委会和学委会代表、兼职教研员等 40 余人在微信群用文章即兴评议，讨论如何上好线上课程，氛围十分浓厚。我们既看到了马老师线上教学的成功，也看到了老师们观看马老师的说、授课后反响热烈，针对在线上教学中如何改变观念、改进教学形式及方法，他们一个接一个畅所欲言，甚至到第二天、第三天还有老师在群里发一段段文字点评，或指出优点，或找出亮点，或反思自己，或提出建议……老师们的敬业精神及认真学习、与时俱进的姿态令我们深受感动。此次活动评价选摘如下。

浏阳老干部（老年）大学：马老师备课内容准备充足，整体分解动作很到位、很全面，条理清晰。动作示范专业、优美，让我受益良多。

芙蓉区老干部（老年）大学：线上直播教学成为常态，学员们和老师最开始尝试时都会有个疑问，就是隔着手机看屏幕直播，上课也能像在舞蹈教室那样收获满满吗？这次的"说、授、评"就是理论结合实际的案例，直观有效地给出怎么去上网课、怎么上好网课的答案。马老师这一堂精彩的网课，直观有效地提供了同类课程学习借鉴的经验。隔着屏幕，同样能感到马老师的极致用心，她花费时间去思考如何用更加独特新颖的方式，通俗易懂地让学员们能够隔着屏幕也能跟着老师更快地提升舞蹈能力，马老师和学员也在为此而努力……

　　望城区老干部（老年）大学：这是一堂非常生动、具有示范作用的网课，模式非常值得学习。课前通知到位，提前录制上课视频，明确教学流程，准备充分；课中一个接一个教学视频上传节奏紧凑；分步练习，讲解详细，条理清晰；多次与学生互动掌握学员学习情况；课程结尾留时间为学员们一一解答问题。课后布置作业，提供视频让学员下载，同时点出难点和重点让学员反复练习，可以让学员很好地掌握技巧。

　　天心区老干部（老年）大学：马老师的课堂讲解详细，流程步骤明确，条理清晰；教具帽子常见实用，教学也很生动，慢动作分解教学，也非常容易让老年学员接受与掌握；老师说话语速平缓，语气亲切，很完善地把线下课堂教学内容生动地转换到线上的教学，这是线上教学新形势的典范课堂，为推进现代化线上媒体教学推进一大步。另外，因线上课堂在学员提问及回复上还是有一些局限性，建议课前与班委成员提前沟通，进行课堂答疑与提问记录，课间或课后由教师统一解答与回复，这样有利于学员们难点纠正与课后练习。

　　宁乡市老干部（老年）大学：马老师这堂精彩的网课让人受益匪浅。一是教学设计思路清晰，充分体现了技能网课四位一体的课堂教学特点，听、视、练、教师答疑及指导的教学方法和手段，做到了学员互动、师生互动，网课非常成功；二是马老师展示出了模特教师特有的美，其专业素质与自身气质是学员学习的榜样，是一种很直观的美育；三是课程结构非常完整，达到了教学目的；四是帽子教具的运用，尽显美的造型，丰富了教学内容，大大提高了学员学习兴趣，对课堂教学起到了很好的辅助作用；五是美的享受也是一种精神食粮，学员在愉悦了心情的同时，健康了身体。

　　岳麓区老干部（老年）大学：马老师的微课前期精心准备，一共录制并剪辑了 15 个视频，课间安排节奏紧凑，行云流水，动作分解讲解详细，内容丰富；课后师生互动也特别活跃。此次微课教学值得学习与借鉴。建议说课环节将教学重点、难点和教学方法稍微加强。

　　雨花区老干部（老年）大学：这堂课的教学内容符合中老年学员实际的内容范围和难度要求。整体设计上思路明确、重难点突出，教学安排容量适当。马利萍老师课前准备充分，精心准备教案，教学目标和教学设计到位，提前录制了教学整体动作、分解动作、身形前后动作，分解细致，示范专业到位；关键动作做了放大和特写，便于学员们学习。授课过程中，开课问候语音简洁、亲切、柔和直入人心；每个视频讲解连贯，时间恰到好处。学员有足够的时间练习，对老年朋友而言通俗易学。这堂课充分体现了"互动、合作与探究"的教学模式，学员展示、老师点评、师生互动各个环节节奏把控得当，相辅相成。

长沙县老干部（老年）大学：马老师精心准备的"运用帽子进行动作造型"模特课上得非常精彩，教师耐心细致，重点要点层次分明，清晰到位，情绪饱满示范充满韵味，把时尚之美表演得淋漓尽致，恰到好处，让我们饱受眼福，享受到行走艺术之美！受益匪浅！

开福区老干部（老年）大学：马老师的课准备充分，短视频画面唯美，讲解生动，课程节奏把控到位，整体设计非常好，提供了同类课程的学习范本。课后的专家和领导的点评也带来了很多新的想法和建议，此次学习受益匪浅！

学委会副主席陶建华：再次深深感受到市老干部大学办学水平能在全国稳拔头筹，除有一个强有力的领导班子和管理团队外，另一个重要因素，就是有像马老师这样一批德才兼备的优秀教师成为学校的中坚、脊梁。这堂课很成功。一堂好课可以从是否实现了教学目标即知识技能、过程方法、情感态度价值观；教师是否抓住了重点突破了难点；学员是否掌握了教学内容这三个方面来审视和评价。马老师的课堂设计有六个环节，环环紧扣，步步递进。在热身和基础训练中着重讲述和示范了模特的体形、体态、走姿、站姿、台步等要领，强调了形体训练中胸、腹、胯、腿、手等五个部位的注意要点，这些是一个模特必须具备的基本功。通过这两个环节既巩固了以前的知识技能，又为新课的讲授做好了铺垫。以帽子作为道具走台是这节课的重点，如何拿帽子、如何处理帽子与身体的关系是这节课的难点。马老师通过视频进行清晰、流畅、准确的讲解和优雅的示范。学生易于理解、接受得快，学习效果好。后面的答疑解惑和总结设计使这堂公开课更趋完整、合理。提点不成熟的想法供参考：模特训练应包括"形"与"神"两个方面，健美、挺拔、向上的身姿和优雅自信的气质缺一不可，以后在模特课上老师可否就眼神、表情等内在外溢的方面多讲讲。

兼职教研员袁例：参加活动之前，心中忐忑，唯恐跟进过程中麻烦多多，让我们要艰难跟进。但全程下来，简洁方便，无论组织安排，还是现场直播，均无缝对接，井然有序，没想到第一次线上教研活动就有如此水平。马老师的课，出场就让人惊艳，自我的展示，音乐和背景，营造了一个好的教学氛围，让人马上喜欢上这行走的艺术。随后分解讲述，运用了微信课堂的优势，清晰，到位。后面学员练习和展示，让我们在远程也能看到教学的实效。课程结束前的师生互动，略有遗憾，给大家都留下了思考和改进的空间。

兼职教研员张定浙：这是一节非常完美的课。一是说课言简意赅，重点突出；二是上课达到了设计要求，为线上开展说、授、评提供了一个样板；三是教态亲切，示范动作优雅，给人一种高雅的艺术享受；四是课堂结构严谨，层次分明，由易到难，由整体到部分再回到整体，给人一种整体美。线上上课虽也有互动环节，但毕竟不在现场，及时发现和纠正动作还是不及现场教学。

最后，校领导龙志斌进行活动总结。他肯定了本次线上教研活动一是组织严密、参与度高、效果顺畅；二是老师精心准备说、授，效果好；三是区县（市）老干部大学到会率、参与率高，特别是浏阳市、芙蓉区、天心区、开福区、雨花区等老干部大学组织有关老师集中收看、学练，辐射面广；四是大家能转变观念，顺势而为，主动融入线上教学。他强调，作为老年教育工作者要转变观念、适应形势、创新方法、敢于突破。要及时收集学员的线上学习情况反馈，精准精细了解信息，不断打磨线上教学的手段。希望全体教师在线上教学中始终做好意识形态工作，守好全市老干部老同志的思想舆论阵地，共同推动新形势下全市老年教育工作高质量发展。

在近三年的探索和实践中，学校依托现有阵地和资源，积极挖掘潜能、开拓创新，探索老年教育的新形式和新方法，扩大和完善了老年教育供给，不断满足老年群体的精神文化养老需求。这次在线上进行"说、授、评"教研活动，是学校教育教研的一个全新尝试的课题，在全国老年教育线上课堂教学研究中开了先河！这对于长沙市老干部大学推进老年网络课堂教学的应用将具有重要意义。

让生活常态比拟走进老年声乐课堂

——述评张科老师的声乐公开研究课

陈志丹

"在那遥远的地方,有位好姑娘,人们走过她的毡房,都要回头留恋地张望……"

2023 年 7 月 5 日至 7 月 7 日,全省老干部(老年)大学教师培训班在省老干部大学举行。来自全省各地市州老干部(老年)大学的 70 余名教师代表参加培训。7 月 7 日上午,长沙市老干部大学在培训班上,邀请参训的全省教师代表一起参与"说、授、评"公开研究课活动。此次担任说、授课任务的是长沙市老干部大学音乐系教师张科。在学校教研团队的指导下,张科老师以"建立歌唱意识"为切入点,从四个方面教授如何把《在那遥远的地方》这首经典歌曲唱好。

张科老师毕业于中国音乐学院,曾在部队服役过,还在部队军乐团从事过文化影视专业工作。他多才多艺,声乐、合唱指挥与作曲、钢琴、小号等都驾轻就熟。虽然才三十出头,却已在长沙市老干部大学任教声乐有十多年,深受学员喜爱。他任长沙市中老年音乐舞蹈协会副秘书长,同时兼任几个区老年合唱团的指挥。2019 年,他曾代表长沙市老干部大学参加中国老年大学协会在青岛举办的老年教育第一届说课展示活动,获得了与会众多同行和专家的一致好评,并被评为全国说课优秀教师。

这次活动,张老师首先是说课。因为时间关系,他的说课视频是在前一天晚上先发到了培训班微信群,供代表们观摩。

说课的形式多种多样,有说教学的全过程的;有说教学的某个知识点的;有说课堂板书的;有说课后的复习或作业设计的;等等。而张科老师面向老师的说课,从题目就可以看出,他着重说的是运用生活中的常态比拟来唱好

《在那遥远的地方》这首民歌。他希望大家能在唱歌中，初步建立起歌唱的意识，做到松弛不松懈，从容稳定地发声，用不一样的情绪来表达，将这首"在那遥远的地方"情感充沛地唱出属于自己的独特风格。

由于声乐是一门技能型的学科，又有鲜明的特性，因此在教学中，会涉及许多专业术语。老年学员能不能听得明白，是不是能实际掌握，这是我们教学中关注的重点。张老师拟将复杂的理论知识转化为生活的语言，通俗地讲解；有效地解决教学难点，以达到本次课的教学目标。在备课时，他动脑筋想到了一些切实可行的方法。在说课视频中，我们听到他分析学员在学习过程中可能会出现一些问题，如局部肌肉群紧张、吃力；气息短，无法自如地完成乐句；音乐位置高、浅、喊叫。然后，张老师根据这些问题，向老师们介绍，准备采取一些具体的做法，让学员能轻松地学会，从而将歌曲唱好。

张科老师的授课完全印证了他的说课设想和效果。这是一堂课型特点鲜明的声乐课，而不是唱歌课。这堂课，是以学习歌唱的知识、练习歌唱的技巧为主，辅以学会一首歌曲，以检验学习效果，是很典型的声乐教学课。首先，课型的设计是科学的。从教学过程来看，全面完整，各个环节一环套一环。张老师先交代了本次课将要学习的内容，就是运用生活常态比拟，来唱民歌《在那遥远的地方》。从教学全过程来看，张老师是从四个步骤来安排教学的。他以练习曲为例，第一步，做一个有目的的吸气（深呼吸建立支点，用叹息的方式找到声音的位置）；第二步，做一个有目标的呼出（主要引导声音向外，不在身体的局部形成堵、塞、挤卡）；第三步，选择一个说话的语气（细水长流般的运行气息的方向，始终向下）；第四步，打开口腔（注意张开嘴和打开口腔的区别）。

而在具体的课堂教学中，张老师给大家印象最深的就是始终扣住这四步，把老年人的生活经验和常识融入教学中了。针对声乐学科"看不见，摸不着"的特征以及老年人学唱歌的实际困难，张老师结合运用科学的技巧方法，把声乐理论知识转化为老年人熟悉的生活语言，将生活常态植入到教学中做比拟，如：张老师在课中教授的深呼吸，建立支点，用叹息的方式找到声音的位置；采用踩烟头、粉笔头的动作来演示持续运行的方向；用嚼米饭、咬苹果来说明张开嘴和打开口腔的区别；等等，让大家把生活经验嫁接到学唱歌上。当大家在浅显易懂的生活比拟中理解了、领会了、悟到了，学习自然轻松，上手也就比较快。张老师选材适合恰当。选取的歌曲《在那遥远的地方》是一首传唱度极高且旋律优美动人的传统民歌，耳熟能详，这一代老年人没有不会唱的。但是怎样唱好、唱准，唱得动听，这就要科学地学习声乐发声方法和歌唱技巧。张老师的教学态度，表现在以晚辈的谦逊微笑、亲切自然地面对大家，从而拉近了距离。课堂上他注重充分发挥学员的主体作用，不搞"一言堂""满堂灌"（这次课虽然没有自己的学员，他能和台下的老师们一起练、一起唱，在教中学、在学中教），在和谐的气氛中，在互动式的情境教学中得到充分的体现，赢得了大家的愉悦和共鸣。张科老师的个人专业素质优秀。他是科班出身，音乐功底扎实。曾参军当过文艺兵，有一定的实践经验。再加上在老年教育课堂教学中多年的磨炼，摸索、探讨出一些老年声乐教学的好方法，有他自己独特的教学风格，深受老年朋友的欢迎，是一位具有音乐专业素养的好老师。

评课环节，长沙市老干部大学党支部书记龙志斌、校长贺佳妮向与会代表推介了学校多年"说、授、评"公开研究课活动开展情况以及相关教研成果。学校教务处主任黄庆达从"说、授、评"各个环节的完成情况，肯定了张老师教学完整规范，具有鲜明的特色风格。湘潭市老干部（老年）大学声乐教师谭俊、省老干部大学声乐教师戴莉莉、永州市老年大学副校长邹力行、岳阳市老干部（老年）大学组织活动科科长巢合等参训代表先后进行点评，大家一致肯定张老师的教学内容实在、教学方法恰当、教学语言幽默、教学氛围融洽，达到了较好的教学效果，值得更多教师学习和借鉴。当然，若是时间允许，课堂后段还可以请几位学员运用张老师教的方法上台演唱，大家评点；或是让全体学员带着情感，和着原声动情歌唱，以结束这堂课。

"聚焦课堂，教学展示"，此次应邀在省老干部（老年）大学教师培训班上展示的"说、授、评"活动，对老年大学教师的教学研讨是一次重要引领。培训班教师更加明确了如何研读教材、结合学员生活实际进行精准施教。"把脉课堂　研无止境"，正是这种交流和反思，让老年课堂教学研究更具魅力。相信在教与研携手、学与思并肩的教研经历中，老师们一定会时刻将"教"与"研"结合起来，精益求精，把每一堂课都精心打磨成精彩纷呈的营养大餐，给老年朋友呈现一个满意的课堂。

让我们在老年教育教研的路上一路采撷，一路欢歌。

倾情投入　唱响红歌
——述评刘兰花老师的声乐公开研究课

陈志丹

　　"兰花历来被人们当作高洁、典雅的象征，她不与百花争宠，只是默默地为大自然增添一丝丝光彩。兰花老师人如其名，是一朵开放在我们全班同学心中的兰花。我们班同学得益于兰花老师的细心指导和严格训练，音乐水平都得到了不同程度的提高。在课堂上，我们不仅领略到了兰花老师美妙的歌声和优美的钢琴声，同时还真切感受到了兰花老师的人格魅力。"这是长沙市老干部大学市直机关分校声乐一班学员马莉对刘兰花老师的称赞。刘兰花老师毕业于武汉音乐学院，从事声乐教学工作十余年，具有丰富的教学经验和出色的教学能力。在从事声乐教育的十余年中，她"桃李满天下"，但从不自夸，没有一点点松懈，像兰花一样，默默绽放，带给大家芳香，是老年歌唱爱好者的良师益友。

　　此次公开研究课，在以往"授课+评课"模式的基础上，增加"说课"环节，将公开研究课活动升级为"说、授、评"模式，并且邀请全市各级老年大学同仁参加活动。

　　"说、授、评"模式在基础教育的教研活动中经常采用，但是在全国老年教育教研活动中是比较新的尝试。活动中刘兰花老师需要在自己认真备课的基础上，面对着听课的老师，层次分明、条理清楚地说明本节课教什么、如何教，而且要精辟地揭示为什么这样教。通俗地讲就是要在课前说清教什么、怎么教、为什么这么教，然后再对学员进行授课实践。听课老师可以对照说课，在教师授课时当堂检验教师的教学设计是不是合理、有没有达到预期效果，在课后再进行讨论、评议。

2020年10月10日上午，长沙市老干部大学校长龙志斌、副校长贺佳妮、音乐系教师代表、学校教研教务专家、兼职教研员、学委会代表、学校管理人员及全市四县五区（市）老干部大学代表共计90余人参与了这次"说、授、评"教研活动。

首先是说课。刘兰花老师说课的视频一放，一下就吸引了大家。她说课的题目是"趣练气息，巧唱经典《映山红》"，结合中国共产党建党99周年的节点，刘老师选择了电影《闪闪的红星》插曲《映山红》，旨在通过这节课的学习，让学员唱好《映山红》这首歌曲，加深他们对红色经典歌曲的理解，激起他们内心对红军的崇高敬仰。还希望学员在歌唱中能运用到民族声乐的方法，在高低音转换中准确掌握气息，了解倚音在歌曲中的重要作用，进一步加强对民族声乐的热爱。说课中，刘老师根据老年人的特点，从教材的选定、教学目标的拟定、教学方法的选择、重难点的确定，到整个教学过程的设计，可以说是颇费心思，体现了老师的独具匠心。

上课伊始，刘老师检查课前学员预习情况，请学员谈谈在微信群观看影片《闪闪的红星》的感受，然后很自然地引入本课学唱的歌曲《映山红》。兰花老师先介绍这首红歌，一下就引发了老年学员的共鸣，因为当年这部电影家喻户晓，老年人对这首歌曲太熟悉，谁都能哼唱出来。但让他们真正地唱准、唱好、唱出情感来，是这堂课的目的所在。当教师范唱这首优美抒情的歌曲时，大家都跟着教师轻声唱起来，学员的情绪被激发起来了，整个教室充满了浓浓的歌唱氛围。然后教师示范和带学员搭好气息准确朗诵歌词。由于湖南本土方言的影响，在歌词中，有些如"更""明""风"等后鼻音音节的发音不准，还有"春"这个卷舌前鼻音音节的读音学员很容易读错，教师一一进行对比示范，让学员在唱歌之前将歌词读准读对。接着兰花老师带学员进行歌曲乐谱训练，让学员手、口、眼三合一打节奏唱歌曲的旋律，学员饶有兴趣地学练着，渐入佳境。兰花老师带学员练习歌唱表情和气息，特别要求抬笑肌。多媒体屏幕上适时出现兰花老师夸张的笑脸模样，让学员很容易地记住了歌唱表情的作用。准确练声，是这节课不可或缺的，对于如何让学员根据这首歌曲的特点做到快吸慢呼，演唱自如，老师也想了许多有趣的办法、花了不少工夫，帮助大家在吸气与呼气的反复训练中找准位置。

最后是逐句学唱这首动听的歌曲，讲求一个唱准、唱好。一个"盼"字，多次出现，要唱出多层不同的情感，这是一个难点，教师通过深情描述影片故事情景进行启发。歌曲中倚音的演唱作用和效果，教师是通过对比示范演唱和讲解其作用，让学员掌握其要领。最后，学员按照刘老师所教授的民歌演唱方法完整地演唱这首歌，随着原音歌曲的伴奏，兰花老师和台下所有听课教师及学员一起饱含情感地唱响《映山红》，"……若要盼得哟，红军来，岭上开遍哟，映山红！"歌声充满了对当年红军的崇高敬仰，歌声表达了对今天幸福生活来之不易的珍惜，歌声在长沙市老干部大学的上空久久回荡！

课后评议这个环节由副校长贺佳妮主持。贺校长首先阐述了长沙市老干部大学坚持十多年进行每学期两次的公开研究课活动的意义、作用及做法，诚挚地欢迎四县五区（市）老干部大学的同仁从四面八方早早到学校积极参与到我们的教研活动中来，希望他们能畅所欲言，相互交流，对刘兰花老师的说课和授课提出宝贵的建议和意见；也希望本校的各位老师能像以往一样提出自己的真知灼见。不出所料，评议活动一下就进入了主题，大家争先恐后，纷纷发表自己的见解。教务处主任黄庆达第一个发言，她高度肯定了刘老师教学过程完整，说和授是一致的，教学的针对性强。针对老年学员的特点，黄主任认为刘老师在教学歌词时注重字正腔圆，将情感带入，带学员朗读。老师能做到讲练结合（尽管练少了一点），示范恰到好处。刘老师还适时用不同方式对学员进行激励，有效提高了学员的学习积极性。黄主任对刘老师的教学也直言不讳地提出了不足之处，如教学语言需准确，不能太随意；趣练气息，"趣"在哪里，不是很突出；气息的转换还需下功夫。音乐系主任王德安从事老年音乐教学 20 多年，积累了丰富的声乐教学经验，这首歌曲就是选自他编的《中老年喜爱的歌》。王主任首先感谢学校对音乐系青年教师的培养，使他们进步成长快，有一批这样的年轻老师都取得了良好的教学成效。对刘兰花老师这次说课、授课，王主任都进行了指导。王主任在肯定兰花老师课上的成功之处后，对刘老师，包括在座的音乐系老师提出了更高要求，认为老师教学时，要讲求精准性，包括音乐术语、教学用语（举例），特别和大家商榷像这样一类的红歌，不只是教会，更应注意的是教好，重点要放在提高演唱这首歌的表现力上。浏阳市老干部大学教务主任邹楚吾的发言很在行，他认为老师有良好的音乐素质，教学理念新颖，教学内容选择有代表性；教学目的明确，符合音乐课的特点；师生关系融洽，注意了相互间的互动；教学方法也很灵活，教学的主线、教师的主导、学员的主体作用在课堂上有所体现。但是他指出作为声乐课，教师对学员进行的发声练习时间太短，达不到效果；他认为学员的情感融入不是那么容易到位，还需要在反复练唱中慢慢体会。市老干部大学兼职教研员袁俐老师的点评很精彩，她认为网络课是一个流动的课堂，需要网络的支撑，这样的课，辐射基层，凸显了它的厚度。作为刚入门的老年学员，刘老师对课的定位很准确，从内容、方法的选择都体现了基础性。通过基础训练，如强调唱歌时笑肌的打开，进行训练时几步很专业，指向很明确，如表情—呼吸—口型—发音方向—高音解决，一环套一环。这对新入学的老年学员很有必要。她也指出了思考的方向，即老歌新唱落脚点在哪？老年人有自己的想法，要很好地定位；这首歌情感的表达是重点，关键词在"盼"字上，如何引发共鸣，激发学员的情感是值得认真考究的。学员代表冯胜利说得非常好，她认为她们这个班的学员全是新报名入学的，这还是上第一次课。因为教师的课教得好，同学们学得很认真，心情愉悦，尽管是原来会唱的歌，通过上完这节课，学到了科学的唱法，有了新的感受，肯定会比原来唱得好了。兼职教研员张定浙是教育老前辈，他认为听了这节声乐课的说课和授课，受到了艺术的洗礼。对"说、授、评"这种教研活动形式，他一点都不陌生，因为从20世纪90年代开始，长沙市各中小学就普遍开展了这种形式的教研活动，这对教师业务水平的提高是很有帮助的。他评价刘老师的说课到位、过程设计充实，效果好，体现了教者的理念、研究能力及水平。教师讲课教态亲切，重点突出，抓住歌词中几个方言字的读音反复训练纠正，以求准确。刘老师积极正面鼓励学员，驾驭课堂的能力强，师生关系很融洽。根据这课的教学目标，张定浙认为在情感融入、曲心合一上还有提升的空间。学委会副主席陶建华谈了对这次活动的感受，充分肯定学校的教研氛围非常浓厚，年轻人在这个队伍里成长很快；对这次活动的三个环节也分别作出了评议，认为这是一次成功的活动，从说到授，老师对教材的把握到位，教学效果好。对课中的具体操作，如怎样导入更能打动学员、歌曲中如何体现不同的情感，提出了非常中肯的建议。

对这一节课的授课内容，结合网络班学员的学情，认为需掌握的声乐知识较多，容量大了点，学员练得还不够，这些意见都提得非常到位且具有启发性。张星、罗玲等来自各区县（市）老干部（老年）大学的音乐教师从声乐专业和课堂教学的角度分享了经验和思考。一个接一个的发言还在继续……这次活动的评议环节达到了预期效果，大家各抒己见，肯定优点，指出不足，形成了一种学术氛围和一种教学研讨机制，是一次课堂教学与学术研究的"碰撞"。最后，龙志斌校长对活动进行总结，他充分肯定了此次"说、授、评"教研活动的成功，它扩大了听评课活动的影响，带动更多的教师投入教育研究当中，对提高年轻教师钻研业务、提升课堂教学水平起到了一个助推器的作用。龙校长表示将进一步加强对区县（市）的业务指导，以会议研究新态势，以培训搭建示范台，以考察架起示范校；进一步加强各区县（市）办学资源的共享，助力全市办学资源、教师待遇、办学水平的提高；进一步强化市老干部大学引领作用，做好信息上的"吹号员"、政策上的"解读员"、业务上的"辅导员"，推动新时代长沙市老年教育工作再上新台阶，再获新发展，再谋新作为！

　　长沙市老干部大学 2020 年下学期第一次"说、授、评"公开研究活动由开放范围较大、主体意愿强烈、研究导向明确、活动意义丰富等多个维度的核心要素构成；由积极参与、细心观摩，平等对话交流，认真反思总结等任务驱动要素和教师集体参与"专家"内行指导等关系要素结合，实现了教师集体智慧的整合和"专家"高屋建瓴的引领，从而有利于构建良好的学校教研文化，有效地促进教师专业发展，推动课堂教学质量提升和增强教学研究的氛围。

简机理　重练习　求实用
—— 述评刘峰老师的中医按摩公开研究课

陈志丹

　　长沙市老干部大学 2020 年下学期第二次"说、授、评"教研活动于 10 月 29 日上午在 504 教室如期举行，长沙市老干部大学校长龙志斌、副校长贺佳妮，音乐系教师代表、学校教研教务专家、兼职教研员、学委会代表、学校管理人员及全市各级老干部大学代表共计 70 余人参与了这次"说、授、评"教研公开活动。

　　这次说、授课的老师刘峰是一位"80 后"，担任长沙市老干部大学中医保健系主任。刘峰老师毕业于湖南中医药大学，身兼全国疼痛康复医疗专家委员会常务委员、中华国医经方高级研究员等系列专业职务，院内挂牌"刘峰工作室"，评为首批院内名医，每周还要定时坐诊专家门诊，是长沙市五一劳动奖章获得者，并被长沙市市政府授予"技能大师"称号。刘峰老师工作繁忙，2010 年还是欣然接受了长沙市老干部大学的邀请、长沙市中医康复医院的推荐，来长沙市老干部大学每周授一次中医按摩课，一上就是十年整。他教给了老年朋友许多按摩推拿的技能技巧方法，教给了他们预防疾病的养生方法，在一定程度上减轻了老年朋友的一些病痛，所以刘老师的课深受大家的欢迎。

　　刘老师本次说、授课的题目是"小腿酸痛和足跟痛的中医康复小技巧"，教学内容非常适合老年朋友。因为老年人到了这个年龄段，腿脚不那么灵便了，小腿酸痛和足跟痛的毛病时有发生，能教给他们一些这方面的治疗和预防的技能和小技巧，肯定会让大家感兴趣。

　　刘老师中医按摩教学和临床经验丰富，他说课侃侃而谈，从教材介绍入手，谈到目标的制定、教学重难点的把握，以及将采用哪些方法、步骤实施，都讲得非常清晰明了，有时还做示范，就像是和大家拉家常一样，让学员听了都跃跃欲试，想跟着一起操作起来。

正式上课了，刘老师通过多媒体课件的播放，用通俗易懂的方式介绍小腿酸痛及足跟痛的症状和病因机理，让学员既知道了疼痛原因，又能和自己的症状挂上钩，简单清晰。作为中医按摩这类技能型课，明白机理，了解症状后，接下来就是对症教穴位、教方法、教技巧，这是本课的重头戏。刘老师这堂课教学目的是让学员掌握自我按摩阿是穴、太溪穴位，小腿部正确拉伸及康复动作"背后七颠百病消"。每教一项内容，都是观看课件—教师讲解—动作示范—学员练习。如教小腿部阿是穴、太溪穴位时，刘老师先通过图片演示，让学员看准穴位，然后坐在讲台座位上，在自己腿上找到穴位，采用双手拇指重叠揉拨法施术，一边解说一边演示，最后是学员自己操作练习，刘老师走到学员中间进行指导、纠正。特别是当学员三项内容全部学会后，刘老师带着学员将学习内容串起来完整地练习一遍，加深学员的印象。参与听课的教师也学会了，大家受到感染，跟着一起练起来，一个个练得有滋有味。时间飞快地过去了，即将下课，刘老师放上一段背景音乐，请大家伴随着音乐来一遍完整的阿是穴位、太溪穴按摩，小腿部拉伸及"背后七颠百病消"法，本课的学练就在这音乐的享受中结束。刘老师还不忘布置作业，要求学员不管是否有这方面的病症，回家后都要持续地练习今天所学内容。刘峰老师在全课中，始终将习近平总书记 2016 年 8 月 19 日在全国卫生与健康大会上所指出，"预防是最经济最有效的健康策略"的重要思想贯穿其中。在全课总结时，他衷心希望老年朋友提升思想水平，提高生命质量，让视野跳出局限，看到新的世界，同时不忘做好脚踏实地的准备。

说、授课结束了，开展第三阶段的评课讨论。此次的评议，发言踊跃，短短两个钟头，就有 18 位教师发言，大家各抒己见，从不同的角度既充分肯定了刘老师的教学优势及值得借鉴的地方，又提出了自己的见解或建议，研讨的氛围十分浓厚。如市老干部大学教研室教研员陈志丹评价刘老师这堂课可以用 12 个字概括，就是态度亲、难度小、节奏慢、训练多，是一堂典型的技能型课，非常贴近老年人学习的实际。她认为刘老师态度亲和，语言亲切，不论是说课还是上课，教师都是笑容可掬，体现对学员发自内心的尊重、关切。一句话、一个动作、一个眼神，都能看出他对学员传递的是一种期待、一种鼓励、一种肯定。刘老师本次课的教学内容就三项，容量适中，只要掌握要领方法及窍门，学员就很容易学会，只是需强调老年人掌握好平衡度和力度。教老年人技能不能操之过急，刘老师节奏把握得好，一环套一环，一项学会再学另一项，做到了步步为营，行稳致远，也就是先学会，再巩固，学员学得很轻松。技能课就是要多练，所以刘老师在课上训和练交替进行，既发挥自己的示范作用，同时，学员的主体作用更是在课堂上得到充分展现，学员就在这一遍遍的练习中学会了教师所教授的内容。芙蓉区老干部大学教研室主任丁梦霞发言，她首先感谢长沙市老干部大学组织这样的"说、授、评"教研活动，给县区老干部大学的老师提供了学习研讨的机会，这对提高老年课堂教学质量非常实用。说到刘老师的教学，她认为刘峰老师说、授课非常规范、标准。整堂课层次清晰、安排合理。从病理入手，找穴位—治理—康复训练—复习—防病，层层递进，特别是突出了训练。内容及时间安排上突出了本节课学习的重点，包括复习，加深了老年人对穴位的了解和应用，体现了小病自治。刘老师从病入手，落到防病上，体现了理念的提升，是一堂成功的课。保健系老主任周碧喻老师认为刘老师认真备课，准备充分，设计合理，语言清晰，教态适度而不失诙谐幽默，课堂气氛活跃。她建议在PPT的使用上还可尽量适用于老人，如页面的文字不宜过多，图片可更趋完整，图上的人物或穴位可放大一些，便于看得更清楚。一位学员代表发言，因为刘老师每学期都会为他们上一次课，她夸刘老师每次上课都是深入浅出、生动易懂，非常适用于老年学员。这堂课，刘老师结合老年人的病症治病，从听、看到反复练习，真是让人受益匪浅，印象深刻，她非常喜欢刘老师的所教的课程。长沙市老干部大学兼职教研员陈焱老师表示她是第一次听到了这么专业的按摩课，刘老师课上得清晰，病理点到为止。指导操作时通俗易懂，技能型的课很到位，注意了突出重难点，学员可一遍遍操作。分层教学把握得准，基础好的和基础稍差的学员都能各取所需。她建议在配合学员学练时，音乐节奏还可以做到更加同步。长沙市老干部大学教研室教研员张汉芳老师认为刘老师的说和授达到了高度统一，可看出老师备课很详尽，授课很熟练。授课中贯彻了正确的站位原则，将习近平总书记的"治未病"体现在中医按摩课上，弘扬了中医在辨证治病中强调的"治未病"的重要思想。张老师还建议如果能将此次所教的三项内容制作成配有音乐的小视频，以后每次课可以在新授环节结束后播放，学员随着这个视频跟着进行训练，甚至还可发到班级微信群里让学员在家跟着视频坚持练习，那是一件很有意义的事。教务处黄庆达主任对刘峰老师的说、授课评价也很高，她说刘老师的说课和授课做到了一致，没有偏差。备课时充分了解学员的病症特点，对所授教材非常熟悉，真可谓熟门熟路。这节课符合教学规律和认知规律，老师从易到难，步步递进，做到了一课一得。黄主任建议在以后的评议活动中，大家还可多结合说、授课一起来进行评议，进一步了解授课老师的教学意图，达到检验老师本次课教学效果的目的。最后是龙志斌校长总结讲话，他肯定了"说、授、评"活动授课形式好、课堂氛围好、评课效果好，并表示今后对区县（市）老干部（老年）大学的业务指导要下沉，要"接地气"、点对点；同时表示对教师的培训要常态化，加大教师培训力度；长沙市老干部大学要当好龙头，辐射各区县（市），为基层老年教育发展做好服务，进一步促进我市老年教育的创新发展。

"说、授、评"公开研究课活动是以公开为形式，以研究为内容的一种课堂教学研究活动。它在课堂教学的公开观摩、互相交流、共同研究的过程中，展示优秀的教学范例，引发同行的自我反思，开展有益的改革研讨，从而提高课堂的教学效益和促进教师的专业成长。这种教研活动常被人们称为改进课堂教学的风向标、打造高效课堂的有力推手和传播先进教学理念的最佳载体。当前，老年教育的课堂教学实践渐渐步入科学的轨道，愿出现更多像刘峰老师这样简机理、重练习、求实用的技能型课，更加符合老年学员的需求，达成他们的满意度，使他们能学以致用。

抒发爱国情怀　提升古典舞美感

——述评杨伊老师古典舞公开研究课

陈志丹

"灯火里的中国青春婀娜，灯火里的中国胸怀辽阔，灯火灿烂的中国梦，灯火荡漾着心中的歌……"伴随着熟悉的歌曲旋律，长沙市老干部大学2021年上学期第一次"说、授、评"教研活动在市青少年宫分校拉开帷幕。

4月28日上午，学校领导、舞蹈系教师代表、学校教研教务专家、兼职教研员、学委会代表、学校管理人员及各区县（市）老干部大学代表共计30余人参与了此次教研活动。

这次说、授课的教师杨伊是一位年轻、漂亮的"90后"，她任教的班级是青少年分校的古典舞2020—1班。杨伊老师毕业于武汉体育大学艺术学院舞蹈表演专业，是具有教师资格证的一级教师，还是中华人民共和国全健排舞一级裁判员。2018年她开始在湖南省老干部大学、长沙市老干部大学、长沙市快乐老人大学担任舞蹈老师，多次带领老年学员参加全国、省、市舞蹈比赛荣获优异成绩。来长沙市老干部大学任教不到两年，撰写的《老年形体训练》教学设计获长沙市老干部大学2019年度老年教育征文一等奖；2020年撰写的《浅谈老年舞蹈教学》文章获长沙市老干部大学论文二等奖。她所教的古典舞班学员，非常喜欢这位像自己孙女一般的小老师，每周跟着她学习、训练，乐此不疲。

杨伊老师本次所教授的舞蹈是歌曲《灯火里的中国》第四组动作。这个班学员年龄在50～70岁，年龄跨度大，舞蹈基本功也参差不齐。她们对舞蹈基本功的训练认识不足，加之多年来体态的变化，学好古典舞对她们来说有一定的难度。正逢中国共产党成立一百周年，杨伊老师特意选用《灯火里的中国》作为这次古典舞课教学的歌曲，想尝试让现代歌曲与古典舞蹈发生碰撞，以激发老年舞者的家国情怀。所以她将本次教学目标定在了"重基础，塑体态，抒家国情怀"这一主题上。

第一个议程是说课。杨老师在古色古香的 PPT 课件辅助下，大方自如地向大家娓娓道来。她从教材简介、学情分析、教学目标、教学重难点、教学方法及教学过程六个方面介绍了本次课的教学设计及理论依据，在讲解过程中，她不忘着重说明为何要这样教，真正体现了"教什么—怎样教—为何这样教"的说课程序，让听课教师清楚了解她的教学意图。如讲到教学过程的第三步"融合身韵练习，复习巩固旧知"时，她强调古典舞元素与神韵的关系，即"神形兼备，内外统一，身心并用"，并将这一要求贯穿于舞蹈动作的始终。同时，考虑到老年学员的身心特点，要引导学员慢慢体会，动作要求层层递进，在熟悉的基础上增加难度。

授课环节，从课前谈话交代本次课的学习内容，提出学习要求，到热身运动、基本功训练，杨伊老师安排得合理紧凑，特别是古典舞身韵综合舞姿基本训练，体现了古典舞的特性，让学员快速进入学习状态。接下来融合身韵练习及复习巩固上次课学习内容的环节中，杨老师特别强调古典舞身韵动律的要求，一切动作要起于心、发于腰、形行于体，即由心意带动呼吸，而又由呼吸去支配腰，让这一规律贯穿在所学舞蹈动作中。她要求学员初步掌握古典舞身韵的"形、神、劲、律"，随着柔美动听的古筝音乐，学员们云展云舒，一举手一投足，完全沉浸在乐曲声中。在复习舞蹈《灯火里的中国》第一组至第三组动作时，杨老师一再要求学员将情感融入舞蹈中，针对某些共性的细节动作不到位，她前后左右地反复示范纠正，这也为接下来的新授环节做了必要的铺垫。杨老师新授内容第四组动作正是这首歌曲的高潮部分，虽然只有两个八拍，动作难度却很大。杨老师先进行示范，让学员对即将学习的动作有一个完整而优美的印象，这能激发学员接下来的学习兴趣。教授动作时，杨老师先从分解动作教起，每一个动作从点位、动作的名词及动作的基础步伐、基本手型讲起，采取先简单后复杂、先单一后整合的教学程序。她尽量使用通俗易懂的语言、生动形象的动作演示、耐心细致讲解动作发力起始部位，并讲解舞蹈动作训练目标，讲解动作练习注意事项。在学员练习时，不忘走到学员身边给予动作不规范的个别学员以指导、纠正、鼓励。分解练习熟练后，她带领学员和着音乐进行练习，体现音乐歌词的意境，将气息神韵融合到舞蹈动作中；让学员体会歌词含义，抒发爱国情怀，提升舞蹈美感。几个回合下来，学员基本掌握了第四组动作及要领后，杨老师便让学员和着歌曲将动作连贯地练习一遍，并再次强调将身韵气息融合到舞姿中。第四组动作练习熟练后，杨老师让全体学员配上歌曲将第一组至第四组动作连贯完整地练习。当欢快奋进的歌曲唱响，师生舞动心声，将本次课的教学推向高潮，学员也在翩翩起舞中得到了学习的享受及美的熏陶。新课结束，杨老师带领学员随着优雅轻柔的音乐拉伸肩、腹、臀、背、髋、腿，将身体尽量放松，让体力得到一定的恢复。

说、授课结束后，紧接着开始了第三个议程，即评议讨论，大家争先恐后畅所欲言。特别是各区县（市）的同行们投入感很强，都各抒己见，从不同的角度充分肯定杨伊老师的教学优势及值得借鉴的地方，有些舞蹈教师还能联系自己的教学实践谈见解、体会或建议，研讨的氛围十分浓厚。

首先是长沙市老干部大学舞蹈系主任喻志萍发言，她认为这次说、授课非常完美，杨老师年轻有为，个人专业素质强，自己的展示很到位，但感觉课堂上学员学得很辛苦，也紧张，满满一堂课，还需要适当地放松，另外还可多表扬和鼓励有进步的学员。模特班的马利萍老师对这样的研究课表示了极大的兴趣，虽然不是同样的课程，她却学到了许多，结合自己的教学，她认为教学要接地气，就是要联系学员的生活、学习实际来教学。学员代表俞月琴也参与了评议，她认为班上学员和老师才学习 8 次课，个个都有进步，杨老师年轻充满了活力，对学员友善，课堂上传播的是正能量，课下还和学员交流沟通，是一种情感的亲密接触；通过学习古典舞蹈，展示老年人的风采，找回自信，她们晚年同样美丽健康。接下来，从事教育工作一辈子的学委会副主席陶建华发言，她认为杨伊老师有较高的专业素养，说课清晰完整，强调了重难点，学员才上 8 次课，教师方法对，加强了基本功的训练，效果明显。因为是古典舞，要体现该舞蹈的特质，陶主席建议还可继续在形神兼备、内外融合上下功夫，特别是舞蹈动作时呼吸的运用很重要，尽量将古典舞的元素表现充分。教研员张汉芳老师夸奖杨伊老师说、授课能按预定目标实施，把握好每个动作的细节。作为年轻老师，能这样勤奋好学，虽然从事老年教育时间不长，但进步明显，是一个有心人。面对刚学古典舞不久的学员，教师要在将古典舞和现代歌曲结合的基础上，引导学员通过练和悟慢慢消化，一步步提高。芙蓉区老干部大学教研室主任丁梦霞谈到，杨老师的课整体完整，在授课的全过程中体现了说课的六个方面；古典舞的教学如何融入现代歌曲中，在教学中如何体现古典舞的神韵，让老年学员也能感受到古典舞的美感，对于古典舞课程是一个重要的课题，还需不断地摸索探讨；另外，舞蹈课学习训练内容比较多，可以适当减少内容，留点白，便于学员消化。长沙市老干部大学教务处黄庆达主任对杨伊老师的说、授课也谈了几点意见和建议：一是杨老师的说课和授课非常吻合。这堂课的教学设计具有舞蹈课体育课的特点，图表式教学设计言简意赅，教师的教学活动、学员的学习活动及要求都在表格内体现，一目了然，值得在舞蹈系推广；二是这堂课很完整，舞蹈教学应有的各个环节都比较完整，如开始的热身运动、舞蹈基本功训练、结束时的放松运动，都遵循了舞蹈课的教学规律；三是课堂结构合理，时间分配科学，突出了新授，突出了训练，练得充分，辅导到位；四是教师个人素质好，动作示范优美到位，整堂课没有丝毫松懈，全身心投入；五是难点有所突破，突出了声韵与情感的结合，课堂上采用了多种教学方法。当然，杨老师的课用高标准来要求，还有值得探讨、改进的地方，可以在教学中进一步注意到老年人的身心特点，根据老年人的学习状态适时调节运动量，让她们学得比较轻松；要不忘提醒老年学员注意个人安全及自我保护；在教学中尽量多采用专业术语，让学员逐渐适应。教研员陈志丹认为，教无定法，贵在得法。杨伊老师的说、授课都体现了思想性和科学性的相统一，整堂课行云流水，一气呵成，带来了美的享受，特别是在古典舞的教学中，杨老师敢于另辟蹊径，大胆创新尝试，探索老年古典舞课堂教学的新方法、新路子，值得提倡和发扬。相信通过这次活动，会有更多年轻老师在老年教育课堂教学中勇于创新，勇于实践，担当老年教育的重任。

　　长沙市老干部大学副校长贺佳妮认为，"教而不研则浅，研而不教则空"，听课是一个人的学习，而评课是所有人的进步。她说道，这次"说、授、评"教研活动，大家静下心来，就杨伊老师的说、授课互相学习、互相研究探讨，在宽松和谐的气氛中，将教学和研讨有效结合起来，用我的智慧发现你的智慧；用你的智慧启迪我们的智慧，擦出教学理念的火花，让教师的课堂教学研究走向深入，上出让老年朋友满意的课，使老年课堂教学真正落在实处。同时，贺校长非常感谢各区县（市）老干部大学的同仁积极参与其中并诚挚中肯地提出非常好的意见和建议，使我们的教学活动更加真实、客观、有效，让教研活动推动教师教学水平进一步提高，激励教学研究工作进一步律动，促进老年大学办学质量进一步攀升。

在轻松有趣的氛围中获取中药知识

——述评罗毅老师的中药学公开研究课

陈志丹

长沙市老干部大学 2021 年下学期第二次"说、授、评"公开教研活动于 12 月 1 日在市直机关分校举行。学校负责人龙志斌、贺佳妮，音乐系教师代表、学校教研教务专家、兼职教研员、学委会代表、学校管理人员及各区县（市）老干部大学代表共计 40 余人参与了这次"说、授、评"公开教研活动。

担任这次说、授课任务的老师是中药学班教师罗毅。罗毅老师是广西中医药大学毕业的硕士研究生，曾参加援非医疗队驻南非工作过两年。他在长沙医学院从事本科中药教学已逾 10 年，是副主任医师，每周还兼任坐诊。2019 年起，他受聘在长沙市老干部大学从事中药学教学，是一位非常受学员欢迎的年轻老师。

中药是我国传统药物的总称。中药学是研究中药基本理论和各种中药的来源、采制、性能、功效及临床应用等知识的一门学科，是祖国传统医学的一个重要组成部分。老年大学开设中药学就是要系统地向学员介绍四气五味、升降沉浮、相须相反等药性理论，还要介绍几百味常用中药的药性、功效及临床应用。目的在于让学员了解、掌握这门学科的专业知识，以便在平时生活中防病治病时很好地应用，帮助自己或身边的人及时解除疾苦，早日恢复健康。

罗老师这次说、授课的内容就是"中药的性能、形状及四气"。首先罗老师说课，他从教材、学情、教学目标、重点难点、教学方法和教学过程等六个方面对听课的老师说了这节课的教学设想。在说到学情时，罗老师动情地说，老年人生活经验丰富，普遍对中医中药有一定的了解，容易接受本次课程的教学内容。因为人体大脑更容易接受生动、形象的事物，而本次课所学习的内容抽象、枯燥，需要一定的理解能力。老年学员由于年龄关系，思维记忆力下降，会影响对该内容的学习理解。他们的学习水平也参差不齐，这又增加了教学的难度。所以罗老师在设计教学时，既考虑到中药教学的要求，从性能形状四气讲起，又采用了一些好的教学方法，如游戏法、互动法、多媒体辅助等方法，创造轻松氛围，让学员能在愉快有趣的学习中获得中药知识。教学目标的确定也切实可行，就是通过本课的学习，让他们初步了解中药的性能、性状及四气；增强辨别中药性能、性状及四气的能力，从而激发他们对中药了解及使用的兴趣。在说课中，罗老师还特别强调自己有意通过浅显的比喻来介绍中药理论知识，以便学员理解。

上课时，罗老师开门见山，先通过两个问题导入：一是人为什么会"上火"？引出中医的疾病观、治疗观；二是中药为什么能治病？引出中药的性能。中药之所以能治病，就是因为中药所具备的性能。以上两个问题，环环相扣，层层递进，逐步激发学员的探究欲望，进而引导学员学习药性理论。他介绍"中药性能"的概念及内容，讲解中药性状，设计了"连连看"的互动小游戏，通过游戏，既活跃了课堂气氛，又让大家在轻松的学习讨论中认识了什么是"中药性状"。为了让大家更形象地理解中药性状，罗老师以大家熟悉的蝉蜕为例进行再次说明。他还启发大家思考讨论松节、丝瓜络的性状，推导出其药性。罗老师特别强调从"性状"认识"性能"是最初的认识过程，"性能"的最终确定还需要依据用药反应，再说到什么是中医的四气，罗老师通过判断几个熟悉食物，如生姜或药物菊花等的寒热之性，让大家感觉到，原来"四气"并不陌生，"四气"就在身边，从而引入"四气"的概念，即药物的寒、热、温、凉四种药性。而介绍"寒和凉""温和热"的区别，也是通过一个"连连看"的小游戏让大家更直观地感受。下课前的复习巩固，罗老师特别有心，他带领大家通过多媒体课件，一起复习梳理本次课程所学习的性能、性状及四气等内容，帮助学员回顾所学知识，加深了对本次课学习的印象。

接下来进入评课阶段，由副校长贺佳妮主持。首先发言的是兼职教研员袁俐，她欣赏这样的活动，利用"说、授、评"来进行老年教育教学研究，能使教师更理性地掌握老年教育的规律，胸有成竹地走进课堂。她认为罗老师的课一是课题"创造轻松氛围，学习中药性能、性状及四气"，题目切入度好。老年大学的课堂教学要解决学员如何轻松地上好课，让学员进入学习状态，情绪高昂，罗老师在愉快的教学中做到了。二是老师营造了一个思考的氛围，从生活常识入手，以"蝉蜕"为例，启发大家了解它的性能，从而强调了用药的反应。三是老师营造了有趣的氛围。罗老师通过多媒体课件，采取游戏法，让学员"连连看"来分辨一样样实物，使学员很容易地理解了中药的性状。四是营造了亲切的氛围。老师讲课老道，学员亲其师，信其道，老师课堂教学目标达成到位，效果好。袁老师也提出了她的建议，认为在说课中的说教材，应紧扣本次课的教材来阐述，这样联系得更紧，便于有的放矢地进行教学。学委会廖虔虔很激动，她站在学员的角度夸奖罗老师教学水平高，使她能高度集中注意力来听课，激发了她对中药学的浓厚兴趣。开福区老干部大学教务处陈红主任谈到参加这样的"说、授"课感受深、启发大。今天的中药课教学接地气，贴近学员的生活，贴近时代的脚步，贴近中华民族传统文化，很受益。他认为这堂课目标明确，表现在知识、能力、情感目标的制定上，思路非常清晰。陈主任还认为，这次活动，可借鉴的地方有许多，如"说、授、评"模式可借鉴，对老师会有更多启发，还可将说课放在授课后面，这会有一种神秘感；教学方法可借鉴，能把专业知识通俗化、抽象的东西具体化、复杂的东西简单化，非常好。建议在课前还可以先复习旧课，达到温故知新的目的。接下来，中医保健系老师、各区县（市）的老师一个接一个地发言，研讨气氛非常活跃。长沙市老干部大学教务处主任黄庆达做综合评点，她首先讲到这样的活动有意义、有收获，包括评课，都会有启发。专业的老师、专业的教学，还能得到许多老师的专业评议，很值得。从课来看，优点明显，这是一堂成功的课。表现在课堂结构完整、严谨，过渡自然；知识的讲授是流畅的，是深入浅出的，和学员的交互照应自然；目标达成度很高。这是一堂接地气的课。课是建立在学员已有的经验上，由"上火"生病吃药引入，多以学员熟悉的实物为例，让学员有认同感，达到了轻松学习的效果，使听课者在已有建构中找到结合点，温故知新。三是一堂"说、授"统一的课。怎么备课、怎么考虑学员的学，"说"是预设，"授"是实施。"预设"是基地；"实施"可调整。黄主任建议这节课，在和学员之间的互动中，还可尽量让大家多思考、多讨论，集思广益，使课堂更加生动，更加活跃。

学校负责人龙志斌在做总结时谈到此次活动体现了三个结合：教学与临床相结合；教学与弘扬相结合；教学与实效相结合。也体现了三个突出：突出了示范与指导；突出了课堂教学；突出了成效与影响。他表示老年教育大有可为，年轻教师的加入，为老年教育事业注入了新的活力与动力。展望明年，长沙市老干部大学还将进一步领会《中共中央 国务院关于加强新时代老龄工作的意见》精神，和各区县（市）同仁一起走出去请进来，开展更多不同形式的教学研讨活动，进一步提升老年大学的办学质量。

一顿"音乐养老"的文化大餐

——述评周辉老师的声乐公开研究课

陈志丹

2024 年 3 月 6 日上午，在新学期即将来临之际，长沙市岳麓区老干部大学举办"说、授、评"教研活动，老师们聚在一起，在多功能教室观摩声乐课周辉老师进行学唱《锦瑟》的说课和授课，课后进行评议。我有幸受邀参与其中，非常高兴，这也为我提供了一次学习交流的机会。

"说课"是提高教师教学研究水平和业务能力而创设的一种重要方式。"说课"不是一个新鲜事物，早在 20 世纪 90 年代中期，就在全国基础教育教学研究中开展得轰轰烈烈，一直延伸到现在。而全国老年大学协会从 2020 年开始，每年都举办一次说课展示活动，这无疑为各老年教育工作者提供了学习研究和交流的机会，一大批老师在说课活动中脱颖而出，让老年课堂教学研究充满了生机。

在说课中，周辉老师根据老年人的身心特点，谈了自己教材的选定、教学目标的拟定、教学方法的选择、重难点的确定。特别是对整个教学流程的安排设计，是以音乐审美体验为核心；而教学过程则由三部分组成，即学习歌曲、歌曲处理、有感情地演唱歌曲，层层递进，体现了老师的独具匠心。周老师对说课的几个环节把握得比较准，如说教学目标、对教材的分析、采用哪些教学方法，特别是提出了自己对这课的设计理念，是这次说课的一个亮点。这一理念彰显了周老师对这次课的指导思想，即通过学习这首古诗词歌曲，让学员抒发情感，提高审美情趣，传承中华优秀传统文化。教学方法也是根据学员的实际情况来选用，如聆听法、带唱法、探究引导法、分析归纳法、总结反思法、自主学习法等，也说明了在什么情况下宜采用什么方法。她首先让学员聆听以一千多年前唐代诗人李商隐所作的《锦瑟》为歌词的这首歌，在聆听中去体验、感悟音乐，使他们在第一时间获得对歌曲的感性认识和审美情感，从而激发学员们学唱这首歌的兴趣，这是符合教学规律的，这个方法也是恰当的。在说课中，周老师谈到如何突破难点，也就是将音乐知识点分散来学习，将难点逐一击破，让学员在不知不觉中自主发现和解决难点，获得本课的知识技能，很有独到之处。

如何说好课？近几年我们老年大学的老师们一直在探讨。接下来，提几点说课的建议。一是说课稿中，包括教学设计中，教学目标的制定，一般包括知识、技能、情感目标。根据本课教学的要求，应提出具体让学员掌握什么乐理知识和发声的技能技巧，因为这是声乐课，不只是单纯的唱歌课。周老师的情感目标还是定得比较具体，如感受歌曲的情绪，用优美的声音表达这首歌的情感，体现了本课的理念。而制定的教学目标第二点，了解诗歌作者和歌曲的作者，这应该放在对教材的分析上，不属于教学目标范畴。二是周老师在说课中谈到了教学重点难点，但具体地说，本课设立的重点是什么？难点又是哪些？在说课这一环节指向不明确，只有一句"能准确有感情地演唱歌曲"，还应制定得更具体。其实在周老师的教案中，对难点的把握还是定得具体且准确的。三是在说课中，要根据本班学员实际，进行具体"学情分析"。而周老师的学情分析，是放在了教案中。我认为在说课中，你同样要向老师们介绍你们班学员的一些学习情况分析，以便采用什么方法手段来因材施教。另外，对教材的分析，不光是作曲家的介绍，还应介绍这首诗的作者李商隐，及这首古风诗词表达的唯美、幽深、缠绵、深沉的情感。

其实，这些说课中的建议，也是说课老师在撰写说课稿中经常遇到的一些问题。因为说课是教研活动，说课是说给在座的老师们听的，它不是只说教学设计过程，不是读课。说课的老师要向大家介绍自己准备怎样上这节课，准备采用哪些教学方法、手段。特别要讲清采用这些方法手段的理论依据，为什么要这样设计，体现一个教学规律、教学模式，也能体现老师的教育理念。要突出一个"说"字，要有重点、有层次、有理有据，让听课的老师有所启发、有所思考、有所收获。这样才能使参与学习的老师们更加注重钻研教材，根据学员的实际进行教学；也能帮助大家提高教学理论水平，更好地掌握老年课堂教学规律。

再说说周老师的这堂课。一堂好课可以从是否实现了预定的教学目标、教学结构的完整性、方法的运用、情感的体验、教与学的态度、学员是否基本掌握了所学内容等方面来审视和评价。平时上课是 90 分钟两节课，而教研活动的说、授课受时间限制，不可能面面俱到，因限定了只有 40 分钟，老师浓缩了教学内容，所以有些环节就没有或减少了练的时间。

　　总体来看，周老师40分钟的教学还是比较完美的。她有良好的音乐素养和多年从事音乐课教学的实践经验。她的教学理念新颖，教学内容的选择有时代感、有代表性。课堂上，师生关系融洽，注重了相互间的互动，教学方法灵活，教学的主线、老师的主导、学员的主体作用在课堂上有所体现。课堂结构完整，从多媒体的歌曲播放引入开始，一环套一环。周老师注重歌曲情绪的挖掘、演唱时情感的表达。特别是预设难点，采用不同的手法来破难点，即根据老年人身心特点分散难点，使之学会。多媒体的运用促进教与学的完整融合。老师发挥有意注意的作用，在学员聆听歌曲前，先提出设问，让学员带着问题聆听、感受，不急于回答。

　　唱歌是一门需要动脑、动心、动嘴、动情的声乐艺术。周老师在指导这首《锦瑟》时，对作品音乐的处理和风格的把握还是恰当适宜的。对音乐感受、艺术处理，以及音符间、乐句间的连接等，周老师尽量给大家讲授清楚。从具体的教学步骤来看，周老师先让学员带着问题聆听原声带，感知歌曲，激发情感。然后老师教歌谱渗透知识点。在这里，老师抓细节，破难点，也体现了老师志在先要将曲谱唱准唱好的教学风格。在唱准歌谱的基础上，老师带学员了解《锦瑟》这首歌词及作者创作背景。老师先不急于自己介绍，而是让学员讲一讲，老师再补充，体现了老师的民主，尊重老年朋友的预习和知识积累。在这基础上再朗读诗句、解说诗意，让学员加深对歌曲的理解记忆。接着带学员演唱歌曲。老师在这个环节特别注意讲解演唱中的情感处理即情感递进，然后大家随着老师的琴声完整地演唱一遍，学员都能准确地唱会。最后老师提出了更高要求，也就是通过老师钢琴伴奏与和声的编配使用，让学员深层次体会歌曲的美感，再一次提升审美意识，渗透了本次课老师的设计理念，并回到前面听原声带时提出的问题，让学员回答：这首歌曲的情绪是怎样的？表达了怎样的思想情感？如此也起到了首尾照应的作用。总体说，这堂课有这几个特点，一是课上得完整、规范，从教学的整个流程可以体现出来；二是突出了老年人学习的特点由浅入深、层层递进；三是边教学边根据学员学习情况随机进行指导；四是突出了难点的分层讲解，达到了较好的效果；五是技能型课程训练到位，实施具体，重点突出。那么从周老师课前制定的情感目标来看，整堂课贯穿了欣赏美—感受美—领略美，逐步达到审美水平的提高。

图书在版编目（CIP）数据

老年教育"说、授、评"/长沙市老干部大学编著. --长沙：湖南师范大学出版社，2024.11. --ISBN 978 - 7 - 5648 - 5663 - 2

Ⅰ. G777

中国国家版本馆 CIP 数据核字第 2024Q3A866 号

老年教育"说、授、评"
Laonian Jiaoyu "Shuo, Shou, Ping"

长沙市老干部大学　编著

◇出　版　人：吴真文
◇责任编辑：胡艳晴
◇责任校对：邢芙蓉
◇出版发行：湖南师范大学出版社
　　　　　　地址／长沙市岳麓区　邮编／410081
　　　　　　电话／0731 - 88873071　88873070
　　　　　　网址／https：//press. hunnu. edu. cn
◇经销：新华书店
◇印刷：长沙印通印刷有限公司
◇开本：710 mm × 1000 mm　1/16
◇印张：15.5
◇插页：16 面
◇字数：262 千字
◇版次：2024 年 11 月第 1 版
◇印次：2024 年 11 月第 1 次印刷
◇书号：ISBN 978 - 7 - 5648 - 5663 - 2
◇定价：46.00 元

凡购本书，如有缺页、倒页、脱页，由本社发行部调换。